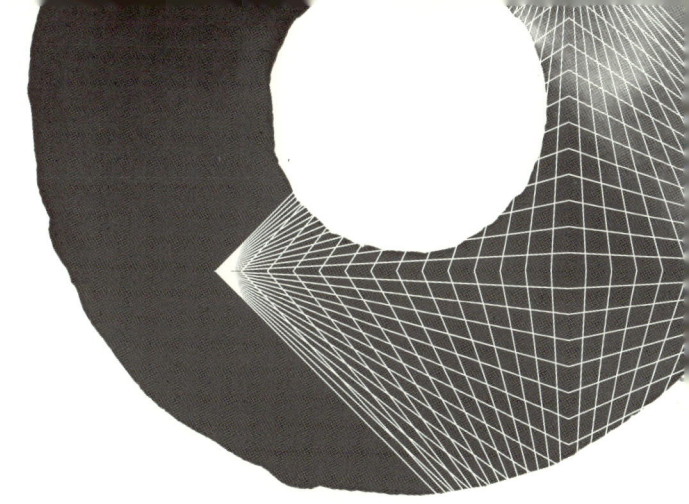

日本経済の深層メカニズム

日本固有の経済現象の源泉

原嶋　耐治

大学教育出版

はじめに

　本書は、日本固有の経済現象がなぜ生じるのか、その深層にあるメカニズムを解明することを目的としている。特に、日本的経済システムおよび1990年代以降の長期低迷の二つの問題を取り上げて、なぜこうした現象が生じたのか、その深層のメカニズム考究することとしている。この二つの問題のうち、日本的経済システムは、それ自体重要な論点であるとともに、近年大きな話題となっている格差社会の問題を考える上でも重要な視点を与えるものである。また、なぜ日本だけが戦後先進国で唯一デフレを伴う長期低迷を経験したのか、その原因を探ることも依然重要な課題として残されている。本書では、この二つの重要な問題について考察を行い、その深層にあるメカニズムに関して、従来にはない新しい見方を提示している。

日本的経済システムのメカニズムに関する新たな視点（危険回避度説）
　日本的な経済システムの特徴として、集団主義とその結果としての平等指向が指摘されている。したがって、日本的経済システムの問題は、格差社会の問題と密接に関連している。本書では、日本的経済システムと呼ばれる現象が生じる原因を、危険回避度（人々の期待効用に関連する基本的なパラメーターの一つ）に求める新しい説を提示している。この説のポイントは、「相対的に高い危険回避度を生来有している日本人の間では、契約関係の自発的な長期継続が広く行われる」メカニズムが存在するということである。この危険回避度説から得られる重要な結論は、日本的経済システムもアメリカ的な経済システムも、マクロ経済のパフォーマンスに対して相違は生じないということである。つまり、日本的経済システムは、優れているわけでも劣っているわけでもない

ということである。さらに、この結論は、集団主義的にみえる組織、例えば「和」が重視される組織が、日本人にとって最適な結果をもたらす組織であると主張するものでもある。そうであるとすると、ことさら成果主義的なアメリカ的な経済システムに、無理やり転換する必要はないことになる。

さて、この危険回避度説の最も重要な長所は、日本的経済システムを人々の合理的な行動の結果として説明できることである。そのほかにも、この説は多くの長所を持っている。まず、日本的経済システムが、労働市場、財市場、金融市場等多くの市場で生じていることを説明できる。また、日本的経済システムには例外が多く「程度の問題、微妙な色合い」という性質を持つが、こうした性質も説明できる。さらに、現代のマクロ経済理論の代表的モデルに簡単に接続し、分析できることも長所の一つである。こうした多くの長所を同時に有している日本的経済システムに関する説は、現在のところ危険回避度説以外には提示されていないと思われる。

長期低迷の原因に関する新たな視点（時間選好率ショック説）

1990年代以降長期低迷が続いた原因について、本書では、「金融システムに関する歪んだ情報が存在したために、人々の嗜好パラメーターの一つである時間選好率への大きなショックが生じ、その結果長期低迷に陥った」という新しい説を提示している。なお、時間選好率は、人々の期待効用に関連する基本的なパラメーターの一つである。この説の考え方に立つと、長期低迷の原因は、巷間いわれているような不良債権問題でもデフレでもなく、また、多くの日本の家計や企業が非合理な行動を行ったためではないことになる。

時間選好率が上方にシフトするショックが生じると、理論的には、長期低迷に類似した現象が生じることを示すことができる。そして、時系列の日本の家計の時間選好率を推計すると、1980年代末に、確かに大きく上方にシフトしているという結果が得られた。時間選好率は、通常、経済変動の原因となる要因とは考えられていない。しかし、長期低迷のような100年に一度か二度しか起きないような非常に稀な現象の場合には、逆に、こうした通常ならば経済変動とは無縁と思われている要因にその原因があった可能性は、むしろかなり高

いのではないか思われる。

　それでは、このショックを引き起こしたと考えられる「金融システムに関する歪んだ情報」とは一体何であったのであろうか。1980年代に本格化した金融自由化の中で、金融機関は土地担保主義に代わる新しいビジネス・スタイルの構築を、さらに、金融監督当局は事前規制型から事後チェック型行政への転換をと、いずれも大きな変革を求められた。しかし、これらの変革は必ずしもスムーズには進まなかった。さらに、スムーズに進んでいないという情報を、一般の人々は得ることができなかった。なぜなら、金融システムの健全性に関する情報は、独占的に金融監督当局が握っていたからである。独占的に情報を握っている機関から歪んだ情報が流された場合、仮に人々が合理的に行動しても、その結果としての行動は歪んでしまう。バブルとその後の長期低迷に金融機関の行動が非常に密接に関連していることを示す状況証拠は数多い。そうした状況証拠を考慮すれば、金融システムに関する歪んだ情報が非常に大きなショックの引き金となったことは、直感的にも十分に首肯できるものであろう。

最適成長モデルに基づく説明

　さて、本書の分析に共通する基本的なスタンスは、次の二つにまとめることができる。第一は、合理的な人間行動をあくまで大前提として、日本経済についても考えていくことである。ただし、多くの人々が合理的に行動しているとしても、そのことは経済に何らの問題も生じないと主張するものではない。人々の合理的行動を攪乱する何らかの要因が生じれば、仮に市場において人々が合理的に行動したとしても、結果として長期低迷のような「好ましくない」現象が生じる可能性があるからである。

　二番目の基本的スタンスは、「最適成長モデル」に基づいて考えることである。最適成長モデルは、現在のマクロ経済理論の根幹をなす理論的枠組みの一つである。成長モデルと称しているが、経済成長のほか、多くの経済現象の基礎を与えるモデルと考えられている。そこでは、「人々は、将来を見通した上で、合理的に最適な行動を行う」という人間行動が表現されている。日本経済

に現れてきた現象も、基本的にこうした人々の最適化行動に基づいているはずであり、その多くは、このモデルと整合的に説明できるはずであると考えている。

　なお、最新の経済理論に立脚して分析を進めるとはいうものの、幅広い読者を念頭に、できるだけ分かりやすい記述を心掛けたつもりである。本書が日本経済の理解に少しでも役立つものであるならば幸いである。

2007年5月

原嶋耐治

日本経済の深層メカニズム
―日本固有の経済現象の源泉―

目　次

はじめに ……………………………………………………………………… i

第1部　日本的経済システムのメカニズムと格差社会 …………… 1

第1章　日本的な経済現象 ……………………………………………… 4
第1節　日本的な経済現象の概要　*4*
1. 日本固有の経済現象　*4*
2. 日本的雇用慣行　*5*
3. 日本的経営（商）慣行　*8*
4. 日本的金融慣行　*9*

第2節　日本的な経済現象の共通要素　*9*
1. 共通要素の有無　*9*
2. 市場経済の類型化論　*10*
3. 集団主義論の問題点　*12*

第3節　経済理論との整合性　*14*
1. ゲーム論に基づく説明　*14*
2. 歴史的経路依存性に基づく説明　*15*
3. 内部労働市場に基づく説明　*16*
4. 経済理論と整合的であるための要件　*17*

第2章　危険回避度説 ……………………………………………………… 19
第1節　共通する性格をもたらしている基本パラメーター　*19*
1. 集団からの利益と不利益　*19*
2. 契約関係の長期継続　*21*
3. 基本パラメーター（deep parameter）　*22*
4. 効用関数に係る基本パラメーター　*23*

第2節　危険回避度と契約期間　*26*
1. 危険回避度とリスク資産の選択　*26*

　　　　2．品質の不確実性、リスク　*28*

　　　　3．危険回避度と契約期間　*35*

　第3節　日本人の危険回避度　*35*

　第4節　危険回避度と日本的現象　*37*

　　　　1．日本的雇用慣行　*37*

　　　　2．日本的経営（商）慣行　*40*

　　　　3．日本的金融慣行　*42*

　第5節　危険回避度説　*43*

　　　　1．危険回避度説　*43*

　　　　2．危険回避度説の長所　*44*

　第6節　日本的経済システムの優劣　*48*

　　　　1．新古典派経済成長モデル　*48*

　　　　2．内生的経済成長モデル　*50*

　　　　3．日本的経済システムを変える必要性　*53*

第3章　日本的経済システムの将来と格差社会 …………………………… *55*

　第1節　日本的雇用慣行崩壊論　*55*

　　　　1．日本的雇用慣行の動揺　*55*

　　　　2．日本的雇用慣行動揺の背景　*58*

　第2節　日本的経済システムの将来の姿　*60*

　　　　1．大きく変化する可能性　*60*

　　　　2．根強く残存する可能性――危険回避度説　*61*

　　　　3．格差社会の可能性　*64*

第2部　長期低迷とデフレの原因 ……………………………… 67

第1章　長期低迷の実態 ………………………………………… 70
第1節　マクロデータからみた長期低迷　70
1. 実物経済の悪化　70
2. デフレ　74
3. 資産価格の下落　75

第2節　大恐慌との比較　75
1. 経済指標の比較　75
2. 質的類似性と量的相違性　76

第3節　本当に長期低迷なのか　78
1. 長期低迷の定義　78
2. 実質GDPのトレンドの解釈　79
3. アメリカ経済との比較　79

第2章　不良債権問題説 ………………………………………… 85
第1節　不良債権問題　85
1. バブルの発生　85
2. バブルの崩壊　89
3. 金融機関の混迷　90

第2節　不良債権問題説とその問題点　93
1. 不良債権問題説の概要　93
2. 不良債権問題説の問題点　95
3. データと整合的でない不良債権問題説　102

第3章　デフレ主因説 …………………………………………… 108
第1節　デフレの実態　109
1. 企業物価指数　109
2. 消費者物価指数　109

　　　　3. GDPデフレーター　*110*

第2節　物価変動の理論　*110*

　　　　1. 現在のインフレ理論　*111*

　　　　2. インフレ理論をめぐる論点　*113*

　　　　3. デフレの理論　*117*

第3節　デフレ主因説とその問題点　*119*

　　　　1. デフレ主因説の概要　*119*

　　　　2. デフレ主因説の問題点1——実物経済への影響　*121*

　　　　3. デフレ主因説の問題点2——物価の可制御性　*124*

　　　　4. その他の論点　*134*

　　　　5. 「デフレ主因説」まとめ——デフレは結果　*137*

第4章　最適成長理論からみた長期低迷の原因 …………………… *141*

第1節　長期低迷の特質　*141*

　　　　1. 需給ギャップの拡大　*142*

　　　　2. 需要を縮小させたショック　*144*

第2節　経済変動の理論　*145*

　　　　1. 経済変動という現象　*145*

　　　　2. 古典的な経済変動理論　*146*

　　　　3. 現在の経済変動理論　*148*

　　　　4. 現在の経済変動理論の論点　*151*

第3節　経済変動理論からみた長期低迷　*157*

　　　　1. 負の外的撹乱　*158*

　　　　2. 基本パラメーターと長期低迷　*162*

　　　　3. その他の基本パラメーター　*169*

　　　　4. 時間選好率の可変性　*174*

　　　　5. 時間選好率ショックの性質　*176*

　　　　6. 長期低迷と時間選好率ショック　*179*

第5章　不確実性、金融システム不安と長期低迷 …………………… 185
　第1節　不確実性と経済変動　*186*
　　　　1．不確実性と経済変動　*186*
　　　　2．不確実性と長期低迷　*188*
　第2節　不確実性の増大の原因　*189*
　　　　1．将来の不確実性をもたらす要因　*190*
　　　　2．金融仲介技術　*192*
　　　　3．長期低迷と金融仲介技術　*194*
　第3節　金融機関への認識激変の理由　*197*
　　　　1．金融の特殊性　*198*
　　　　2．戦後の金融機関と金融監督行政　*199*
　　　　3．改革の必要性　*201*
　　　　4．改革の立ち遅れ　*202*
　　　　5．1980年代末に生じたこと　*205*

補　論　時間選好率の内生的メカニズムに関する考察 ……………… 208
　　　　1．効用の流列の規模　*208*
　　　　2．モデル　*210*
　　　　3．時間選好率の決定　*212*
　　　　4．不確実性による時間選好率の変化　*215*

参考文献 ……………………………………………………………………… *217*

第1部

日本的経済システムのメカニズムと格差社会

日本的経済システムは、最近注目されている格差社会の問題を考える上でも非常に重要なテーマの一つである。例えば、日本的雇用慣行とは基本的に対立する成果主義の考え方が、近年急速に広まってきている。そして、そのことが格差を広げる一因となっているのではないかという指摘がある。一方で、成果主義には弊害もあり、日本には適さないのではないかという指摘もある。果たして成果主義は今後もどんどん徹底され、日本に完全に定着していくのであろうか。そして、定着した結果として格差は拡大していくのであろうか。こうした問は、日本的雇用慣行は今後崩壊し消失してしまうのか、あるいは今後も残存していくのかという問でもある。したがって、こうした問に明確に答えるためには、日本的な経済システムの本質、すなわち、それがそもそもどのようなメカニズムによって生じてきたのか明らかにする必要があるであろう。

　こうした観点に立って、本書第1部では、日本的経済システムといわれているような現象がなぜ生じるのか、そのメカニズムに関して、あらためて根本から考察を行うこととする。日本的経済システムのメカニズムの解明に当たっては、本書全体の基本スタンスである、最適成長モデルに基づいて考えるというアプローチを採ることとする。こうしたアプローチを採る理由は、日本的経済システムも、他の現象と同様に、あくまでも、日本人の合理的な最適化行動の結果現れてきた現象であると考えているからである。より具体的には、次のようなステップ、すなわち、(i)日本的と考えられている現象に共通する本質的要素を抽出、(ii)抽出された共通要素の基となっている最適化行動と整合的なメカニズムの解明、というステップに沿って検討を進めていくこととする。

　第1部の構成は、以下の通りである。まず、第1章で日本的な経済現象に共通する要素を考察し、第2章で、そうした要素を整合的、合理的に説明するための条件を考察している。その結果、こうした条件を満たすことができる説明は、基本パラメーターの一つである危険回避度の相違に基づく説明以外見当たらないことが示される。なお、多くの実証研究において、日本人の危険回避度はアメリカ人より高いことが示されている。これらを総合して、第2章では、日本的な現象が生じるメカニズムとして、「危険回避度説」という新しい説を提起している。これは、「相対的に高い危険回避度を生来有している日本人の間

では、契約関係の自発的な長期継続が広く行われる」というメカニズムが存在することを主張するものである。この説には多くの長所がある。一つは、人々の合理的な行動の結果として示せること、二つ目は、多くの市場で観察されることを説明できること、三つ目は、「微妙な色彩、程度の問題」という性質を説明できること、そして四つ目は、最適成長モデルと簡単に接続できることである。最適成長モデルに接合した結果として、日本的経済システムは優れているわけでも劣っているわけでもないという重要な結論を得ることができる。この非常に多くの長所を持つ新しい説を提起している点で、第2章は、第1部の中心をなす章である。最後に、第3章では、危険回避度説に基づいて、将来、日本的経済システムがどのように変化する可能性があるのか、その結果格差は広がるのか広がらないのかという問題に関して考察している。

第1章

日本的な経済現象

　まず、前述のステップ(i)「日本的と考えられている現象に共通する本質的要素の抽出」を試みてみることとする。そのために、まず、日本的な現象とはどのようなものなのか、からみていくこととする。

第1節　日本的な経済現象の概要

1. 日本固有の経済現象

　日本固有の経済現象として指摘されている現象は、非常に多岐にわたっている。労働市場、財市場、金融市場いずれにも、日本固有の現象として指摘される現象がある。このうち代表的なものは以下のように整理できると思われる。[1]

(i) 労働市場：日本的雇用慣行
　　長期雇用、年功序列、企業内労働組合
(ii) 財市場：日本的経営（商）慣行
　　系列（生産系列、流通系列）、株式持合い、日本型コーポレート・ガバナンス（株主主権より従業員主権）
(iii) 金融市場：日本的金融慣行
　　メインバンク制

　これらは、いずれも慣行であることが共通している。つまり、これらの現象

は、日本固有の、そして日本において自然発生的に生じてきた、自発的な経済行為という点で共通している。

しかし、こうした整理では、他の国と相違する現象を、単に寄せ集めて並べたに過ぎないといえなくもない。これらの現象が、何らかの共通するメカニズムによって発現しているものなのか、あるいは、「たまたま他の国と違っているようにみえる現象」の単なる寄せ集めなのか、明らかにする必要がある。そのために、まず、それぞれの現象について、一つずつみていくこととする。

2. 日本的雇用慣行[2]

労働市場における日本的な慣行は、最も代表的な日本的な慣行といえるかもしれない。多くの日本人は、自らの就業経験を通じて、その存在を強く感じているものと思われる。

(1) 日本的雇用慣行の概要

日本的雇用慣行としては、まず、長期雇用の存在を指摘できる。日本では、一度ある会社に就職すると、その会社に長期間（定年近くまで）勤める傾向が強いことを指している。合理的な個人を想定すると、長い人生の間には産業の浮き沈みもあり、最初に就職した企業にそのままとどまり続けることは、必ずしも合理的な行動であるとはいえない可能性が高い。したがって、長期雇用が合理的な行動となるような何らかのメカニズムが存在する可能性が示唆される。

長期雇用と表裏の関係にあるのが、年功序列制である。企業内において、給与や地位が、年齢が高く、勤続期間が長いほど高くなるシステムを指している。賃金に関しては、理論的には、個々の労働者の生産性に準拠した賃金が合理的な賃金であるといえる。これは、企業内の地位に関しても同様で、高い生産性を期待できる人を高い地位に配置することが合理的な行動であるといえる。こうした観点からみると、年功序列制は、年齢が高く、勤続期間が長いほど生産性が高いという状況であれば、合理的なシステムといえる。しかし、もし、そのような状況でないにもかかわらず、年功序列が採用されているとした

ら、その方が合理的な行動となる何らかのメカニズムが存在する可能性が示唆される。

　企業別労働組合も日本的な現象と考えられている。これは、中心的活動をしている労働組合の構成単位が企業となっていることを指している。欧米では、企業横断的な産業や職種別の労働組合が中心的な役割を果たしている。一方、日本では、個々の企業単位に、様々な職種の人が一緒に参加している企業別労働組合が中心的な役割を果たしている。結果として、「会社の発展は社員の幸福」というような労使協調路線となりやすい傾向があるという指摘もある。理論的に考えれば、「同一職種同一賃金」が合理的な姿であり、欧米の労働組合の姿の方が合理的といえるであろう。ただし、長期雇用と年功序列が存在することを前提とすると、職種よりも企業の発展を優先させる行動の方が合理的な行動であると解釈することもできる。したがって、企業別労働組合は、長期雇用や年功序列という慣行の中で、派生的に生じた現象とみなすことも可能であろう。

（2）　日本的雇用慣行という見方への批判

　日本的雇用慣行に関しては、そもそもそれが本当に日本的なのかという批判もある。本当に日本にだけ存在するのか、本当にそれほど本質的な問題なのかという批判である。例えば、長期雇用という現象は欧米でも観察することができるため、必ずしも日本固有の現象ではないという批判がある。アメリカでは先任者優先（セニョリティ）の慣行があり、レイオフが必要な場合には、勤続年数の少ないものから順にレイオフされていくという労働協約が結ばれている例が多い。したがって、形は異なるにせよ、欧米諸国にも長期の雇用をよしとする考え方があり、必ずしも長期雇用を否定的にみているわけではないといえる。したがって、日本の長期雇用は、あくまでも程度の問題ではないかということになる。

　また、中小企業も考慮すべきであるという批判もある。日本における長期雇用という雇用慣行は、多くの場合大企業における雇用慣行を観察した結果得られた見方である。しかし、中小企業を観察すると、転職や中途採用は必ずしも

少なくなく、長期雇用が一般的であると言い切れるか疑問がある。大企業で広く観察されたからといって、それだけで日本固有の普遍的な現象とまで言い切ってしまって良いのかという批判である。このことから、長期雇用という雇用慣行をもたらしている要因は、必ずしもそれほど強い力を持っているわけではなく、条件の良い時にだけ顕在化するような比較的弱い性質のものである可能性が示唆される。

　さらに、時代背景の相違を指摘する声もある。日本的雇用慣行を報告している研究の多くは、戦後の日本企業を観察対象としている。しかし、戦前の日本企業においては、必ずしも転職が少なくなく、長期雇用が一般的であったとはいえないという指摘もある。こうした見方に立つと、長期雇用が一般化したのは、戦後の高度経済成長期ということになる。したがって、長期雇用という現象は、日本固有というよりも、高度経済成長固有の現象なのではないかという見方が可能となる。つまり、経済が右肩上がりに成長している時には、会社は順調に成長し、個人の給料や地位も順調に上昇するので、あえて会社を辞める必要がなかったのではないかという見方である。ただし、戦前には戦後ほど明確に観察されないのは事実であるが、高度経済成長期にのみ限定されるというのも極端な主張であろう。この批判も、長期雇用を発現させる力はそれほど強くなく、条件が良い時にだけ顕在化するというような性質を示唆しているのかもしれない。

　日本と欧米の雇用に関する制度上の相違を指摘する声もある。例えば、退職金は転職の際に会社間を持ち歩けない。新たな会社で勤続年数ゼロから新たに計算し直すことが普通である。したがって、退職金の金額が大きい場合には、長期雇用であるほど有利となり、社員に転職しようとするインセンティブを小さくさせる効果を持つ。ただし、この批判には、制度が先なのか慣行が先なのかという再批判がありえる。制度の相違によって慣行の相違が生じたと考えることも可能だが、慣行に適応して制度が作られたという解釈も可能である。慣行に係る制度は、多くの場合社会の多くの人が持ち合わせている常識に合わせて作られる。したがって、制度が先か慣行が先かということを簡単に見極めることは難しい。

以上のような様々な批判があり、「日本の雇用慣行は、他の国の雇用慣行とまったく性質が異なる」というような、オール・オア・ナッシングで考える極端な見方は否定されている。しかし、一方で、ある程度の相違が観察されることも否定できないであろう。要するに、日本的雇用慣行と呼ぶ時の日本固有という概念は、あくまでも程度の問題、微妙な色合いの相違を示しているということであろう。そして、条件が揃った時にだけその効果が顕在化し、人々にその存在が明確に認識されるような性質のものなのであろう。

3. 日本的経営（商）慣行[3]

　日本的経営（商）慣行として最も良く指摘される慣行が系列である。系列は、資本関係に係わりなく特定の企業の間だけで閉鎖的とみられる取引が行われる傾向を示している。系列は、資本の支配等を通じないで、いわば自主的に外部からは閉鎖的とみなされる企業グループを作っていることに特徴がある。もちろん、自主的な企業グループであることから、参加している企業グループに完全に拘束されることはないのであるが、自他ともにあるグループの一員だという認識の下で、そのグループとの取引を優先的に取り扱っている。ただし留意すべきことは、資本を通じた強い支配力を有したかつての財閥とは異なり、あくまでも自主的な企業グループであり、そのグループ間での取引を優先させるだけなので、日本的雇用慣行と同様に、程度の問題、微妙な色合いの相違であるということも認識しておく必要があろう。

　日本的経営（商）慣行として取り上げられるその他の慣行としては、株式持合いと日本的コーポレート・ガバナンスが挙げられる。株式持合いは、安定株主を確保するために、企業間で相互に株式を持ち合う慣行である。日本的コーポレート・ガバナンスはかなり曖昧な概念であるが、株主主権より従業員主権の考え方に立った企業統治といえるかもしれない。欧米、特にアメリカでは、企業は株主のものという考え方が基本である。それに対し日本では、株主も大切であるが従業員も大切であり、往々にして、企業の発展は従業員の幸せという認識に立って経営が行われていると指摘されている。その実態を客観的に示

すことは難しいが、日本ではM&Aがアメリカより少ないことが、その一つの例証になるかもしれない。なお、長期雇用を前提とすると、企業経営においては、株主の都合だけでなく、雇用者の都合も重視される必要があろう。したがって、株主主権の色彩が弱いとされる日本的コーポレート・ガバナンスは、日本的雇用慣行から派生した現象なのかもしれない。

4. 日本的金融慣行[4]

　金融面においては、メインバンクの存在が一番大きな特徴である。メインバンクは、ある企業に対し最大の融資シェアを持ち、長期的・総合的な取引関係を維持している銀行を指す。メインバンク制の重要な性格は、ある企業と銀行が一種排他的な関係を有していることである。ただし、排他的といっても、他の日本的な慣行同様、強制力や拘束力のある関係ではなく、あくまでも自主的なかなり緩い関係である。実際、融資シェアは他の銀行より飛び抜けて多いというよりは、少しだけ多いという場合も多い。したがって、この関係も、程度の問題、微妙な色合いの相違と考えて良いであろう。

第2節　日本的な経済現象の共通要素

1. 共通要素の有無

　ここまで、日本的と指摘されてきた様々な現象を個別にみてきた。それらは、企業の行動、金融機関の行動、労働者の行動と、経済活動の幅広い分野に及んでいる。しかし、これらの現象が余りに広範囲に及ぶことから、逆に、単に「日本でみられた欧米と相違する現象」という観点からだけで、日本的なシステムという概念で一括りできるのかという疑問が生じる。つまり、もし様々な経済活動分野での日本的な現象が、すべて同一の発生メカニズムによって生じてきているものであれば、それは単一の日本的経済システムと考えることも

可能であろう。しかし、もし、それぞれの経済活動分野での日本的な現象が、それぞれ別々の独立した発生メカニズムによって生じているものならば、それはそれぞれ別々の現象と認識されるべきで、単に日本で発生した現象が欧米と相違するという観点からだけで、日本的なシステムという概念で一括りしても、本質的には意味はないことになる。病気の診断では、原因不明であるものの似たような症状に対しては、とりあえず「○○症候群」と診断するが、原因が判明している症状の場合は「○○病」と診断する。ここで、日本的経済システムはどちらの範疇に入るのか、日本的経済システム症候群なのか日本的経済システムなのかということにたとえられよう。もし、共通した発生メカニズムを有しているならば、日本的経済システムということができよう。一方、そうした共通の発生メカニズムがないのであれば、日本的経済システム症候群と呼ぶ方が適切であろう。

　こうした基本的な問いかけに答えるためには、まず第一歩として、日本的と指摘されている様々な現象に、何らかの共通項があるかどうか検討することが必要であろう。仮に、共通の原因から発生しているのであれば、一見無関係に見えても、必ずどこか共通した性格を有しているはずである。この共通した性格の識別作業が最初の作業となろう。共通した性格を発見できれば、共通した発生メカニズムが存在する可能性を否定できない。そして、その共通した性格を手がかりに、共通した発生メカニズムが解明できる可能性も出てくる。

2. 市場経済の類型化論

（1）様々な市場経済という類型化

　日本的経済システムに共通する性格を考える際に、最も広く用いられているアプローチは、市場経済・資本主義を類型化して考えるアプローチであろう。このアプローチは、必ずしも、先に列挙した様々な日本的とされる個々の現象から共通因子を抽出することから始めるのではなく、まず社会学的な観点から世界の市場経済・資本主義を類型化した上で、その類型に様々な日本的とされる個々の現象を当てはめて解釈するというアプローチである。こうした市場経

済・資本主義の類型化からのアプローチについては、経済学者の多くは懐疑的である。市場経済・資本主義は、市場において価格メカニズムを通じて分権的に資源配分されるシステムであるという点からいうと、世界のどの国で観察されるものも同一のものでしかありえないと経済学者は考えるからである。しかし、経営学の分野では、このタイプのアプローチはかなり広く認知されている。[5] 経済理論としての理論化は必ずしも巧くできないが、実際の経済活動を行った上での実感としては、多くの人がそれなりに納得できると感じているからかもしれない。ただし、こうした経緯もあり、提示されている類型化は多様であり、また曖昧な面が強いのも事実である。

前述のように、市場経済・資本主義は、価格メカニズムによる分権的資源配分メカニズムという点では共通の性格を持っている。しかし、市場経済には様々なタイプが存在すると考える人々は、資源配分に付随する諸現象を細かく観察すると、国や地域によって微妙な相違があるという主張をしている。[6] こうした微妙な相違があるとすれば、それに基づいて、市場経済をいくつかのタイプに類型化することが可能となる。こうした類型化の中で、日本において最も広く認知されている見方は、日本型の市場経済とアングロ・サクソン型の市場経済の二つに類型化する見方であろう。

(2) アングロ・サクソン型対日本型市場経済

まず、最初に、比較対象としてのアングロ・サクソン型市場経済についてみてみる。これは、アメリカやイギリスの市場経済を類型化したもので、以下のような特徴を持つと考えられている。個人の自由を最大限認める、機会均等だが結果の均等は求めない、ドライ、ビジネスライク、多様性を容認等である。その中核的な特徴は、アトミックな個人が行動の主体であり、個々の経済主体は相互に独立の意思を持って行動する市場という特徴である。このようなアトミックな人間行動は、経済学が想定している「合理的な行動をするアトム化した経済主体」という考え方に合致しているといえる。逆にいえば、経済学はアングロ・サクソン型市場経済をモデル化したものということになる。

一方、その対極にあると類型化されている日本型市場経済は、以下のような

性格を有していると考えられている。組織・集団中心、個人の自由は自己規制、村社会、排他的、結果の平等指向、画一的、多様性に否定的で独創性がない等の特徴である。その中核的な特性は、アングロ・サクソン型が個人中心の社会であるのと対照的に、組織・集団を基本として行動するというところである。アングロ・サクソン型の個人の自由、多様性、機会均等・結果不平等という性質とは対極的に、組織への従属、画一性、結果の平等という性質を持っていると考えられている。つまり、アトミックな個人が相互に独立の意思を持って行動するというよりも、まず集団・組織を形成し、その集団・組織単位の意思に従って個人も行動するという市場経済である。

この類型化における日本型市場経済のポイントは、「集団主義」であるといえよう。アトミックな個人を単位として行動するアングロ・サクソン型に対置するものとして、集団を単位として行動する日本型が置かれている。この集団主義を日本的な特徴ととらえる見方は、経営学、社会学では昔からかなり広く指摘されてきている見方である。[7] この観点からあらためて日本的な諸現象をみてみると、確かに、いずれの現象にも「ある集団への特異的な帰属」という要素があるように思われる。その意味で、この類型化は、「日本的な諸現象は、集団単位の経済活動という共通する性格を有している」という仮説を示唆しているともいえる。[8]

3. 集団主義論の問題点

アングロ・サクソン型市場経済と日本型市場経済という類型化を行う考え方には、様々な問題点が指摘されている。まず、上述のように、この類型化は、多分に感覚的で曖昧なものであるという本質的な批判がある。曖昧な定義であるために、例えば、ヨーロッパ諸国やアジア諸国を含め、さらにいくつかの類型に細分類することも可能であり、アングロ・サクソン型と日本型を対極させる見方がそもそも適切なのかのという疑問がある。

さらに、日本的なものの特徴として焙り出された集団主義という共通項が、はたして適切な概念かという問題がある。アングロ・サクソン型の説明の際に

指摘したように、アトミックな個人という考え方は経済学の基本的な概念である。現在の経済理論では、基本的に集団主義という人間行動は想定されていない。したがって、単純に集団主義という概念を現在の経済理論に接木しようとしても、うまくいかないであろう。個人が、自分個人にとって最適であるという選択を合理的に行うということは、集団の利益より個人の利益を優先させることを意味している。したがって、集団主義は、そのままでは、個人の利益を最大化するという既存の経済理論では扱うことができない。もし集団主義を含んだ経済理論を作成しようとすれば、「個人の利益を最大化する」という前提を外し、「集団の利益を最優先する」という人間行動を前提とした新しい経済理論を作ることが必要となる。このため、アトミックな個人の対極にある集団主義という概念を経済理論に導入しようとすると、従来の経済理論のほとんどすべてを否定するか、あるいは否定しなくても並存しうる新たな理論を構築する必要が出てくることになる。

　しかし、集団を起点とした理論を作る場合には、非常な難問に直面することになる。集団が行動単位となった場合、個人単位の利得でみると、集団に参加しない場合よりも利得が少なくなる可能性が存在することを排除できない。そのような不利益が生じる集団であっても、なぜ個人が自主的に参加するのかという問題である。集団主義とはいっても、別に日本人は、法律や規則によって強制的にある特定の集団に帰属することが義務付けられているわけではない。あくまで自主的に、ある特定の組織・集団に帰属しているだけである。もし、その組織・集団が自己の個人の利益と合致しないと感じたならば、いつでもその組織・集団から離脱する自由を持っている。しかし、集団を行動単位とする経済理論は、個人にとって不利益となる場合でも、その組織・集団に帰属し続けることを要求する。集団の利益と個人の利益が相反することは自然に起こりえることであるが、その場合、集団を行動単位とする経済理論は、個人より集団の利益を優先させることを要求することになる。しかし、離脱が完全に自由なのに、自己にとって不利益となっても、その組織・集団に帰属し続けることは合理的とはいえない。[9] 合理的な個人が、自分個人にとって不利になる集団への隷属をどうして選択するのか、というメカニズムが明らかにならないと、

「個人の利益を最大化する」という前提を「集団の利益を最優先する」という前提に切り替えた経済理論を、簡単には受け入れることは難しいであろう。したがって、従来の個人を行動単位とする既存の経済理論を、単純に、集団を行動単位とする経済理論に作り変えることはできない。集団を経済理論に接合させるためには、もっと踏み込んで集団と個人の関係を考察することが必要である。

第3節　経済理論との整合性

ここまでの検討の結論は、日本的経済システムを統一的に説明するためには、共通した性格を見つけ出すとともに、それが、合理的な人間行動を大前提とする経済理論によって整合的に説明できることが必要なことである。そこで、第2節までに行ってきた共通した性格に関する検討はひとまず置いて、先に、経済理論と整合的であるためにはどのような性質が必要であるか考えてみることとする。その検討の後で、次章において、再び、共通した性格について、経済理論との整合性と併せて論じることとする。

日本的な経済現象を理論的に説明しようとする試みは、これまでにも数多く提示されている。それらは多岐にわたり、ここでそのすべてを網羅するわけにはいかないが、代表的な説をいくつかみてみたい。

1.　ゲーム論に基づく説明

ゲーム論の代表的な定理「フォークの定理」によれば、繰り返しゲームにおいては、高い利得が期待できる場合には、長期間にわたって協力関係が生じることになる。この定理から得られるインプリケーションは、戦後日本で観察された高度経済成長という環境の下では、日本的雇用慣行のような、長期にわたり固定的な契約関係を維持しようとする現象が観察される可能性が高いというものである。[10] 高度経済成長のように経済全体のパイが持続的に増加する環境

においては、経営者にとっても労働者にとっても、日本的雇用慣行のような、長期にわたる関係を続けた方が有利だった可能性がある。このことが、日本的雇用慣行を生じさせる原因となったと考えることが、この説の基本的な主張である。

この説の問題点は、なぜ日本においてはフォークの定理に基づく協力解が適用され、他の諸国では適用されないかという点が明確でない点である。日本の固有性に関しては、高度経済成長という現象で一応説明しているが、日本の高度経済成長は既に1970年代の石油ショック後終了してから久しい。一方で、アジア諸国など世界的にみれば、高度経済成長を継続している国は多い。こうした観点からみると、高度経済成長のみをもって日本の固有性を主張する考え方は、必ずしも十分説得的ではないだろう。高度経済成長が日本の固有性と無関係とすると、このフォークの定理に基づく協力解が日本にのみ適用される根拠はなくなる。したがって、このゲーム論に基づく推論は、必ずしも妥当な説明とはなっていない可能性が高いかもしれない。この要因がある程度作用していた可能性もあるかもしれないが、日本的といわれる経済現象を生み出している、もっと大きな他の要因が存在する可能性が高いといえる。

2. 歴史的経路依存性に基づく説明

個々の国の経済発展の過程で生じた様々な偶然の出来事、イベントが長期的な影響力を持ち、それによって、その国のその後の経済の姿に大きな差異が生じると考える見方がある。この見方に立てば、それぞれの国の制度・慣行は、その国の歴史的な経路の偶然性に依存して決定されることとなる。したがって、日本的な経済現象は、日本の歴史上偶然生じた様々な事象の影響が混在しながら、現在まで影響を持ち続けている結果であるということになる。[11] 広く日本の文化的特殊性の観点から日本的な経済現象を説明する立場も、この範疇に入るといえる。[12]

このタイプの議論の弱点は、事例研究的に、歴史・伝統・文化の相違を取り上げることは可能なものの、それをミクロ的基礎の上に立つマクロ経済理論の

枠組みの中に組み込むことが困難な点である。その理由は、歴史上生じた事象や文化を、人々の最適化行動を模式化したモデル、例えば最適成長モデルにおいて適切に表現することできないためである。さらにいえば、歴史・伝統・文化の相違を、経済理論で想定されている基本的なパラメーター（deep parameter）に巧く結びつけることができない。[13] このことが重要な問題点であるのは、理論的には、基本パラメーターへのショック以外のショックは基本的に長期的な影響を持たないためである。人間の最適化行動に依拠した理論の枠組みに十分に接合できないため、その可能性としては否定できないものの、他の経済理論と同じ土俵での議論が困難で、比較検証も困難なものとなっている。つまり、「そうかもしれないが、そうでないかもしれない」という以上に議論を深めることが難しいものとなっている。このため、現在のところ、この立場に立った説明は、まだアイデアの段階にとどまっているといえるかもしれない。[14]

3. 内部労働市場に基づく説明

　特に日本的雇用慣行に対象を絞った上で、その存在は、日本において内部労働市場の果たす役割が大きいことに起因していると主張する説もある。[15] 日本では、長期雇用の一環として企業内で教育訓練、配置転換が行われることが多く、アメリカに比較して、いったん企業を辞めて外部で教育・訓練を受け、新たな企業に就職するという過程をとることが少ないといえる。この点に注目し、日本においては、内部労働市場が大きな役割を果たしていることが、日本的雇用慣行を生んできたのではないかと考える説である。内部労働市場が重要な役割を果たすようになることを説明する理論として、人的資本論等が援用されることが多い。

　これらの説明の弱点は、人的資本論等の理論で日本的雇用慣行が成立することを説明できたと仮定しても、なぜ日本においてのみ日本的雇用慣行が存在するのか説明できないことである。もし、これらの理論が「日本的雇用慣行は経済的により効率的である」ことを示しているならば、逆になぜアメリカを始め

その他多くの国々において、この効率的な日本的雇用慣行が普及しないのか説明しなければならなくなる。さらに、これらの理論は、日本的雇用慣行に説明を与えても、日本的経営慣行や日本的金融慣行の説明を与えるものではない。したがって、この範疇に入る説の多くは、日本的雇用慣行の一側面を理解する手がかりは与えるものの、日本的な経済現象全般が生じる原因を理解するものとしては、不十分であると考えられる。

4. 経済理論と整合的であるための要件

　以上の説明の中には、部分的に日本的な現象の説明に成功したものもある。しかし、日本的な現象全般が生じる原因を説明することには、必ずしも成功していないと思われる。それでは、これらのアプローチに代わり、どのようなアプローチで考えていくべきであろうか。本章第1節で述べたように、日本的といわれる現象は、財市場、労働市場、金融市場と広範にわたって観察されている。このことは、日本的といわれる現象が非常に基本的（deep）な部分から生じていることを示唆している。そうであるとすると、日本的経済システム全般を統一的に理解するためには、経済の基本的な部分を説明する理論、すなわち、ミクロ的な基礎の上に立つ最適成長モデルのような経済主体の最適化行動を表すモデルの考え方に基づいて、この問題を考えることが必要であるといえる。

　最適成長モデルの枠組みで考える場合には、やはり、基本的なパラメーターに即して考えることが必要となろう。[16] 最適成長モデルと基本パラメーターの性質に関しては、第2部で詳しく説明するが、効用関数や生産関数にかかる重要なパラメーター、例えば、異時点間の消費の代替の弾力性、危険回避度、余暇選好パラメーター、時間選好率、全要素生産性、労働投入比率等のパラメーターを指す。これらのパラメーターのいずれかとの接点を見いだすことができれば、その接点を通じて経済理論と整合的な説明が可能となる。集団主義という概念は、経営学や社会学の観点からは日本的な現象を説明できる重要な概念であったが、この概念のままでは人間の合理的行動と両立せず、基本パラメー

ターとの接点を見いだすことは困難である。それが集団主義に基づく説明の重大な欠陥であった。もし、基本パラメーターと接点を有する共通する性格が存在すれば、それにより日本的な現象全般の発生メカニズムを説明することができるとともに、その一環として集団主義的な行動が観察される理由をも説明できることとなろう。

【注】

1) 飯田（1998）は、日本的経営全般についての研究の成果を幅広くサーベイしている。また、青木・奥野（1996）、吉田（1996）等も参照のこと。
2) 日本的雇用慣行の特徴については、例えば、Abegglen and Stalk（1985）、小池（1994、1991）を参照のこと。また、過去の研究成果のサーベイとしては、吉田（1996）、飯田（1998）等も参照のこと。
3) 日本的経営（商）慣行の特徴については、例えば、今井・小宮（編）（1989）、清家（1995）を参照のこと。
4) 日本的金融慣行に関しては、例えば、勝又（2004）を参照のこと。
5) 例えば、Hall and Soskice (ed.)（2001）を参照のこと。また、直接的に市場経済の類型化を行ったものではないが、各国の文化の相違に基づく経営手法の相違に着目した経営学における研究に Hofstede（1980）がある。
6) 例えば、Dore, Lazonick and O'Sullivan（1999）を参照のこと。
7) 例えば、岩田（1977）、三戸（1991）、Morgan and Morgan（1991）を参照のこと。
8) なお、「日本は集団主義で、英米は個人主義」という通念に反論したものに、山崎（1990）がある。
9) 浜口・公文（編）（1982）は、この観点から「日本＝集団主義」という見方を批判している。
10) 例えば、青木（1992、1995、2001）、青木・奥野（1996）を参照のこと。
11) 例えば、岡崎・奥野（編）（1993）、野口（1995）を参照のこと。
12) 例えば、岩田（1977）、森嶋（1984、2004）、青木・小池・中谷（1986）、今井・小宮（編）（1989）、青木（1989）を参照のこと。
13) 「基本パラメーター」に関しては、本書第2部第4章「経済変動の理論」で詳しく説明している。
14) 文化的アプローチへの批判は、舟橋（1983）、花岡（1983）、吉田（1996）等を参照のこと。
15) 例えば、小池（1991、1994）を参照のこと。また、人的資本論には批判的ながら雇用関係に注目するものとして、吉田（1996）も参照のこと。
16) 最適成長モデルおよび基本パラメーターに関しては、第2部第4章第2節3. で詳しく説明している。

第2章

危険回避度説

　前章の結論では、日本的な経済現象を統一的に説明するためには、(i)日本的といわれる現象の多くを説明できる共通の性格を見いだすこと、(ii)合理的な経済主体の最適化行動を基盤に置く経済理論と整合的であること、が必要である。さらにいえば、共通する性格をもたらしている基本パラメーターを特定することが必要である。本章では、こうした考え方に立って、共通する性格をもたらしている基本パラメーターを探ることとする。

第1節　共通する性格をもたらしている基本パラメーター

1. 集団からの利益と不利益

　まず、原点に立ち返って、日本的と考えられている現象に共通する性格をもう一度検討してみることとする。その再検討の出発点は、やはり、第1章で共通する性格を考察した結果示唆された集団主義であろう。日本社会や日本企業の経営の特徴は集団主義であると、経営学や社会学の分野では繰り返し指摘されてきた。[1] しかし、第1章の結論が示すように、集団主義そのままでは経済理論と巧く接合できない。その最大の問題点は、個人の利益より集団の利益が優先される集団に、なぜ自主的に個人が参加するのかという点である。集団主義と経済理論の接点を見いだすためには、集団と個人の関係をさらに詳しく検討する必要がある。

　個人は、ある集団に参加することによって、利益と不利益の両方を受けるこ

とになる。利益と不利益の受け方には、二つのパターンがある。第1のパターンは、ある集団に参加することから得られる個人の利益が、その集団に参加することから生じる不利益よりも上回っているパターンである。このパターンの場合には、その個人はその集団に参加するであろう。第2のパターンは、逆に、ある集団に参加することから得られる個人の利益が、その集団に参加することから生じる不利益よりも下回っているパターンである。このパターンの場合には、その個人はその集団から離脱するであろう。第1のパターンの場合には、自己の利益を上回らない範囲内で、集団の意思に従うことになる。したがって、この場合には、ある程度集団として行動しているように外部からはみえることとなるかもしれない。ただし、集団として行動しているようにみえても、あくまでも個人は自己への利益を優先させていることから、「合理的な個人の利益最大化」という経済理論と矛盾することはない。

　したがって、第1のパターン、すなわち「ある集団に参加することから得られる個人の利益が、その集団に参加することから生じる不利益よりも上回っている」状況であれば、集団主義に基づいて行動しているように外部から見える可能性がある。第1章において、集団主義と経済理論の接合が難しいと判断した理由は、集団主義という概念では、第1のパターンと第2のパターンが混在してしまうためであった。第2のパターンでは、集団主義に基づく行動を経済理論では説明できない。したがって、集団主義と経済理論を接合させるためには、第1のパターンが、より頻繁に継続して現れることが必要となる。逆にいえば、第1のパターンをより頻繁に、継続して現れるようにさせるメカニズムが存在すれば、経済理論で説明可能な集団主義が存在しうることとなる。このようなメカニズムを基本パラメーターによって説明できれば、日本的な経済システムを統一的に説明することが可能となろう。

2. 契約関係の長期継続

　第1のパターンの継続性を検討するために、集団と個人の関係について、さらに別の観点からみてみることとする。第1のパターンの集団は、あくまでも個人が自主的に参加しているものであり、強制されたものではない。したがって、集団と個人の利益が相反した場合、自由意思で集団から離脱することが可能である。この「自由意思で、なかなか離脱しない」という性格は、「契約関係が長期間継続する」と解釈することができる。自由意思なのだから、それは、あくまでも対等平等な「契約」行為である。それをなかなか解消しないのであるから、契約関係が「長期」にわたって継続することになる。したがって、第1のパターンの場合の集団主義は、契約関係の長期継続と解釈することが可能である。

　この契約関係の長期継続という性質は、日本的な様々な現象と整合的であるだろうか。まず、日本的雇用慣行についてみてみると、日本的雇用慣行における特徴の一つである長期雇用は、契約関係を長期にわたり継続しようとする行為そのものを表している。年功序列や企業内労働組合は、こうした長期雇用と整合的な形で存在している。次に、日本的経営（商）慣行をみてみると、その中核である系列も、契約関係を長期にわたり継続しようとする行為そのものを表しているといえる。さらに、日本的金融慣行の中心をなすメインバンクも、まさに、契約関係を長期にわたり継続しようとする行為である。日本的な経済現象の「長期にわたる契約関係の維持」という理解は、日本人の直感的な理解と一致するのではないかと思う。したがって、日本的あるいは集団主義と認識されている現象の中心的な要素に、契約関係を長期にわたり継続しようとする行為があると考えても良いといえるであろう。したがって、「契約関係を長期にわたり継続しようとする行為」という抽出された要素は、第2章の冒頭で示した「(i)日本的といわれる現象の多くを説明できる共通の性格」に該当すると考えることができよう。

3. 基本パラメーター (deep parameter)

次の問題は、第2章冒頭で示したもう一つの条件、「(ii)合理的な経済主体の最適化行動を基盤に置く経済理論と整合的である」という条件をクリアできるかという問題である。そのためには、契約関係を長期にわたり継続させようとするメカニズムに、基本パラメーターが係わっているか考察することである。第2部で詳しく説明するが、基本パラメーターは、最適成長モデルで表される最適化行動、すなわち、代表的家計が、その期待効用

$$E \int_0^\infty (1+\theta)^{-t} \frac{(c_t^{1-\beta} l_t^\beta)^{1-\varepsilon}-1}{1-\varepsilon} dt$$

を、予算制約式

$$\frac{dk_t}{dt} = A k_t^{1-\alpha}(1-l_t)^\alpha - c_t$$

の下で最大化する問題を解く行動において現れてくるパラメーターである。[2] ここで、c_t は一人当たり消費量、l_t は一人当たり余暇時間のシェア、k_t は一人当たり資本ストック、ε は異時点間の消費の代替の弾力性の逆数(=相対的危険回避度)、θ は時間選好率、β は消費に対する余暇の選好パラメーター、A は技術パラメーター、α は労働投入比率、そして $u(c_t, l_t)$ は効用関数である。なお、E は期待オペレーターである。

この中で、効用関数に係る嗜好・選好に関する基本パラメーター、すなわち、相対的危険回避度(=異時点間の消費の代替の弾力性の逆数)ε、時間選好率 θ、そして余暇選好パラメーター β は、契約関係を長期にわたり継続しようとする行為に関連している可能性が高いと思われる。同一相手との契約の長期継続が、異なる相手との短期契約の繰り返しよりも高い効用をもたらすか低い効用をもたらすか、その判断は効用関数を通じて行われる。したがって、効用関数に関する基本パラメーターに大きな相違が存在すれば、契約関係の長期継続の利益に関する判断も大きく異なってくる可能性が出てくる。例えば、日本人とアメリカ人の間には、効用に係る嗜好・選好に何らかの相違があり、その相違が効用関数のパラメーターの相違に反映され、それがさらに、契約関係

の長期継続の利益に関する判断の相違を生んでいる可能性は十分に考えられる。もし、その相違によって、アメリカ人に比べて、日本人は契約関係の長期継続の利益はより大きいと感じるのであれば、結果として、日本は集団主義、アメリカは個人主義、という相違として外部からは観察されるかもしれない。この場合、日本人は、契約関係を長期にわたり継続しようとするメカニズムを生み出す嗜好・選好を生来有していることになる。そういう性向を内的に保有していれば、たとえ市場のメカニズムに関する外的な環境がアメリカとまったく同一であったとしても、結果として現れる現象は、アメリカと大きく異なったものとなる可能性が出てくる。

一方、生産に係るパラメーター、すなわち、技術パラメーター A および労働投入比率 α は、日本的な現象とは基本的に無関係であると思われる。同一相手との契約の長期継続が、異なる相手との短期契約の繰り返しよりも高い効用をもたらすか低い効用をもたらすか、その判断は効用関数によって行われ、生産関数によって行われるわけではないからである。もし、ある効用関数による評価で、基本的に契約の長期継続も短期の契約の繰り返しも無差別であるとされるならば、仮に生産量が異なってもその評価も基本的に変化しないであろう。つまり、契約期間の長短に差が生じるためには、効用関数において両種類の契約の評価に差が生じることが必要条件である。この効用関数の評価に際して、生産関数も部分的に絡むかもしれないが、あくまでもそのメカニズムの本質的な部分は効用関数にあるということになろう。

4. 効用関数に係る基本パラメーター

それでは、効用関数に係る基本パラメーター、すなわち「時間選好率」「余暇選好パラメーター」「相対的危険回避度（＝異時点間の消費の代替の弾力性の逆数）」の中に、契約関係を長期にわたり継続させるメカニズムを有する基本パラメーターは存在するであろうか。

（1） 時間選好率

　まず、時間選好率について検討してみる。このパラメーターは、期待効用における割引率としての役割を果たしている。無限の将来にわたる期待効用に関係するため、契約期間の長短に関係している可能性がある。さて、ここで、一単位の期間内の利得が一定の無限に続くプロジェクトがあるとする。そのプロジェクトでは、一単位の期間終了時ごとに契約相手を代えることが可能とする。さて、この時、もし他のどの相手よりも能力が優れている契約相手が存在すれば、時間選好率の高低にかかわらず、この優れた能力を持つ契約相手と、どの契約期間においても常に契約することになるであろう。したがって、この場合には、時間選好率の相違により、契約期間の長短に影響は及ばないといえる。

　それでは、次に、複数の契約相手の能力の期待値が同一だった場合はどうなるであろうか。時間選好率の高い主体は、「同一の相手との契約の継続」と、「その都度契約相手を代える」ことの、どちらを選択するであろうか。結論をいえば、「同一相手との契約の長期継続」と、「その都度契約相手を代える」ことは、期待効用の観点からみると無差別で差は生じない。ポイントは、時間選好率の相違によって行動に差異が生じるのは、財・サービスの消費可能量が時点によって異なる場合である。同一相手と契約を継続する場合と、その都度契約相手を代える場合で、その契約から得られる消費可能量に、時点ごとの差異は基本的に生じないと考えられる。したがって、どちらのタイプの契約を選ぶかは、時間選好率以外の他のパラメーターの相違によって決定されることになる。このため、この場合にも、時間選好率の相違によっては、基本的に契約期間の長短に影響は及ばないということになる。

　このように、時間選好率と契約期間の長短を関係付けるメカニズムをみつけることは難しい。したがって、時間選好率は、契約関係を長期にわたり継続しようとする行為に関連する基本パラメーターではない可能性が高いといえる。

（2） 余暇選好パラメーター

次に、余暇選好パラメーターについて考えてみる。このパラメーターは、消費と余暇の間の代替関係を示すパラメーターであるが、これも、契約関係を長期にわたり継続しようとする行為とは基本的に無関係であると考えられる。余暇選好パラメーターの相違によって行動に差異が生じるのは、財・サービスの性質と余暇の性質が将来時点によって異なる場合である。しかし、同一相手と契約を継続する場合と異なる相手と短期の契約を繰り返す場合で、ある時点における消費の性質と余暇の性質に、基本的に差異は生じないと考えられる。したがって、余暇選好パラメーターの相違によっては、基本的に契約期間の長短に影響は及ばないと考えられる。そうだとすれば、どちらのタイプの契約を選ぶかは、余暇選好パラメーター以外のパラメーターの相違によって決定されることになる。

（3） 危険回避度

結局、最後に残された基本パラメーターは、危険回避度である。もし、危険回避度に関しても、契約の長短に係わるメカニズムをみつけることが難しければ、そもそも日本的経済システムを統一的に生み出している要因は存在せず、あくまでも、類似しているものの本質的に個々に独立している一群の現象、すなわち「日本的経済システム症候群」として存在しているに過ぎない可能性が高くなる。

さて、それでは、危険回避度は、契約の長短に関係するメカニズムを有しているであろうか。ポイントは、危険回避度の相違によって行動に差異が生じるのは、財・サービスのリスクが異なる場合であることである。したがって、同一相手と契約を継続する場合と、異なる相手との短期の契約を繰り返す場合で、それぞれの契約に係わる財・サービスにリスクの差異が存在すれば、危険回避度の相違によって契約期間の長短に影響が及ぶ可能性が出てくる。実は、「同一相手と契約を継続する場合」と「異なる相手との短期の契約を繰り返す場合」で、リスクに大きな差異が生じる財・サービスが存在する。この結果、危険回避度は、契約期間の長短に大きな影響を及ぼすことになる。この点につ

いて、以下で詳細に検討していくこととする。

第2節　危険回避度と契約期間

1. 危険回避度とリスク資産の選択

　危険回避度と契約期間の長短の関係を考えるに当たって、最初に、危険回避度の一般的な性格をみてみることとする。多くのマクロ経済モデルでは、「相対的危険回避度一定の効用関数」が想定されている。この場合、効用関数はパワー関数か対数関数となり、相対的危険回避度は異時点間の消費の代替の弾力性の逆数と一致する。ここでは、この相対的危険回避度一定の効用関数で考えていくこととする。さて、相対的危険回避度は、効用関数 $u(\cdot)$ に対し、

$$-\frac{xu''(x)}{u'(x)}$$

で定義される。相対的危険回避度一定の効用関数は、相対的危険回避度を ε とすると、

$$u(x) = \frac{x^{1-\varepsilon}}{1-\varepsilon} \qquad \varepsilon \neq 1 \text{ の場合}$$

$$u(x) = \ln(x) \qquad \varepsilon = 1 \text{ の場合}$$

となる。

　危険回避度は、資産選択の理論で重要な役割を果たしており、それを用いて多くの重要な命題が示されているが、その中でも重要な命題の一つが、「相対的危険回避度一定の効用関数の場合、相対的危険回避度が高いほどリスク資産よりも安全資産の方が多く選択される」というものである。これをFriedman and Roley (1979) およびFriedman (1983) のフレームワークでみてみる。このフレームワークでは、t 期に w_t の初期資産を持つ投資家が、以下のような期待効用を最大化する問題を考えている。

$$\max_{\alpha_t} E[u(w_{t+1})]$$

ここで、$E(\cdot)$ は期待オペレーター、$u(\cdot)$ は相対的危険回避度一定の資産に係る効用関数である。したがって、相対的危険回避度

$$\varepsilon = -\frac{w_t u''(w_t)}{u'(w_t)}$$

は、常に一定である。さて、$\boldsymbol{a}_t$ は資産のポートフォリオのシェアを表すベクトルで、$\boldsymbol{A}_t$ を資産種類毎の資産高のベクトルとすると、

$$\boldsymbol{a}_t' \boldsymbol{I} = 1, \quad \boldsymbol{a}_t = \frac{\boldsymbol{A}_t}{w_t}$$

となる。ここで、$\boldsymbol{I}$ はすべての要素が1のベクトルである。さて、資産は、次の式に従って増加していく。

$$w_{t+1} = w_t \boldsymbol{a}_t'(\boldsymbol{I} + \boldsymbol{r}_t)$$

ここで、$\boldsymbol{r}_t$ はリスク資産の収益率のベクトルである。また、投資家は、資産の収益率が以下のような分布に従っていると認識しているとする。

$$\boldsymbol{r}_{t+1} \sim N(\boldsymbol{r}_t^e, \boldsymbol{\Omega})$$

このモデルに、期待収益が確率変数ではない安全資産を一つ加えることとする。この安全資産の収益率は r_t^f である。

この安全資産を含んだモデルにおいて、最適な安全資産のシェア α_t^{f*} は以下のようになる。

$$\alpha_t^{f*} = 1 - \frac{[\boldsymbol{\Omega}^{-1}(\boldsymbol{r}_t^e - r_t^f \boldsymbol{I} + \boldsymbol{I})]' \boldsymbol{I}}{\varepsilon} \frac{w_{t+1}}{w_t}$$

この値 α_t^{f*} が1の場合、安全資産のシェアは100%となる。一見して分かるように、相対的危険回避度 ε が高いほど、安全資産が選択される割合が高くなる。したがって、相対的危険回避度の高い人は、より多く安全な資産を選択することになる。もし相対的危険回避度 ε が無限大と非常に大きい場合には、安全資産のシェアは100%となる。

2. 品質の不確実性、リスク

（1） 新規と既存の契約の選択

次に、今ここで問題としている契約期間の長短とリスクがどう関連しているのか考えてみることとする。契約期間が結果として長期にわたるということは、ある契約の期限が来た時に、新規の契約を結ぶよりも、既存の契約を更新することの方が優先される結果である。したがって、契約期間の長短の問題は、「新規の契約の締結」と「既存の契約の更新」の選択において、どちらが選択されるかという問題に帰着することになる。

ここで、まず、契約の価格やリスクその他の条件が、新規の契約と既存の契約でまったく同一である場合を考えてみる。この場合には、新規の契約の締結と既存の契約の更新の間に何らの差異も生じず、両者は無差別となる。次に、他の条件が同一であるならば、新規の契約は、既存の契約に比較してよりリスクが高いという状況を考えてみよう。この場合には、危険回避的な主体は、必ず既存の契約の更新を選択する。新規の契約と既存の契約が無差別になるためには、高いリスクに応じて、新規の契約の期待収益率が既存の契約の期待収益率よりも高くなることが必要である。そこで、次に、「リスクは低いが期待収益率も低い既存の契約の更新」と、「リスクは高いが期待収益率も高い新規の契約の締結」の組み合わせの場合を考えてみよう。この場合には、上記第2節1. で示したように、相対的危険回避度の高い人は、リスクは低いが期待収益率も低い既存の契約をより多く選択し、相対的危険回避度の低い人は、リスクは高いが期待収益率も高い新規の契約をより多く選択することになる。

このような選択はどのような結果をもたらすであろうか。いうまでもなく、相対的危険回避度の高い経済主体で構成される経済では、より多く既存の契約の更新が繰り返され、結果として契約関係の長期継続がより多く観察されることになるであろう。一方、逆に、相対的危険回避度の低い経済主体で構成される経済では、より多く新規の契約が締結され、結果として契約関係の長期継続はより少なくしか観察されないことになるであろう。つまり、既存の契約と新規の契約の間にリスクの大きさの相違が存在する場合には、経済主体の危険回

避度の相違によって、結果として現れる契約期間の長短に大きな相違が生じる可能性がある。このことは、契約関係の長期継続を危険回避度によって説明できるかどうかは、既存の契約と新規の契約の間にリスクの大きさの相違があるかどうかという点にかかっていることを示している。

（2） 品質確認のコスト

そこで、既存の契約と新規の契約の間のリスクの相違について、より掘り下げて考えてみよう。契約を締結する場合、その契約から得られる利得を判断する基準は、いうまでもなく価格と品質である。ほとんどの場合、価格は契約締結時に明確に提示されるので、一般に価格に関するリスクはほとんどの場合ないと考えて良いであろう。しかし、品質に関しては、必ずしもリスクがないとはいえない。むしろ、品質に関するリスクが大きいケースは非常に多いと考えられる。したがって、契約から得られる利得に係るリスクは、基本的にその契約の結果得られるものの品質に関するリスクであるといえる。

一般的には、品質のリスクは、契約前に様々な形でサンプルの検査、テストを行うことによって大きく低減させることができる。一般消費者が小売店で物を買う時に、その商品の外見を良くみるという簡単なチェックだけでも、かなり品質のリスクを低減できる。サービス以外のモノである場合には、ほとんどの場合何らかのサンプル調査や規格のチェック等により、安いコストで検査、テストを実施することが可能かもしれない。

しかし、すべての契約において、こうした簡単で安いコストの品質の検査、テストを行うことができるとは限らないであろう。特に、サービスに係る品質については、かなり高いコストをかけても、なかなか正確にその品質を把握することが難しいものもあると思われる。人間の能力が係わってくるからである。人間の能力をチェックすることが難しいことは、雇用契約を結ぶ場合を考えれば分かるであろう。雇用契約に際しては、入社希望者の能力が「品質」に該当するであろう。この品質を正確に知ろうとしても、人間の能力は多面的であり簡単にはいかない。仮に簡単なアルバイトのような仕事であれば、ごく簡単な書類選考や筆記試験と面接でかなりその人の正確な能力、つまり品質は判

断できるかもしれない。しかし、仮に、将来の幹部社員を選抜することを考えており、将来幹部社員になれる能力を持っているか知りたい場合には、簡単な筆記試験と面接だけでは非常に限られた能力しか分からないであろう。その人の能力、つまり品質は、実際に長い期間働いて初めて分かるものである。もし、ある人間の、幹部になれるかどうかというような能力の有無を事前に正確に把握しようとすれば、非常に長期にわたる多面的なテストを繰り返す必要があるであろう。しかし、そもそもそのようなテストが可能であるか疑問であるし、可能であっても、そのためのコストは莫大なものになるであろう。幹部になる能力があるかどうかは、実際の厳しいビジネスの経験を積み重ねて初めて分かってくるものであるからである。

このように、正確に品質を知るためには非常に高いコストを支払わなければならない契約は存在する。そして、そうした契約は少なくないのかもしれない。

(3) 高い品質確認コスト——人間関係の複雑さにからくる不確実性

それでは、どのような財・サービスの場合に、品質確認コストが高くなるであろうか。その可能性がかなり高いと考えられるケースとして、複雑な人間関係の処理等の高度な人間の作業が契約の重要な要素となる契約の場合が考えられる。このような契約の場合には、品質を正確に確認するためのコストが非常に高くなる可能性は高いと思われる。商品の物理的な性質に関する品質のテストは、いったんそのテストの方法が確立されればその正確性は変化せず、いずれ安いコストでそのテストを実施できるようになるであろう。しかし、人間の行動、特に複雑な人間関係が絡み合う中での人間行動は、正確に予測することは困難であり、当然にテストで事前に確認することも非常に困難であると考えられる。その理由としては、まず、人間の行動は余りに複雑であることが挙げられよう。さらに、人間は自らがテストされていることを織り込み済みで行動する、そして、場合によっては偽計に基づいて行動をする可能性もあることも指摘できるかもしれない。いずれにせよ、重要なことは、ある種のサービスに係る契約は、こうした複雑な人間関係の処理等の高度な人間の作業を重要な要

素として含んでいることである。

　先に本章第2節2.（2）の中でも記述した、幹部社員の雇用のケースもそのようなものの一種であろう。幹部社員には様々な高度な能力が求められるが、その中でも重要な能力の一つは、部下の管理能力、すなわち組織マネジメントの能力であろう。複雑な人間関係の中で、多様な人間の様々な行動を的確に予測し、適切なインセンティブを与え、組織内の不満を最小限に抑え、組織として最大の能力を発揮できるように持って行く能力である。幹部社員に求められる品質は、こうした要素を重要な要素として含んでいる。このような人間の行動は、その品質を事前に正確に評価することは困難であるため、そうしたものを要素として含む財・サービスの品質確認コストは、非常に高いものとなることはいえよう。

（4）品質確認コストと品質の不確実性、リスク

　さて、品質を確認するためのコストが高い場合には、どのようなことが起きるであろうか。高いコストを支払って検査やテストを念入りに行えば、品質に関する不確実性、リスクは小さくできる。それでは、品質を完全に把握するために、購入者は無限大に品質確認コストを支払うであろうか。当然そのようなことはしないであろう。いうまでもないが、品質確認にかかるコストと、品質が不確実なことにより被る不利益の損得を比較考量して、品質確認コストへの支出額が決定されることになる。

　この関係を簡単なモデルで考えてみる。消費者の効用関数を $u(x, z)$ とする。ここで、x は商品の消費量、z は商品の品質で確率変数とする。この効用関数の特徴は、商品の品質に不確実性があるため、効用は消費量だけでなく商品の品質 z にも依存して決まることである。さて、品質の分布 z は正規分布と仮定すると、品質の不確実性が相対的に大きく z の分散の大きい z_1 のケースと、品質の不確実性が相対的に小さく z の分散も小さい z_2 のケースを比べると、

$$Eu(x, z_1) < Eu(x, z_2)$$

となる。E は期待オペレーターである。つまり、品質の不確実性が高いほど、期待効用は小さくなる。

ここで、品質 z の分散を $y=Var(z)$ とおくと、$z=z(\bar{z}, y)$ と表すことが可能である。なお、$\bar{z}$ は品質の平均値である。また、変数 y は品質の不確実性を表象しているといえる。そこで、効用関数も、

$$u(x, \bar{z}, y) = u(x, z)$$

と表すことができる。ここで、上記の不等式 $Eu(x, z_1) < Eu(x, z_2)$ から、

$$\frac{\partial Eu(x, \bar{z}, y)}{\partial y} < 0$$

となる。また、

$$\frac{\partial^2 Eu(x, \bar{z}, y)}{\partial y^2} > 0$$

と一般的な形状を仮定する。なお、当然に、

$$\frac{\partial Eu(x, \bar{z}, y)}{\partial x} > 0 \text{ および } \frac{\partial^2 Eu(x, \bar{z}, y)}{\partial x^2} < 0$$

である。

ここで、品質の不確実性 y は、品質確認のコスト n を使うことによって、小さくできるとする。その関係は、以下のように表されるものとする。

$$y = f(n)、f'(n) < 0、f''(n) > 0$$

品質確認コストが高い商品とは、品質確認コスト n を増加させても、中々不確実性 y を低下させることができないことを意味している。そこで、品質確認コストが相対的に高い場合の関数を f_1 とし、品質確認コストが相対的に低い場合の関数を f_2 とすると、両者には $f_1(n) > f_2(n)$、$f_1'(n) < f_2'(n)$ という関係があるとする。

さて、消費者は、予算 b の範囲内で、消費量 x と品質確認への支出 n を行う。すなわち予算制約 $b \geq x+n$ を満たす必要がある。このモデルにおいて、効用関数 $u(x, \bar{z}, y)$ を、予算制約 $b \geq x+n$ の下、制御変数 x と n の制御によって最適化する条件は、

$$\frac{\partial Eu(x, \bar{z}, y)}{\partial x} = \frac{\partial Eu(x, \bar{z}, y)}{\partial y} f'(n)$$

である。さて、この時、品質確認コストの相違は、どのような結果をもたらすであろうか。品質確認コストが高い商品の場合、品質確認コストが低い商品と

同じ品質確認コストを支出したのでは、$\left|\dfrac{\partial Eu(x, \bar{z}, y)}{\partial y}\right|$ の値は小さくなる。そして、品質確認コスト n を増やすにつれて、その値はより大きくなる。一方で、同じ品質確認コストを支出したのでは、$f_1(n) > f_2(n)$ および $f_1'(n) < f_2'(n)$ という関係から、$y = f(n)$ の値は大きく、そして $|f'(n)|$ の値は小さくなる。そして、品質確認コスト n を増やすにつれて、$y = f(n)$ の値も $|f'(n)|$ の値もより小さくなる。こうした関係から、「品質確認コストが高い商品の場合に、品質確認のためのコスト n が増えるのか減るのか」という点に関しては、$u(x, \bar{z}, y)$ と $f(n)$ の関数の形状によって様々に決まってくることから、一概にはいえないことになる。仮に品質確認コスト n が減ることになれば、品質の不確実性 y は大きくなり、品質確認コストが高い場合の方が品質の不確実性、リスクは一層高くなることになる。一方、品質確認コスト n が増えることになる場合には、それがどれだけ増えるかによって、品質の不確実性 y がより大きくなるのか小さくなるのか決まってくる。

　しかし、仮に品質確認コスト n が増えることになったとしても、不確実性 y が「品質確認コストが低い場合」と同じ水準に低下するまで、コスト n を増やすことはありえない。なぜなら、不確実性 y の値が同じであるなら $\left|\dfrac{\partial Eu(x, \bar{z}, y)}{\partial y}\right|$ の値も同じになるが、その時の $|f'(n)|$ の値は、より大きな n の値に対応してより小さいものになっているからである。予算 b の中からより多く n に支出するため、消費量 x は減少し、結果として $\dfrac{\partial Eu(x, \bar{z}, y)}{\partial x}$ (>0) の値はより大きくなっているから、不確実性 y が同じ水準になるまでコスト n を増やすと、最適化の条件 $\dfrac{\partial Eu(x, \bar{z}, y)}{\partial x} = \dfrac{\partial Eu(x, \bar{z}, y)}{\partial y} f'(n)$ を満たすことができなくなってしまう。[3]

　以上の簡単なモデルからいえることは、品質確認コストが高い商品の場合には、人々の合理的行動の帰結として、基本的にその品質の不確実性がより高い状態のままで購入されることである。そして、$f_1(n) > f_2(n)$ および $f_1'(n) < f_2'(n)$ という関係と最適化条件 $\dfrac{\partial Eu(x, \bar{z}, y)}{\partial x} = \dfrac{\partial Eu(x, \bar{z}, y)}{\partial y} f'(n)$ を考慮すれば、品質確認コストがかなり高い場合には、むしろ品質確認コストを減らし、$|f'(n)|$ の値を大きくすることによって、最適化条件 $\dfrac{\partial Eu(x, \bar{z}, y)}{\partial x} = \dfrac{\partial Eu(x, \bar{z}, y)}{\partial y} f'(n)$ を満たすことも十分に可能性として存在する。つまり、少しぐらい品質確認コストを増やしても品質の不確実性がほとんど低下しないのであれば、最初からほとんど

品質確認コストを支払わない方がむしろ最適な選択ということになる。この場合には、品質の不確実性が非常に高いまま、いわば放置されることになる。総じていえることは、品質確認コストがかなり高い場合には、品質の不確実性がかなり高いまま購入されるということである。

(5) 新規と既存の契約のリスクの差

ここまでの考察を念頭に置いて、再び、新規の契約締結と既存契約の更新の間のリスクの差について考えてみる。正確に品質を知るためには非常に高いコストを支払わなければならない契約の場合には、明らかに、既存の契約の方が新規の契約よりもリスクは低いことになる。なぜなら、既存の契約の場合には、過去の契約期間における情報が、品質に関する不確実性を低下させることになるからである。品質の情報に関して、既存の契約に対して利用できる情報は、新規の契約に対して利用できる情報よりも多いことから、不確実性、リスクが低いといえる。この状況は、ある意味で、極めて普遍的に存在する状況であると思われる。より有利な内容をオファーしている新規の契約であっても、品質が不確実なため、実際に契約を結んでみないとそれが実際に有利な契約なのかは分からない。しかし、既存の契約の場合は、既にどのような品質なのかかなりの情報を持っており、品質に関する不安は少ない。既存のものから新しいものに乗り換えようとする時には、常に生じる問題である。問題は、そのリスクの差がどれだけ大きいかということである。

品質確認のためのコストが非常に高い契約の場合には、このリスクの差はかなり大きいものと思われる。その理由としては、まず、実際に契約履行の通じて得られる情報は、事前の試験により得られる情報よりも、一般に質が高く量も多いと考えられることを指摘できる。品質確認のためのコストが非常に高い場合には、新規の契約に関し十分な品質確認コストをかけられないため、既に情報を得ている既存の契約と新規の契約の間で、情報の質と量の差は一層大きくなると考えられる。さらに、本章第2節2.（3）で示したように、品質確認コストが非常に高い場合には、少しぐらいテストをしても無意味なので、最初からほとんど品質確認コストを行わない、つまり、品質の不確実性が非常に高

いまま放置される可能性がある。したがって、品質確認のためのコストが非常に高い場合には、新規の契約の締結と既存の契約の更新の間のリスクの相違は、かなり大きい可能性が高いと考えることができる。

3. 危険回避度と契約期間

以上の検討結果をまとめると、次のことがいえるであろう。

(i) 既存の契約と新規の契約の間にリスクの大きさの相違が存在する場合には、経済主体の危険回避度が相対的に高い場合、結果として現れる契約期間は相対的に長くなる。
(ii) 品質確認のためのコストが非常に高い契約の場合には、新規の契約と既存の契約の間のリスクの相違はかなり大きい可能性が高い。

したがって、品質確認のためのコストが非常に高い契約においては、相対的危険回避度が相対的に高い経済主体の場合、結果として現れる契約期間は相対的に長くなる可能性が高いといえる。つまり、危険回避度は、日本的経済システムを説明することができる大きな可能性を有していると考えることができる。

第3節　日本人の危険回避度

ただし、日本的経済システムを危険回避度で説明できると主張するためには、そもそも日本人の危険回避度は他の国の人々と異なることを確認しておく必要があろう。実は、多くの直接、間接的な証拠が、日本人の相対的危険回避度がアメリカ人に比較して高いことを示している。世界各国の相対的危険回避度を直接計測・比較した研究としては、まずSzpiro (1986) の包括的な研究が挙げられる。この研究の結論によると、世界各国の中で日本人の相対的危険回避度は最も高いものとなっている。例えば、アメリカ人の相対的危険回避度

が 1.19 であるのに対し、日本人の相対的危険回避度は 2.76 とアメリカ人の 2 倍以上の値を示している。[4] こうした結果は、他の研究でも多く報告されている。例えば、Nakagawa and Shimizu（2000）では、日本人の相対的危険回避度は、アメリカ人より 2～3 倍高いと結論付けている。こうした傾向は、家計による金融資産の保有状況からも容易に推察できる。日本の家計は、金融資産の内、リスクの高い株式や債券等は 1 割程度しかなく、6 割はリスクの低い預金となっている。一方、アメリカの家計は、約半数の金融資産をリスクの高い株式や債券を中心に運用している。この数字は、明らかに、日本人はアメリカ人に比較して、リスクを避け安全な金融資産運用を嗜好していることを示しており、日本人の高い危険回避度を如実に表すものである。[5] このように、直接、間接に、日本人の危険回避度は高いという証拠が示されており、日本人の危険回避度が高いということは事実と考えて良いと思われる。

　なお、こうした証拠に拠らずとも、一般的な印象、主観的な判断として、日本人は危険回避度が高いと思わせる性格を持っていることを指摘することができる。他の国の人に比べると、個人としての日本人は、一般に控えめ、慎重で自己主張が少ないという印象を持たれることが多いようにと思われる。こうした日本人の印象は、多くの書物等で報告されている。あくまでも印象であり、主観的な判断ではあるが、広くこうした印象が受け入れられていることは、外国人と比較すると、実際に個人としての日本人は慎重で、自己主張が少ないことを示しているのではないかと思われる。慎重で、自己主張が少ないということは、行動や主張することによるリスクを避けようとする結果として現れてくる現象であると考えられる。リスクが高くても行動し、主張するとすれば、慎重であるとか自己主張が少ないという印象は生じないであろう。したがって、こうした個人としての日本人一般の印象も、日本人の危険回避度が高いということを、傍証として示しているのではないかと思われる。

第4節　危険回避度と日本的現象

　日本人の危険回避度が相対的に高いとすると、これまでの検討から、日本では、契約関係が長期継続する現象がより多く観察される可能性が高いことになる。このことは、日本的経済システムと呼ばれる諸現象が、このメカニズムによって整合的、統一的に説明できる可能性を示している。[6]

　ポイントは、日本的経済システムに含まれると考えられている諸現象には、高度な人間の作業が要求されるサービスを対象としている契約が、共通して含まれているかどうかという点であろう。もしそうであるならば、品質確認コストがかなり高くなり、新規の契約締結と既存の契約更新の間に大きなリスクの相違が存在することになる。

1.　日本的雇用慣行

　最初に、このメカニズムを、日本的雇用慣行に当てはめて考えてみることとする。このメカニズムにおいては契約行為が考察対象なので、当事者は基本的に二者ということになる。二者それぞれの立場から検討してみることとする。

（1）　経営者の行動

　まず、労働市場の需要側、すなわち経営者の立場から考えてみる。なお、このメカニズムでは危険回避度がポイントとなるが、経営者は一般に危険回避度が一般の人よりも低いと考えられている。リスクに果敢に挑戦することが、経営者の重要な資質であるからである。しかし、ここで問題としているものは、一般の人と経営者の間の危険回避度の相違ではなく、複数の経営者の間の相対的危険回避度の相違である。経営者の中には、相対的に相対的危険回避度が高い経営者と低い経営者が存在するであろう。日本的な現象に関係するのは、この経営者相互間の危険回避度の相違である。この点に留意しながら、以下で経営者の危険回避度とその行動の関係についてみていくこととする。

① 高い品質確認コスト

　労働市場において、経営者が考慮する品質は、採用しようとする労働者の能力であろう。本章第2節2.（2）および（3）で述べたように、このような労働者の品質を正確に事前に把握することは、非常に困難である。人間の能力は多面的で複雑であることから、将来会社を担う中堅幹部社員になりえる潜在能力を持っているかどうか、入社直前の単純なテストや面接だけで見分けることは非常に難しい。労働者の品質は、実際に長い期間働いて初めて分かるものである。したがって、中堅幹部職員候補としての労働者の採用は、品質確認コストがかなり高い財・サービスの契約とみなすことができる。したがって、このような契約にかかる品質には、かなり高い不確実性、リスクが残存したままになると考えられる。その結果、こうした契約においては、経営者からみて、新規の契約締結と既存の契約更新の間にかなり大きなリスクの相違が存在すると考えられる。

② 危険回避度が高い経営者の行動

　ここで、ある経営者が、雇用しているある労働者に不満があり、その労働者を解雇し、新規に別の労働者を採用しようか迷っている状況を想定してみよう。新規に採用する労働者は、より良い働きをしてくれると期待できるとしても、新規の契約なのでその品質の不確実性、リスクはかなり高い。一方、現在雇用している労働者には不満はあるが、その能力に関しては過去雇用していた経験から多くの情報を得ており、その品質に関する不確実性、リスクは相対的により低い。したがって、こうした状況の下においては、もし経営者の相対的危険回避度が相対的に高ければ、既存の労働者を解雇して新規に労働者を採用する確率は相対的に低くなるであろう。結果として、相対的危険回避度が相対的に高い経営者の場合、同一労働者の雇用継続期間は相対的に長期化するであろう。

（2） 雇用労働者の行動

次に、労働市場の供給側、すなわち、雇用労働者の立場からみる。まず、雇用者の立場からみた契約対象の品質について考えてみる。雇用者の立場からみると、入社する会社の品質は、その会社が今後与えてくれるであろう処遇ということになろう。会社の自己に対する事前の評価と提示された待遇が、事後すなわち入社後にかなり変化する可能性があると、その品質はより不確実ということになる。

しかし、この品質を正確に事前に把握することは非常に困難であろう。実際に会社に入ってどのような人間関係、職場環境が待っており、自己の適性・経験と合致しているか、事前に正確に把握することはかなり難しいからである。まして、そうした状況における自己の振る舞いを、経営者がどう評価・判断するか相当未知数である。この品質を事前にテストすることは実際上不可能であろう。実際に入社してかなりの期間働いてから、漸く把握できるものであろう。その意味で、雇用労働者の立場からみても、この契約は品質確認コストがかなり高い契約であると思われる。したがって、この契約においても、新規の契約締結と既存の契約更新の間に大きなリスクの相違が存在すると思われる。

（3） 日本的雇用慣行の生起

次に、労働市場の需要側の経営者、供給側の労働者の行動を同時に考えてみることにする。仮に、経営者と雇用労働者が、共に経営者内あるいは労働者内で相対的に相対的危険回避度が高いとすると、いずれも契約関係の長期継続を相対的により強く望むことから、いわばその需給は一致し、同一企業に同一の労働者が長期間就業し続ける現象が相対的により多く観察されることになるであろう。もし、日本人の相対的危険回避度がアメリカ人に比較して相対的に高いとすると、日本人経営者と日本人労働者の組み合わせの場合には、このようなパターン、すなわち経営者と雇用労働者がともに相対的に相対的危険回避度が高いパターンとなり、同一企業に同一の労働者が長期間就業し続ける現象が、アメリカより相対的により多く観察されることになるであろう。この観察された現象が、日本の雇用慣行として認識されるようになったと考えることも

できる。

　さらに、もし、ほとんどの人がこのパターンに該当し、同一企業に長期間就業する現象がその経済内において一般的な慣行とみなされるようになれば、雇用契約の仕組みや年金制度、さらには労働市場の仕組みも、こうした慣行を前提としたものとなっていく可能性が高いであろう。その結果として、この慣行に適合しない経営者や雇用労働者には、不利になることが起きてくる可能性も高い。このため、新規の契約、すなわち転職のリスクは一層高まることが考えられる。例えば、長期雇用が一般的な慣行となれば、転職市場が十分に発展せず、転職希望者にとっては、情報の収集や転職機会を見つけ出すことが一層難しくなることが考えられる。また、企業年金制度も、長期雇用を前提とした制度設計が一般的となり、転職者には不利な制度となることが考えられる。このように、少数派であることからくる様々な制約がありえることから、多数派である長期雇用への収斂が一層進み、長期雇用の慣行が一層強化されていく可能性が考えられる。こうしたプロセスによって、日本的雇用慣行が、日本社会の中に一層鮮明に固定化されていった可能性も考えられる。このようなメカニズムで形成される日本の組織は、結果として、長期にわたって組織にとどまれるような環境を作ることが重視される、すなわち「和」が非常に重要な要素であるような組織となる可能性が高いと考えられる。

2. 日本的経営（商）慣行

　次に、日本的経営（商）慣行に当てはめて考えてみる。日本的経営（商）慣行の代表的な現象は系列であることから、系列に焦点を当てて考えてみる。その契約が品質確認コストの高いものであれば、系列に関しても、上記日本的雇用慣行と同じ論理で説明できるので、品質確認コストの高低に絞って考えてみる。

　企業間の取引には、大きく分けて二種類の取引があると考えられる。一つは、単なる刹那的で機械的な商品と代金の交換で構わない取引ある。もう一つは、いったん交換が行われた後も、後々まで十分なアフター・サービスが必要

とされる取引である。系列間で取引される財・サービスに係る契約の中には、前者の単なる刹那的で機械的な商品と代金の交換で終わるものもあるであろうが、中心的な取引は、後者の後々まで十分なアフター・サービスが必要とされている取引であろう。このことは、契約の文言に明示的に示されていない場合もあるかもしれないが、その場合でも暗黙のうちにそのことを前提としているものと思われる。このような契約においては、最も重要なことは、購入する財・サービスに関し何らかの予期しない不都合、トラブルが生じた時に、その原因究明と問題の解決、解消に努めることであるといえる。重要なことは、こうした、アフター・サービスの品質を事前に確認することは容易ではないということである。十分なアフター・サービスを行うためは、単に機械的にマニュアル通りに行うのではなく、購入者側との密接な協力・信頼関係の中で、原因を究明し問題の解決を図る必要がある場合も多いであろう。したがって、事前にその品質を確認するためのコストは非常に高いと考えられる。

次に、系列企業となっているある下請け企業の立場から考えてみる。系列参加下請け企業の立場からみると、十分なアフター・サービスを行うことは、将来の大きなリスクを背負い込むことを意味している。事後的に、結果として当初意図していない大きな責任、義務を背負い込む可能性があるからである。したがって、こうした場合に、系列の親企業がどこまでアフター・サービスの責任を追及してくるかが、この契約を結ぶ際の重要な品質となる。問題は、この品質を確認することが困難なことである。それは、責任を追及する方法が一様でないからである。もしこのような事態が生じた時に、ある下請け企業の契約相手先企業は、自己の一方的な主張をして、その下請け企業が倒産するまで徹底して法的責任を追及してくる場合もあろう。一方で、ある契約相手先企業は、将来同じトラブルを起こさないことを暗黙の条件に、再度チャンスを与えてくれるかもしれない。契約相手先企業は、様々な要素を総合的に判断してどちらの方法を採るか決定することから、契約相手先企業の合理的な判断として、どちらの可能性も存在する。したがって、事前にその品質を確認するためのコストは非常に高いと考えられる。

3. 日本的金融慣行

引き続き、日本的金融慣行について、その代表的現象であるメインバンク制について考えてみる。メインバンクに関しても、その契約が品質確認コストの高いものであれば、上記日本的雇用慣行と同じ論理で説明できるので、日本的経営（商）慣行と同様に、品質確認コストの高低に絞って考えてみる。

最初に、融資を受ける企業の側からみたメインバンクに係る契約の品質について考えてみる。借り手企業にとって、銀行から受ける融資に際しての関心事項は、その金額とともに継続的に融資してもらえるかということである。多額の融資を受けても、途中で一方的に融資を引き上げられてしまっては、会社は倒産してしまうかもしれないからである。したがって、借り手企業の立場からみれば、どのような状況になれば銀行が融資を引き上げるかという点がその融資の品質ということになる。仮に、自己の企業で何らかのトラブル、問題が生じた時でも、多少のことであれば融資を継続してくれるのであれば、その融資の品質は高いと考えることができよう。一方で、僅かなトラブル、問題が生じただけで融資を引き上げてしまうのであれば、借り手企業からみて、その融資の品質は低いとみなすことができよう。

他の日本的な現象と同様に、問題は、この品質を確認することが困難なことである。その理由は、いうまでもなく、借り手企業からみれば、銀行が融資を引き上げるかどうかは、トラブルが生じる前に判断することが困難であるからである。銀行は、一般的な企業の経営指標だけでなく、経営者の人格、能力、従業員の質等まで含めて総合的に判断するであろう。当然に、こうした判断は、機械的にマニュアルに沿って行えば良いものではない。したがって、こうした行為の場合、事前にその品質を確認するためのコストは非常に高いと考えられる。

次に、企業に融資を行う銀行の立場から考えてみる。銀行の立場からみると、いうまでもなく、その融資に関する品質は、融資先企業あるいは融資プロジェクトの内容の妥当性ということになる。したがって、融資先企業あるいは融資プロジェクトの内容をより正確に把握していれば、それだけ品質に関する

不確実性、リスクはより低いことになる。しかし、これもいうまでも無いことであるが、この品質を確認することはかなり困難である。これは、一般的な経済環境や市場環境に加え、経営者の人格・能力、労働者の質等幅広い観点からの総合的な判断が必要であるからである。その判断のためには、より正確にその企業の内部の真の情報を手に入れていることも必要となる。したがって、こうした行為の場合も、事前にその品質を確認するためのコストは、非常に高いと考えられる。

第5節　危険回避度説

ここまで行ってきた検討をまとめて、日本的経済システムについて総合的に考えてみることとする。

1.　危険回避度説

まず、これまでの検討をまとめると、以下のような命題を提示できるであろう。

命題：日本的経済システムに含まれる様々な現象は、平均的な日本人が、他の国の人々、特に平均的なアメリカ人と比較して、相対的に高い相対的危険回避度を有している結果、以下の「長期継続契約の生起メカニズム」によって生起された現象である。

〈長期継続契約の生起メカニズム〉
(ⅰ)　品質確認コストが高い財・サービスを対象とする契約においては、既存の契約の更新の方が、新規の契約締結よりも品質にかかるリスクが低い。
(ⅱ)　危険回避度の高い契約者は、リスクの低い既存の契約の更新を新規の契

約締結よりも好む。
(iii) (i)および(ii)の結果として、危険回避度が相対的に高い主体で成り立っている経済においては、危険回避度が相対的に低い主体で成り立っている経済よりも、契約関係の長期継続が広く観察される。

つまり、この命題において日本的経済システムが生起するメカニズムは、二つの要素からなっている。一つは、上記の生起メカニズム(i)の品質確認コストの高低、もう一つは、上記の生起メカニズム(ii)の危険回避度の高低である。そして、日本的な経済現象が観察されるためには、品質確認コストが高いことと、そして、危険回避度が高いことの二つの条件を同時に満たす必要がある。いずれか一方の条件が欠落しても、日本的な経済現象は観察されない。

危険回避度説は、この長期継続契約の生起メカニズムに従って、相対的に高い相対的危険回避度を生来有している日本人の集団の中では、品質確認コストが高い財・サービスに関して、契約関係の自発的な長期継続が広く行われるようになったと主張するものである。強調すべきことは、ここで行われる行為は、あくまでも自発的に行われているものであり、慣行でしかないことである。つまり、合理的な行動の結果ということである。このような慣行が様々な経済分野で幅広く観察された結果、それが、他国、特にアメリカで観察される慣行と異なるものであるため、日本固有の日本的な現象と認識されるようになったといえる。そして、次第に総体的な概念である日本的経済システムとして認識されるようになったものと思われる。

2. 危険回避度説の長所

危険回避度説は、他の説明に比較して、いくつか重要な点において優れた性質を持っている。一つは、経済主体の合理的な行動の帰結として現れる現象として説明できること、二つ目は、様々な経済活動分野において日本的な現象が観察されることを説明できること、三つ目は、日本的な現象が持つ「程度の問題、微妙な色合い」という性質を説明できること、そして最後四つ目は、最適

成長モデルに非常に簡単に接合できるものであることである。これら四つの性質は、いずれも日本的経済システムの説明において具備すべき重要な性質であるが、この四つの性質を同時に満たすことのできる説明は、現在までに提示された考え方の中では、危険回避度説以外にはないのではないかと思われる。以下において、これらの長所について詳しくみていくこととする。

(1) 長所1——合理的な人間行動の帰結として説明することが可能

　危険回避度説の極めて重要な長所は、日本的経済システムを、合理的な人間の行動の結果として現れてきた現象であると説明することが可能なことである。現在の経済学は、人間の合理的な行動を大前提としている。人間は合理的に行動するという命題が極めて自然であるという理由に加え、人間の合理性を前提とした理論によって、多くの基本的な経済現象を説明することが可能であるからである。こうした観点からみると、合理的な人間の行動の結果として現れてきた現象であると説明できるかどうかは、非常に重要な問題である。

　第1章で検討したように、集団主義という概念で日本的経済システムを考えた場合には、集団の利益と個人の利益が相反した時に、合理的な人間の行動として説明することはできなかった。一方、危険回避度説では、こうした問題は生じない。日本的といわれる現象が、危険回避度という基本パラメーターの値の相違の下で、合理的な行動を行った帰結として現れるからである。相対的に高い危険回避度の結果長期的な関係が続き、集団主義のようにみえる現象が現れるものの、それは何らかの法律、規則等によって強制されたものではなく、あくまでも自発的な行動の結果である。あくまでも合理的な人間が、自主的、主体的に行った合理的行動の結果として現れた現象である。もし、個人の利益が損なわれると判断すれば、何時でもその集団から自由に離脱することが可能である。したがって、あくまでも合理的な行動のみを行うことを前提としており、何らの非合理性も説明の中に導入する必要はない。

（2） 長所2——すべての市場での存在の説明が可能

　第1章で述べたように、日本的経済システムといわれる現象は、財市場、労働市場、金融市場等様々な分野で幅広く観察される。したがって、もし日本的とみられる現象が共通のメカニズムによって生起されているのならば、財市場、労働市場、金融市場その他どの市場においても適用可能なメカニズムである必要がある。例えば、長期雇用に関しては説明できても、財市場や金融市場においては同様なメカニズムで説明できないのであれば、日本的経済システム全般の説明としては不十分である。

　危険回避度説の重要な性質の一つは、この普遍性の条件を十分に満たしていることである。品質確認コストの高い契約が存在すれば、財市場、労働市場、あるいは金融市場その他どの市場においても、危険回避度説が示すメカニズムは働く。いうまでもなく、すべての市場において、その売買は必ず何らかの契約によって行われる。そして、すべての市場において、品質確認コストの高い契約が存在する可能性がある。つまり、危険回避度説は、いかなる市場においても、日本的な現象が観察される可能性があることを主張するものである。これは、危険回避度説の持つ重要な長所の一つである。

（3） 長所3——「程度の問題、微妙な色合いの相違」の説明が可能

　第1章で述べたように、日本的といわれる諸現象は、オール・オア・ナッシングのように明確に他国と違いが識別できるような性質のものではなく、程度の問題、つまり、微妙に日本的な色彩が感じられるというような現象であった。したがって、日本的経済システムを説明する理論も、こうした程度の問題、微妙な色合いの違いという性質を説明できるものである必要がある。

　危険回避度説の重要な長所は、こうした微妙な色合いの違いを説明することが可能であることである。それが可能となる理由は、そのメカニズムが発現するための条件には、「高い危険回避度」に加え、「品質確認コストが高い契約である」という条件が必要なためである。ポイントは、現実の様々な契約において、その品質確認コストは「高い」と「低い」の二つに明確に振り分けられるものではないことである。契約ごとに品質確認コストを高いものから低いも

に並べた場合、それは連続したものとして観察されるであろう。つまり、品質確認コストの高低は、デジタル的に0か1に振り分けられるものではなく、アナログ的に微妙な濃淡を持つことになる。したがって、危険回避度説のメカニズムに従うと、契約ごとの品質確認コストの大きさに応じて、観察される契約期間の長短に微妙な相違、濃淡が生じることになる。品質確認コストがかなり高い場合には、はっきりと日本的なものとして認識できるかもしれないが、品質確認コストが少し高い程度の場合には、「もしかしたら日本的かもしれない」という程度にしか認識されないかもしれない。

つまり、仮に日米の国民の危険回避度に明確な高低の差異が存在したとしても、日本的といわれる現象は、それぞれの種類の契約の品質確認コストの高低の相対的な高さに応じて、微妙に色彩を変えて様々な中間色の色合いで観察されることになる。こうした色彩は、時代状況や企業規模等によって微妙に変化することもあるであろう。この結果、日本的な現象は、程度の問題、微妙な相違のようにみえる可能性が出てくる。このように、程度の問題、微妙な色合いを説明できることも、危険回避度説の重要な長所の一つである。

（4）　長所4——最適成長モデルとの簡単な接合が可能

危険回避度説のもう一つの大きな長所は、最適成長モデルに直接、簡単に接合できる点である。仮に上記（1）の合理性の基準を満たしていても、もしミクロ的な基礎に立つマクロ経済モデルの枠組みに組み込めないような説明であるとすると、それはマクロ経済理論とは別の種類の理論であるといえるであろう。それはそれで、新しい経済学の分野を創造するという意味で高い価値を持つものであるが、その説を主張するためには、その理論を支える根本的な土台を一から作りあげるという大作業を伴うことになる。一方で、そのメカニズムを最適成長モデルに直接、簡単に接合できれば、それは既存のマクロ経済理論の土台の上に立って理解できることになる。したがって、直ちに共通する土俵の上で、共通の基礎理論を踏まえた議論を行っていくことが可能となる。

危険回避度説が最適成長モデルに直接、簡単に接合できる理由は、極めて単純ある。この説の柱である危険回避度が、基本パラメーターの一種であるから

である。危険回避度は、最適成長モデルの中にごく自然に含まれている基本パラメーターの一つである。このため、日本的経済システムを生起させている危険回避度の相違が、マクロ経済に対してどのような影響を与えているか、最適成長モデルを用いて簡単に評価することができることになる。

第6節　日本的経済システムの優劣

本章の最後に、上記の危険回避度説の長所「（4）最適成長モデルとの簡単な接合」について、さらに検討を加えることとする。最適成長モデルに接合させることで、日本的経済システムの優劣に関して非常に興味深い結果を得ることができるからである。

1.　新古典派経済成長モデル

（1）　一般的性質

まず、技術進歩が外生的に与えられる新古典派タイプの最適成長モデルに即して考えてみる。最適成長モデルにおいては、最適な消費計画のための一次条件式は、一般的に以下のように表される。

$$\frac{\dot{c}_t}{c_t} = \frac{\frac{\partial y_t}{\partial k_t} - \theta}{\varepsilon}$$

ここで y_t は一人当たり生産量、c_t は一人当たり消費量、k_t は一人当たり資本量、θ は時間選好率、ε は相対的危険回避度である。さて、限界生産力 $\frac{\partial y_t}{\partial k_t}$ と実質市場金利 r_t が等しければ、

$$\frac{\dot{c}_t}{c_t} = \frac{\frac{\partial y_t}{\partial k_t} - \theta}{\varepsilon} = \frac{r_t - \theta}{\varepsilon}$$

となる。したがって、この式だけみれば、相対的危険回避度 ε は、消費の成長率 $\frac{\dot{c}_t}{c_t}$ に影響を与えているといえる。しかし、技術進歩が外生である最適成長

モデルでは、技術水準が一定の状況では、時間の経過とともに、いずれ$\frac{\dot{c}_t}{c_t}=0$つまり$r_t=\theta$という定常状態に収束する。その結果、経済成長は、外生的に技術水準が引き上げられた場合にのみ生じる。この式から分かるように、この定常状態では、相対的危険回避度εがいかなる値をとろうとも同一の結果となる。つまり、外生的技術進歩に基づく新古典派の最適成長モデルにおいては、定常状態に達してしまうと、長期的な経済成長は専ら外生的に与えられる技術進歩に依存することになる。このため、相対的危険回避度εは長期的な経済成長とは無関係ということになる。

上記の結果は、日本の危険回避度が高かろうが低かろうが、長期的な経済成長の観点からみたマクロ経済としてのパフォーマンスに、何等相違は生じないことを意味している。相対的危険回避度が高いことは、ある種の契約においてその長期化をもたらし、日本的な経済現象と認識される現象を生むものの、マクロ経済としてみれば、それによって何ら影響は受けず、日本的な経済現象とマクロ経済のパフォーマンスは、相互に無関係で独立した現象であるということになる。たとえでいえば、車体の色だけが異なる同一車種の2台の車のようなものかもしれない。車の性能はどちらも同じであるものの、外見の印象は大きく異なることになる。

(2) 日本的経済システムの優劣

上記の結論は、非常に示唆に富んだ結論であると思われる。日本的経済システムの議論は、それがマクロ経済に対してプラスの影響を持つのかマイナスの影響を持つのか、すなわち、日本的経済システムは、それと対比されるアングロ・サクソン的な経済システムに比較して、優れているのか劣っているのかという観点から行われることが多かった。しかし、危険回避度説に立つと、マクロ経済のパフォーマンスに関しては、日本的経済システムもアングロ・サクソン的な経済システムもまったく同一で、どちらか一方が優れ、どちらか一方が劣るというような関係にはないということになる。

1980年代後半から1990年代前半にかけて、貿易摩擦の中で、アメリカ政府は、日本的経済システムが日本を不当に有利にしているとして強く非難したこ

とがある。しかし、この時の論争では、日本的経済システムがマクロ的に有利なのか不利なのか、結局何等の結論をも得ることができなかった。こうした結果に終わった理由は、危険回避度説からみると、このような問題設定自体がそもそも意味を持たなかったからともいえる。

2. 内生的経済成長モデル

次に、技術進歩が内生的に決定される、内生的経済成長モデルに基づいて考えてみる。

(1) 一般的性質

技術進歩を内生化することで、新古典派タイプの最適成長モデルとはかなり異なった結論が導かれることになる。内生的経済成長モデルには、いくつかのヴァリエーションがあり、それらのメカニズムには大きく異なっている部分もある。[7] しかし、ほとんどの内生的経済成長モデルでは、最適な消費計画の一次条件は、

$$\frac{\dot{c}_t}{c_t}=\frac{\rho\frac{y_t}{k_t}-\theta}{\varepsilon}$$

という形で表現できる。ここで、ρ は定数である。技術進歩外生の新古典派モデルとの相違点は、右辺の $\frac{\partial y_t}{\partial k_t}$ が $\rho\frac{y_t}{k_t}$ となっていることである。このように表現できる理由は、定常状態における経済成長率が一定となるためには、ハロッド中立型の技術進歩の生産関数、すなわち生産関数が $y_t=A_t^\alpha k_t^{1-\alpha}$ という形になっている必要があるためである。ここで、α はパラメーターである。なお、技術パラメーター A_t が、時間 t が添字されていることから分かるように、新古典派モデルと異なり内生的に変化し、時間的に可変であることに注意が必要である。

さて、生産関数がこのハロッド中立型であると、定数 $\rho=1-\alpha$ に対し、

$$\frac{\partial y_t}{\partial k_t}=(1-\alpha)A_t^\alpha k_t^{1-\alpha}=(1-\alpha)\frac{y_t}{k_t}=\rho\frac{y_t}{k_t}$$

となる。この性質は、定常状態における経済成長率が一定となるほとんどすべての内生的経済成長モデルが持っている。この性質のポイントは、定常成長経路にある場合は、何らかの内生的な技術進歩のメカニズムにより、$\frac{y_t}{k_t}$が一定の値を保つようになっていることである。この関係の生成メカニズムはモデルによっては相当異なっているものの、結論として得られる状態は、いずれも$\frac{y_t}{k_t}=$一定という関係を満たしている。その結果、消費の伸び率

$$\frac{\dot{c}_t}{c_t}=\frac{\rho\frac{y_t}{k_t}-\theta}{\varepsilon}$$

も定常状態において一定となる。そのため、「外生的な技術進歩がなければ、定常状態において経済成長率がゼロになってしまう」新古典派経済成長モデルとは異なり、経済は内生的に一定の正の伸び率で無限に成長していくこととなる。

さて、ここで、本論の「内生的経済成長モデルでみた危険回避度説」に話を戻すこととする。通常$\alpha\frac{y_t}{k_t}-\theta>0$であることから、常に

$$\frac{\dot{c}_t}{c_t}=\frac{\alpha\frac{y_t}{k_t}-\theta}{\varepsilon}>0$$

であり、経済成長率（＝消費成長率）は、相対的危険回避度εの値によって、大きく異なってくることになる。式から分かるように、相対的危険回避度が高いほど、経済成長率は低くなる。イノベーションは現状を打破するものであることから、危険回避度が高いほど相対的にイノベーションを忌避する傾向が強くなり、結果として、イノベーションが少なくなり、技術進歩が遅くなるためであるとも解釈できる。

（2） 日本的経済システムの優劣

上記の結論をそのまま単純に解釈すると、日本人は相対的危険回避度が高いため、日本の経済成長率はアメリカより低くなることになる。上記の式の形から、仮に、Szpiro（1986）やNakagawa and Shimizu（2000）が報告しているように、日本人の相対的危険回避度がアメリカ人の約倍であるとすると、定

常成長経路における日本の経済成長率は、アメリカの約半分ということになってしまう。

　しかし、こうした結果は妥当なものといえるであろうか。第2部で詳しく検討するが、1990年代以降の長期低迷の時期に、日本の経済成長率はアメリカの経済成長率よりも低かった。表面だけみると、この低い経済成長率は、上記の内生的経済成長論から導かれた結論と符合するかもしれない。しかし、第2部で詳細に検討するが、長期低迷の時期は異常で特殊な時期であったといえる。長期低迷のような特殊な時期を除けば、日米で長期的に経済成長率が大きく異なるとは考えがたい。少なくとも、長期にわたって経済成長率が倍も異なるとは想定しがたい。すると、日米で相対的危険回避度が異なるという理解が、そもそも誤りなのであろうか。

　この問題を解く鍵は、日米間の財・サービスや技術の貿易さらには資本取引等をも考慮に入れることにある。ここまでの日米比較は、日米ともに閉鎖経済として扱った上で比較を行ってきた。しかし、実際には日米とも開放経済であり、両国間で巨額な貿易や資本取引を行っている。さらに、両国で開発された新しい技術は、基本的に両国いずれにおいても利用可能である。つまり、危険回避度が経済成長率に相違もたらす要因となっていたイノベーションの多寡は、国際交易を通じた各国間のイノベーションの伝播によって差がなくなる可能性がある。本書では詳しく説明しないが、この財・サービス、資本、技術の国際取引を考慮した開放経済で考えると、内生的経済成長モデルに基づいていても、経常収支不均衡が継続することを通じて、相対的危険回避度が異なる日米両国の経済成長率が同一になる可能性を示すことができる。[8] つまり、もし、江戸時代の鎖国のように、日米が互いに孤立し、相互に無関係に閉鎖的な経済活動を行っていたとすれば、相対的危険回避度の高い日本ではイノベーションが相対的に少なく、その経済成長率もアメリカより相対的に低くなるが、両国間で自由な国際取引が行われる場合には、イノベーションも両国間で自由に伝播することから、相対的危険回避度の相違は経常収支不均衡という現象に集約され、経済成長率としては両国で等しくなる可能性があることになる。相対的に危険回避度が高いとイノベーションを忌避する傾向が強くなる

が、国際交易があるためにイノベーションを行わないとより不利な状況に陥るため、本来忌避したいイノベーションであっても、それにあえて取り組むと解釈できるかもしれない。

3. 日本的経済システムを変える必要性

　日本的な経済システム、例えば、長期雇用や年功序列などの雇用慣行にしたがっていたとしても、マクロ的なパフォーマンスに差異は生じないのであれば、あえて、それを変える、例えば成果主義に変える必要性はあるであろうか。危険回避度説に立つと、むしろ、日本人の場合、無理やり成果主義に変えると、逆に効率性が低下してしまう可能性が高いことになる。それぞれの危険回避度に応じて、最適な契約関係が存在するのであれば、その最適な関係の達成をあえて阻害するようなルールを強制的に導入すれば、最適な結果を得ることができなくなってしまうであろう。上記のように、日本人は日本的経済システムを採用することでアメリカと同等のマクロ経済パフォーマンスを達成できる。それにもかかわらず、無理に日本人がアメリカ的なシステムを採用すると、結果として、全体としての効率が低下し、逆にアメリカよりもマクロ経済のパフォーマンスが低下してしまうかもしれない。

　さて、日本における成果主義には、様々な弊害があることが指摘されている。例えば、チーム・プレーが評価されず、全体の和が壊れ、士気が低下する等の問題点が指摘されている。危険回避度が相対的に高い日本では、こうした類の弊害の程度が相対的により大きくなり、成果主義の副作用も相対的により大きくなるのかもしれない。危険回避度説の示すところは、合理的な最適な選択の結果として集団主義のようにみえる行動を行うことが、日本人にとって最も効率的な行動パターンである。個人としてリスクを取るよりも、集団の中にとどまり地道に活動した方が、最終的に最も効率が高くなる。いわば、日本人は、「和」を重視する組織において、最もその能力を発揮できるといえるかもしれない。そして、その結果として、アメリカと同等のマクロ経済パフォーマンスを達成できる。果たして、それにもかかわらず、こうした最適な行動パター

ンをとることをあえて人為的に無理やり阻害し、結果として全体としての効率を低下させてしまうリスクを冒すことは、合理的な行動といえるであろうか。

【注】
1) 例えば、岩田（1977）、三戸（1991）、Morgan and Morgan（1991）を参照のこと。
2) 最適成長モデルおよび基本パラメーターに関しては、詳しくは、第2部第4章第2節3.を参照のこと。
3) 厳密にいえば、消費量 x の変化に応じて $\left|\frac{\partial Eu(x, z, y)}{\partial y}\right|$ の値も変化するので、この効果も考慮する必要がある。しかし、一般的には、消費量 x が変化しても $\left|\frac{\partial Eu(x, z, y)}{\partial y}\right|$ の値は大きく変化しないと思われることから、ここでの説明においてこの効果を捨象して考えてもまったく問題はないと思われる。
4) Szpiro（1986）の推計結果は以下の通りである。

	最小推計	中位推計	最大推計
日本	1.99	2.76	4.01.
アメリカ	1.02	1.19	1.41

5) さらに、近年、日本人の慎重で危険回避的な性格は遺伝子のレベルで受け継いでいるものであるという研究結果も報告されている。これは、脳の神経伝達物質の受容体のタイプにより性格が左右されるという研究で、日本人は慎重で危険回避的な性格をもたらす受容体を遺伝的に多く受け継いでいるということが報告されている。具体的には、Ono et al.（1997）と Nakamura et al.（1997）では、以下のような報告がなされている。神経伝達物質のセロトニンのトランスポーター（5HTT）には、2つのタイプがある。すなわち、s-type と l-type である。このうち、s-type を遺伝的に持っている人は、より不安を感じやすく、したがって、危険回避的になりやすい。Ono et al.（1997）によると、多くの日本人は s-type のみを遺伝的に受け継いでおり、l-type を受け継いでいる人は非常に少ない。一方、s-type のみを遺伝的に受け継いでいるアメリカ人は僅かで、30％以上のアメリカ人は l-type のみを遺伝的に受け継いでいる。
6) この可能性は、原嶋（1998）で指摘されている。第1部第2節の危険回避度説は、この原嶋（1998）や原嶋（1997）を拡張・発展させたものである。
7) 例えば、Romer（1986, 1987, 1990）、Grossman and Helpman（1991）、Jones（1995, 1999, 2003）、Aghion and Howitt（1998）、Eicher and Turnovsky（1999）、Harashima（2004d）を参照のこと。
8) Harashima（2005a）を参照のこと。

第3章

日本的経済システムの将来と格差社会

　バブル崩壊後の長期低迷を経て、アメリカにおけるビジネス手法が最も効率的であり、したがってそれが世界標準、グローバル・スタンダードであるという見方が急速に広まってきた。しかし、一方で、こうした風潮に対し根強い批判もある。日本では日本流のやり方でやった方がより効率的であるという意見が、例えば生産現場の声としては強く残っているようにも思える。特に、日本的雇用慣行については、依然賛否の意見が収束していないのではないかと思われる。そこで、この日本的雇用慣行に焦点を当てて、前章までの検討をベースに、日本的経済システムの現状と将来、さらにはそれが将来格差にどのような影響を及ぼすか考察してみることとする。

第1節　日本的雇用慣行崩壊論

1.　日本的雇用慣行の動揺

　1990年代以降の長期低迷の中で、長期雇用、年功序列といった日本的雇用慣行を従来通り維持できない状況が観察されるようになってきた。このような変化に直面して、日本的雇用慣行は近いうちに崩壊するのではないかという見方も出てきた。

(1) 雇用の変化

ここでは詳しくデータを挙げて説明しないが、一般に以下のような変化が起きていると考えられている。[1] 年功賃金の特徴であった賃金プロファイルをみると、以前に比較して年齢上昇に伴う賃金上昇率は小さくなってきていると指摘されている。特に、最近の世代では年齢上昇に伴う実質賃金の上昇率は低いといわれている。一方、長期雇用についてみると、定年年齢の引上げ等を背景に全体としてみると平均勤続年数は長期化しているものの、若年層では転職の増加等により勤続年数は短期化していると指摘されている。データをみる限りでは、マスコミで喧伝されているようなドラスティックな変化が起きているわけではないが、相対的に若い年齢層において、従来からの日本的雇用慣行がやや弱まってきている傾向があるとみられている。

(2) 長期雇用慣行の変化の背景

長期雇用慣行の変化を現象面からとらえると、まず、1990年代以降リストラが進行したことを指摘せざるをえない。従来、経営が悪化して人件費を抑制しようとする場合には、残業時間の削減、ボーナスの抑制、さらには新規求人の抑制等の比較的ソフトな形で行われることが多かった。しかし、長期低迷という状況の中で、ソフトな対応だけでは十分に人件費を抑制することができず、現に雇用している従業員の削減に踏み切る企業が大幅に増加した。大幅な人員整理を行う必要がある場合には、すでに長期間その企業で働いている人も整理の対象にせざるをえない。さらにいえば、効率的な人件費削減を行うためには、むしろ年功序列の中で人件費が相対的に高い長期雇用者、すなわち中高年齢層に比重を置いた整理を行う方が良いといえる。こうしたこともあり、中高年齢層のリストラも広く観察された。このような、長期雇用と年功序列を同時に否定するようなリストラが広範囲で行われたことは、日本的雇用慣行の終焉の可能性を強く印象付けるものであった。

長期雇用慣行の変化に関して、リストラと並んで指摘できる点は、非正規雇用の増大である。1990年代以降、従来のパート・アルバイトに加え、契約社員、派遣労働者等の非正規雇用が急増している。これらの労働者は、基本的に

期間雇用であるため、日本的雇用慣行の柱となってきた長期雇用とは無関係である。企業の立場からみれば、年功制でないため、正社員よりはるかに安いコストで労働者を雇うことが可能になり、また期間雇用であることから、業務の繁閑に応じて人員調整をはるかに容易に行うことができるというメリットがある。また、労働者の視点に立っても、自分のライフスタイルに応じた労働ができるというメリットがある。しかし、一方で、労働者の立場からみると、実態としては、長期的な人生設計の観点から正社員を希望しているものの、それが適わないので、やむを得ず非正規雇用に甘んじているケースが多いとみられている。いずれにせよ、日本的雇用慣行は、基本的に正規雇用者を対象とした概念である。したがって、非正規雇用の増大は、日本的雇用慣行の土台を掘り崩すものとなる可能性を持っている。

（3） 年功序列慣行の変化の背景――成果主義

　年功序列慣行の変化で最も重要な点は、成果主義の流行である。長期低迷の時期、従来の年功序列賃金体系から成果主義に基づく賃金体系に変更することが一種のブームともいえる状況となり、今では濃淡はあるものの、ほとんどの企業で成果主義の考え方が導入されているとみられている。こうしたブームともいえる現象の背景には、国際標準と認識されるようになったアメリカ的なビジネス・スタイルに順応しなければ、競争に勝てないのではないかという不安感もあったかもしれない。成果主義に基づく賃金体系は、一般的には、従業員個人の一定期間の実績に基づいて賃金水準を決定する方式といえる。ただし、完全に成果主義のみに基づいた賃金体系を採っている企業は少なく、多くは年功制と成果主義を組み合わせた賃金体系を用いている。

　しかし、成果主義が今後どの程度日本の企業に定着するかは、現時点ではまだ判断できない。試験的に成果主義を導入したとしても、最終的には、非常にその色合いの薄いものに収束していく可能性も残っているからである。こうした不確定性が残っているのは、成果主義のマイナス面を指摘する声も強まってきたからである。例えば、「個人が評価の対象で、チームプレーが評価されない」「客観的で誰もが納得する評価は困難」「評価が、上司の好き嫌いで決めら

れる」等の問題点が指摘されている。このため、成果主義を導入すると、逆に職場の和が乱れ士気が低下する恐れがあることが指摘されている。したがって、今後、どのような形で、どの程度の濃度で日本に成果主義が定着するのか、もう少し観察を続ける必要があろう。

2. 日本的雇用慣行動揺の背景

　日本的雇用慣行が動揺するようになった背景として、いくつかの要因を指摘することができる。一つは、やはり長期低迷というマクロ経済環境に係る要因が大きく作用していることを指摘できる。一方、より構造的な要因も指摘できる。少子高齢化という人口構成の構造変化、国際化という世界全体の潮流、情報化という産業構造の変化等の大きな潮流の変化の中で、日本的雇用慣行も大きな影響を受けてきていると考えられる。

（1）　経済の長期低迷

　1990年代に入ってリストラが激しくなった直接的な原因は、いうまでもなく経済の長期低迷である。第2部で詳しく分析するが、長期低迷の中で、企業は債務を圧縮することを最優先の目標として行動した。このため、人件費も従来以上に踏み込んで削減する必要に迫られ、残業短縮、新規採用抑制等のソフトな対応にとどまらず、多くの企業で直接的な人員の削減に踏み切らざるをえなくなった。こうした企業の行動は、長期雇用という雇用慣行に直接的に抵触する行為であり、日本的雇用慣行の動揺に関し象徴的な意味を持つことになった。長期雇用はそもそも企業が長期に存続することを前提としている以上、人員削減をしなければ企業が存続できない状況に陥れば、長期雇用という慣行を守り続けることは、そもそも意味を持たなくなってしまうかもしれない。

（2）　少子高齢化の影響

　構造的な要因の中でまず指摘できる要因は、少子高齢化である。この問題は年功序列制に大きく係わってくる。高度経済成長期のように、若い労働者が大

量に新規採用される状況では、企業内の労働者の平均年齢は若く、中高年層を年功に従って昇進、昇給させることは企業にとって容易であった。しかし、若年労働者の新規採用が減少し、平均年齢が高くなると、中高年齢層すべてを昇進、昇給させることが難しくなってくる。一つは適当なポストの不足であり、一つは年功賃金の結果としての総人件費の増大である。したがって、少子高齢化に伴って年功序列の色彩を弱めないと、企業として人事を行うことが物理的に困難な状況になる可能性がでてくる。

(3) 国際化の進展

日本的雇用慣行は、日本人だけが企業の構成員である場合には巧く機能するかもしれないが、企業が多国籍化し、企業の構成員が多国籍になると、企業内で日本的雇用慣行を維持することが効率的でなくなる可能性が出てくる。もし日本的雇用慣行を続けることで企業活動に何らかの非効率性が生じているとすれば、厳しい国際競争の中に置かれた場合、そのような非効率を何時までも継続し続けることが難しくなるかもしれない。

(4) 情報化・技術革新

年功序列の場合、若年層では仕事の効率に比較して賃金は低く、中高年層では仕事の効率に比較して賃金は高くなるという問題を常に内包している。情報化を中心とする技術革新が進むと、新しい技術に素早く適応した若年層の仕事の効率性が高まり、中高齢層との格差が一層広まる可能性がある。こうした状況では、年功序列の賃金や組織のままでは、効率性と賃金の乖離が一層広がってしまう可能性がある。したがって、情報化や技術革新も、年功序列という日本的雇用慣行を動揺させる要因となる可能性を持っている。

第2節　日本的経済システムの将来の姿

　日本的雇用慣行を動揺させている要因の中で、長期低迷に関しては、その状況から脱却すれば問題は解消するかもしれない。しかし、構造的な問題の場合には、今後長期にわたって作用し続ける可能性を持っている。要因によっては、今後、日本的経済システムを大きく変化させる可能性もある。

　ただし、いずれにせよ、日本的経済システムの将来を考える場合、それがどのような原因によって生成されたのかという点の理解によって、その結論は大きく変わってくるであろう。本書では、日本的経済システムを成立させている原因に関し、四つの説を紹介した。すなわち、(i)ゲーム論および高度経済成長に基づく説、(ii)歴史的経路依存性に基づく説、(iii)内部労働市場に基づく説、そして本書で考察した(iv)危険回避度説である。これらそれぞれの説の立場から、日本的経済システムの将来を考えてみることとする。

1.　大きく変化する可能性

　まず、成立原因が、仮に(i)のゲーム論および高度経済成長に基づくものであった場合を考えてみよう。この場合には、現在ではもはやその条件は当てはまらず、今後、日本的経済システムは急速に消失していくものと考えられる。雇用慣行としては、年功制に代わり、アメリカと同様な成果主義が一般的な慣行となり、系列やメインバンク制もなくなっていくと考えられる。したがって、日本的経済システムは、戦後の一時期にだけ観察された、非常に例外的な現象であったと解釈されることとなろう。

　次に、もし成立原因が、(ii)の歴史的経路依存性によるとしたら、将来日本的経済システムはどうなるであろうか。この考え方に立つと、過去の出来事が長期的に影響を及ぼし続けるので、日本的経済システムが完全に無くなるということはないといえる。一方で、1990年代以降の長期低迷や、様々な構造問題の結果、従来の日本的経済システムに動揺が生じているという出来事も、長期

的に影響を及ぼし続けるであろうから、将来の日本的経済システムは、従来とはかなり様相の異なったものに変化していく可能性もある。単純に考えると、従来の日本的経済システムとアングロ・サクソン的経済システムの中間的なものになっていくかもしれない。もっとも、将来の偶然の出来事も影響を及ぼし続けることになるから、高い確率でそのようになるとまでは言い切れないかもしれない。

三番目の説、(iii)の内部労働市場に基づく説の場合は、そもそもなぜ日本において日本的雇用慣行が生じたのか明らかでないため、将来どのような姿になるのか示すことが難しいといえる。もし、日本において内部労働市場が大きな働きを持つようにさせている要因が、前述したような日本的雇用慣行を動揺させている要因と独立に存在しているならば、将来においても日本的雇用慣行は維持されるであろう。しかし、そうでない場合には、日本的雇用慣行は早晩崩れていく可能性が高いと考えられる。

2. 根強く残存する可能性——危険回避度説

(1) 変化しにくい性質

最後に、本書で考察した(iv)危険回避度説に沿って考えてみよう。人々の持っている危険回避度は、時間とともにある程度変動している可能性が高いが、遺伝的に決定されている面もあるならば、その長期的な平均値は基本的に大きくは変化しないと考えられるであろう。そうであるならば、日本人の高い危険回避度という性格は、かなり長期の将来にわたって基本的に変化しない可能性が高いであろう。したがって、高い危険回避度により生じている日本的な経済現象を生み出そうとするメカニズムは、今後も長期にわたって作用し続けるものと考えられる。

ただし、危険回避度説においては、日本的な現象が発現するためには、危険回避度の相対的な高低に加え、品質確認コストの高い財・サービスを対象とする契約関係の存在が必要である。したがって、品質確認コストの高い財・サービスが今後減少していくとすれば、日本的な現象も観察されることも少なく

なっていくであろう。しかし、こうした財・サービスが、例えば、少子高齢化や情報化といった構造的な変化の中で、基調として減少していくかどうかは分からない。逆に、「高度な人間の作業が要求されるサービス」「人間関係の複雑さからくる不確実性が存在するサービス」は、今後も数多く必要であろうから、品質確認コストの高い財・サービスが今後減少していくと考えることは難しいのではないだろうか。だとすれば、この観点からも、日本的な現象が今後大きく減少して行くとは思われない。

(2) 変化をもたらす要因

しかし、日本的な現象の発現機会を減らす可能性を持つ要因もある。一つは、国際化の一層の進展である。ここまでの議論では、日本の会社組織は同質的な日本人のみで成り立っているという前提に立っていた。しかし、今後、国際化が一層進展する中で、日本の会社組織の構成が多国籍なものとなっていくことは十分に考えられる。また、会社組織内部が多国籍とならなくても、会社の主たる取引相手が日本以外の企業である企業の数は、今後増加していくものと思われる。こうした国際化、多国籍化は、当然のこととして、危険回避度説の前提となっている「危険回避度の大きな相違」を希薄化させる効果を持つものである。この結果として、日本的な現象は、観察されることが次第に減少していくことがありえるであろう。

もう一つの可能性は、非正規雇用の一層の増大である。危険回避度説においては、品質確認コストのかなり高い財・サービスの存在が、日本的な現象の発現にとって不可欠である。そして、品質確認コストがかなり高いと考えられるものは、高度な人間の作業が要求される職務に係る契約であった。しかし、逆にいうと、こうした契約ではない場合、その品質確認コストは高くない可能性が高い。例えば、非正規雇用の対象になっている多くの雇用に関しては、その雇用の品質確認コストはそれほど高くないと思われる。もし、労働市場の多くの職種において非正規雇用が可能となれば、多くの企業は、品質確認コストの高くない雇用を、刹那的な契約が可能な非正規雇用に置き換えるであろう。品質確認コストが低い以上、仮に危険回避度が相対的に高くても、そこには同一

相手の契約を長期継続する必要性は存在しないこととなる。こうした非正規雇用の問題は、もちろんかなり以前から存在したのであろう。ただし、以前は、非正規雇用の対象職種がより限定的であったことから、この問題は余り目立たなかったのかもしれない。しかし、労働市場において非正規雇用の対象が一層拡大されれば、日本的な現象の対象となる雇用はさらに減少し、日本の労働市場全体でみた場合、日本的な雇用慣行の色彩はさらに薄くなっていく可能性がある。

(3) 根強く残存する可能性

このように、国際化の進展と非正規雇用の増大は、労働市場において日本的な現象の発現を弱める可能性を有しているといえる。しかし、これらの要因は、日本的経済システムを崩壊させるほどの大きな影響力を持っているであろうか。必ずしもそうとは考えにくいと思われる。

まず、国際化の影響について考えてみよう。日本は、経済規模では世界第2位の大きさを持っており、ある程度自己完結的な経済構造となっている。したがって、例えば、シンガポールや香港のような経済規模の小さい国とは異なり、その経済活動の多くが直接的に国際取引と係わっているというわけではない。むしろ、ほとんどの経済活動は、国内企業同士の国内間の活動であるといえる。特に、大きなウェイトを占めるサービス業では、その傾向はより強いであろう。このため、今後国際化の進展によって、国際的な活動の比重が増えてはいくであろうが、近い将来、シンガポールや香港のように、その経済活動の多くが直接的に国際取引と係わっているようになるとは考えがたい。したがって、遠い将来ならともかく、近い将来においては、国際化が進展したとしても、依然、主たる従業員も取引相手もあくまで日本人であるという企業は、圧倒的多数派であり続ける可能性が高いと思われる。

次に、非正規雇用について考えてみよう。今後も、長期低迷期のように、大幅に非正規雇用が増加していく可能性は、長期低迷が終息した後においては、基本的に低いのではないかと思われる。なぜなら、非正規雇用の対象となっている非熟練労働は、中長期的にみれば、今後次第に機械にとって代わられる

か、あるいは、アジアを中心とする海外に移転されていくと考えられるからである。そうした変化は、技術革新や国際分業に基づく自然な姿である。その結果、日本国内で需要される労働は、高度な人間の作業が要求される職務に係るものに特化していく可能性が高い。確かに、ライフ・スタイルの変化によって、進んで非正規雇用を選択する人も一定程度存在することは十分に考えられる。しかし、それが、いわゆる世帯主の雇用形態として主流となるとは考えられないであろう。1990年代以降の長期低迷期には、企業がリストラを進める中で、やむを得ず非正規雇用を選択せざるをえなかった人も多かったと思われる。しかし、日本経済が完全に長期低迷から脱却した後には、むしろ逆に、少子高齢化の中で、日本的雇用慣行が適用される正社員や熟練労働者の人出不足が生じる可能性の方が高いと考えられる。

こうした点を総合的に考えると、今後日本的な現象が観察されることが多少減少するにしても、様々な局面で日本的な現象が根強く生き残り続けることが考えられる。遠い将来には、日本経済が世界経済と完全に一体化し、日本的経済システムが消失する時がくるかもしれないが、そこに至るまでの非常に長い期間において、日本的経済システムは徐々にその程度を弱め色合いを薄めながらも、日本の中で根強く残存し続ける可能性が高いのではないかと思われる。

3. 格差社会の可能性

以上までの考察の結論は、危険回避度説に立つと、日本的経済システムは根強く残存し続ける可能性が高いというものである。日本的経済システムを成立させているメカニズムは今後も作用し続けることになる。また、国際化や非正規雇用の増大のように、外的に日本的経済システムを崩していく動きも、限定的なものにとどまると考えられる。そうであるとすると、急速な格差社会への移行が生じる可能性はそれほど高くないことになる。なぜなら、危険回避度説に立つと、日本では、合理的な行動の結果として、日本的経済システムとして認識される、集団主義的で「和」を重視するようにみえる行動パターンが、最も効率的なものとなるからである。例えば、成果主義よりも、従来からの年功

序列制、長期雇用という雇用慣行の方が、今後も日本人にとっては最も効率の高い制度であり続け、最適な結果をもたらすものということになるからである。個人の成果を基準とせず、集団に帰属し続けていることを基準に給与が支払われることから、所得格差は相対的により小さいものとなるであろう。

　日本的経済システムが日本では最も効率が高いとすれば、無理に成果主義等を全面的に導入しても、逆に全体としての効率は低下してしまうであろう。「和」を重んじ相対的に格差が小さい状態が、日本では最も合理的で最適な結果をもたらす状態であるからである。こうしたことから、成果主義といっても、かなりその色彩が薄められたものに変質していくかもしれない。また、表面上、形式的には成果主義であっても、実態的には年功主義的な運用がなされるというようなケースも増えていくかもしれない。

　このように考えると、今後、例えばアングロ・サクソン諸国で観察される程度にまで格差が拡大していくと単線的に考えることは、必ずしも当たらないかもしれない。また、そのように変化していくことが必要であると、単純に考えることもできないであろう。日本人がその最も効率的な行動パターンを追及していくとすれば、必ずしも英米的な格差社会になる可能性はそれほど高くなく、従来程度の相対的に格差の小さい社会が続いていく可能性が高いのではないかと思われる。

【注】
1) 毎年度公表されている労働経済に関する白書、厚生労働省「労働経済の分析」を参照のこと。

第 2 部

長期低迷とデフレの原因

日本経済に固有の現象を語る場合には、バブル崩壊以降 10 年以上の長きにわたって続いた長期低迷とデフレの問題を、どうしても取り上げる必要があろう。なぜ主要国の中で日本のみがこのような長期低迷やデフレに陥ったのか、その原因を探ることは日本経済を考察する上で非常に重要なテーマである。長期低迷の原因については、いろいろな立場から様々に論じられてきた。その中でも、これまで比較的多くの人の支持を集めた説明が二つある。一つは、構造問題（不良債権問題）が原因であるという説であり、もう一つはデフレが問題であるという説である。[1] しかしながら、現在においても、いずれの説も決定的な説とまではみなされておらず、結果として、定説といわれるような説は未だ存在していない。その意味では、長期低迷はまだ謎として残されているといえる。第 2 部では、この長期低迷の謎について、最適成長理論に基づくまったく新しい観点から説明することを試みている。

第 2 部の構成は、以下の通りである。まず、第 1 章で長期低迷の実態を明らかにした上で、第 2 章と第 3 章において、上記の代表的な二つ説への批判的な検討を行っている。その検討の結果、構造問題（不良債権問題）説、デフレ主因説のいずれも、必ずしも十分な説明となっていないことが明らかとなる。それを受けて、第 4 章では、最適成長モデルに基づく経済変動理論の基本に立ち返って、長期低迷をもたらした大きな負のショックを特定することを試みている。その結果、従来経済変動とは無縁と思われていた時間選好率へのショックが長期低迷をもたらした可能性が浮かび上がってくる。[2] 100 年に一度か二度しか生じない長期低迷のような非常に稀な現象が生じた原因としては、時間選好率へのショックのような通常経済変動と無関係と思われる要因の可能性が高いことは、むしろ不思議なことではないであろう。第 4 節では、この本書で新たに提示された「時間選好率ショック説」について詳しく考究している。引き続き、第 5 章では、長期低迷期の金融システムへの歪んだ情報が、不確実性、将来への不安をもたらしたことを示し、それが、時間選好率へのショックをもたらした可能性を考察している。このように、第 4 章と第 5 章が第 2 部の中心的な主張の部分であり、「歪んだ金融システム情報が時間選好率ショックを引き起こし、それが長期低迷をもたらした」という、長期低迷のメカニズムに関

するまったく新たな視点を提供している。

【注】
1) この二つの説を対象に総合的に分析したものとしては、例えば、浜田・堀内・内閣府経済社会総合研究所（2004）がある。また、連合総合生活開発研究所（2000、2001）も参照のこと。
2) 「時間選好率」は、「現在の消費を1単位犠牲にするならば、同じ効用水準を得るために、将来の消費は正味で少なくともどれだけ増加する必要があるか」を示している。時間選好率が上昇すれば、将来消費と比較して現在消費が消費者にとって重視されていることを意味する。

第1章

長期低迷の実態

長期低迷の原因を考察するに当たっては、まず長期低迷の実態を正確に把握しておく必要があろう。そこで、最初に、長期低迷とはどのような現象であったのかみていくこととする。[1]

第1節　マクロデータからみた長期低迷

長期低迷の特徴を浮き彫りにするために、長期低迷期の1990年以降のマクロ経済データと、1990年以前のデータとを比較してみることとする。

1.　実物経済の悪化

（1）　実質GDP成長率の低下

実質GDP成長率をみると、1990年以前と比べ1990年以降の成長率は明らかに低い。変化の程度をより直感的に理解しやすいように、バブル期以前の1980年代前半（1980～1985年）の実質GDPの水準の対数トレンドをそのまま単純に延長して、現実の1990年代以降の値と比較してみることとする（図2-1-1）。それによると、1980年代前半トレンドをそのまま延長したケースと比較して、現実の実質GDPの水準は、2000年代初頭において15%程度低くなっていることが分かる。この1980年代前半トレンドを「正しい姿」であると考えることに問題がないわけではないが、1990年代以降の実質GDPの水準が、本来可能な水準よりかなり低い水準にとどまっている可能性が示唆される。

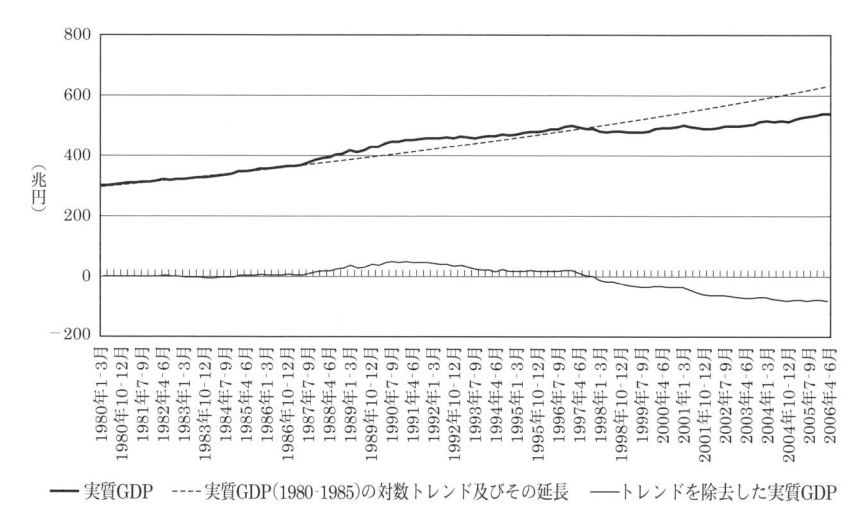

図 2-1-1　実質GDPとそのトレンド
（出典：内閣府「国民経済計算」）

凡例：——実質GDP　----実質GDP(1980-1985)の対数トレンド及びその延長　——トレンドを除去した実質GDP

（2）投入要素の非稼動化

　実質GDP成長率の大幅な低下は、投入生産要素の伸び率が大幅に低下した可能性を示唆している。しかし、資本や労働の投入量自体はストック変数なので、一般に急激に変化するものではない。したがって、投入生産要素の稼働率が大幅に低下したことが考えられる。そこで、投入生産要素の稼働率に関するデータをみてみることとする。

① 製造業稼働率の低下

　投入資本の稼動状況を把握する最も基本的な指標は、製造業稼動率である。この指標は製造業しかカバーしていないが、このデータから資本投入全体の傾向を推し量ることは可能であろう。データをみると、製造業稼動率は、1990年以降急速に低下し、その低い水準が継続したことが分かる（図2-1-2）。このことは、資本設備の多くが遊休化して使われなくなったことを意味している。この製造業稼働率の低下は、少なくとも、1990年代の経済状況が企業にとって予期していなかった事態であることを示している。1980年代には予期でき

(1980年=100の指数)

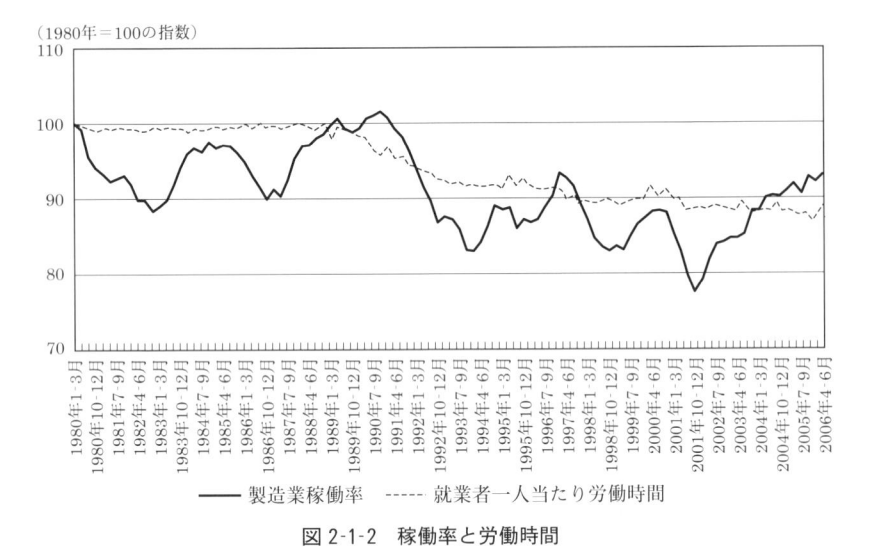

図 2-1-2　稼働率と労働時間
（出典：経済産業省「鉱工業生産統計」、総務省統計局「労働力調査」）

なかった何らかの大きな負の出来事が生じたために、投入資本の多くを意図せざる形で遊休化せざるを得なかったことを示しているといえる。

② 労働時間の短縮

投入労働力の稼働状況は、労働時間と失業率によってみることができる。まず、労働時間からみると、1990年代に入って、労働者一人当たり労働時間が10%程度短縮したことが分かる（図2-1-2）。その水準は回復することなく、その後もその低い水準のままで推移した。ただし、労働時間に関しては、投入資本の稼働率とは異なり、その短縮をもって意図せざる遊休化と単純に考えることはできない。意図的に時短を進めることがあるからである。例えば、所定内労働時間をみると、長期的に着実に短縮してきている。しかし、時短は本来的に徐々に進められるものである。また経済環境が良好な時ほど、その短縮幅は大きくなるであろう。

そこで、時短以外の要因、すなわち所定外労働時間をみてみると、1990年代に入って約40%ポイント急激に減少している（図2-1-3）。このことから、

(指数) 平成12年平均＝100

図 2-1-3　労働時間
（出典：厚生労働省「毎月勤労統計調査」）

　1990年代に入ってから急に労働時間が大幅に短縮した主要な原因は、経済の低迷を反映した残業の減少といえるであろう。したがって、労働時間に関しても、基本的に、1980年代には予期できなかった負の出来事が発生して、意図せざる形で企業による労働時間の短縮が進められたといえる。

　③　失業率の上昇
　投入労働力の稼動状況を示すもう一つの指標である完全失業率をみると、明らかに1990年代以降急激に上昇している。1980年代までは、失業率は2～3%という低い水準で推移してきたことを考えると、1990年代以降の5%を超える水準は非常に高いものといえる。このことは、このような非常に高い失業率が必要なほどの激しい雇用調整を必要とさせる、何らかの予期せざる大きな負のショックが生じた可能性を示唆している。

2. デフレ

経済成長率の低下以上に日本の長期低迷において特徴的な現象とされているものが、デフレ、すなわち物価の継続的な下落である。デフレは、1930年代の大恐慌の時に世界で広く観察されたが、第二次世界大戦後において主要先進国で観察されたのは、長期低迷期の日本が初めてである。企業物価指数でみると 1991 年以降、消費者物価指数でみると 1999 年以降、また、より総合的な物価指標である GDP デフレーターでみると 1994 年以降デフレとなっている（図 2-1-4）。その下落幅は、企業物価指数ではマイナス 2% 程度、消費者物価指数ではマイナス 1% 程度、そして GDP デフレーターではマイナス 1.5% 程度となっている。

デフレ状況の中で金融政策は緩和を続け、1995 年に名目短期金利はほぼゼロ % にまで引き下げられた。このゼロ金利政策は、実質的に 2006 年まで 10 年以上にわたって続けられた。このゼロ金利という現象も、第二次世界大戦後においては主要国で初めて経験する事態である。

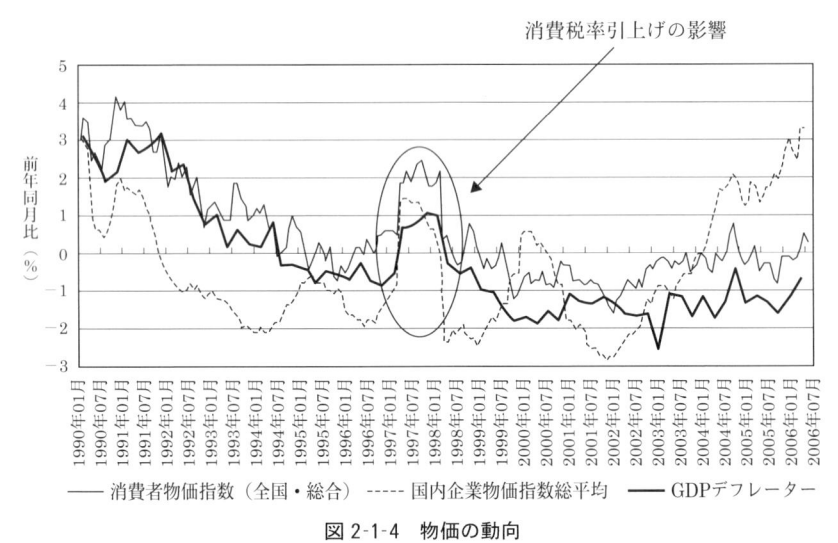

図 2-1-4 物価の動向
（出典：内閣府「国民経済計算」、総務省統計局「消費者物価指数」、日銀「企業物価指数」）

3. 資産価格の下落

　長期低迷の背景となったバブルおよびバブル崩壊という現象を直接的に象徴しているものは、GDPでも物価でもなく資産価格の暴騰と暴落である。地価、株価ともに1980年代後半に急上昇した後、1990年代に入って急落した。地価はその後長期にわたって一貫して下落を続け、株価は1990年代半ば以降、低い水準で上下を繰り返している。地価が大幅に下落し土地神話が崩壊したことは、土地神話が家計や企業の行動に大きな影響を与えてきた可能性を考えると、その直接的な影響以上に大きな経済的影響をマクロ経済に及ぼした可能性もある。

第2節　大恐慌との比較

　1990年代以降の日本の長期低迷は、しばしば1930年代の大恐慌と比較される。[2] それは、低迷が長期にわたったことに加え、デフレやゼロ金利といった、大恐慌以来主要国では経験したことのない現象が観察されたからである。ただし、大恐慌と類似している現象が観察された一方、大恐慌とはかなり異なった様相を示した現象もある。大恐慌時のアメリカ経済は、1990年代以降の日本の長期低迷と本当に類似しているのか考えてみることとする。

1.　経済指標の比較

　まず、実質GDPの変化を両者で比較してみる。大恐慌の時、アメリカの実質GDPは、それ以前に比べ累計で約40％と極めて大幅な減少を示した。一方、1990年代の日本では、年によってマイナス成長を示した年もあるものの、ならしてみると年平均1.4％のプラスの成長を示している。つまり、日本では、成長率の低下という現象は起きたものの、経済の縮小という現象にまでは至らなかったといえる。さらにいえば、この年率1.4％という平均経済成長

率は、1980年代と比較すると確かに低いが、年率2％程度であった同時期のフランスやイタリアに比較すると、特段に低い値とまではいえないかもしれない。したがって、1990年代以降の日本経済は、大幅な実質GDPの下落を示した大恐慌時のアメリカ経済とは、その様相が大きく異なっているともいえる。

次に、生産要素の投入状況を、失業率でみてみる。大恐慌時のアメリカでは、失業率はそれ以前の3％程度から25％程度まで、数年のうちに大幅に上昇した。それに比較すれば、高まったといっても高々5％程度の日本の失業率は、非常に低いと評価することができる。失業率の国際比較に際しては、失業率の定義や失業保険等制度の相違に十分留意する必要があるが、ヨーロッパ諸国では近年10％程度の失業率を常時示していることを考えると、5％という水準は決して異常に高いものということはできないだろう。失業率の水準の高低よりもその変動幅が問題といえるかもしれないが、20％ポイント以上上昇した大恐慌期のアメリカと比較すると、3％ポイント程度の上昇幅だった日本の長期低迷期の変動幅は、はるかに小さな変動幅であったといえよう。

デフレあるいはゼロ金利という現象は、先述したように、主要国では大恐慌時以降は日本の長期低迷期のみで観察された現象である。したがって、大恐慌と長期低迷が類似していると主張される場合、このデフレやゼロ金利が特に強調される場合が多い。しかし、デフレの程度を比較すると、両者では大きく異なっている。大恐慌時のアメリカでは、物価水準が短期間に40％程度下落したことに比べると、長期低迷期の日本の物価下落幅は、せいぜい年率1～2％と非常に小幅である。したがって、日本の長期低迷におけるデフレは、大恐慌と比較した場合にはかなり僅かなものであったといえる。

2. 質的類似性と量的相違性

以上のように、日本の長期低迷は、質的にみると大恐慌時のアメリカと類似した現象も少なからず観察されるものの、量的にみるとその程度は比較にならないほど小さいといえる。こうした質的類似性と量的相違性の並存に関しては、三つの解釈が可能であろう。まず、第一の解釈は、大恐慌と日本の長期低

迷は、まったく異なった発生メカニズムによって生じた現象であり、たまたま類似した現象が一部観察されたとしても、それは単なる偶然の一致であるという解釈である。第二の解釈は、両者の発生メカニズムは同一であり、したがって質的に類似した現象が観察されたが、それを引き起こしたショックの強さが、大恐慌の時に比較して日本の長期低迷でははるかに弱かったので、その結果現れた現象も量的には弱いものとして観察されたという解釈である。最後に、三つ目の解釈は、両者の発生メカニズムは同一であり、かつそれを引き起こしたショックの強さも同一であるが、70年前と比較して、現在でははるかに経済安定化のための政策、システム、制度が完備されていることから、結果としてその発現した現象の程度が、量的にみて弱いものとなったという解釈である。つまり、70年前の大恐慌時と比較すると、財政、金融のマクロ経済政策は、より精緻に、機動的に実施されており、また、国際的な経済システムも、自由貿易体制、変動相場制、IMF等を通じた経済安定化が図られていることから、仮に大きな負のショックが生じても、その衝撃の多くを吸収することができるようになっているという解釈である。

　以上三つの解釈のいずれも、可能性としては十分に考えられるものであろう。しかしながら、第一の解釈、すなわち質的類似性を単なる偶然の一致と考えることは少し安易過ぎるような気もする。多くの点で質的に類似していることは、やはり、第二、第三の解釈の通り、日本の長期低迷と大恐慌が同一のメカニズムに基づいていた可能性を強く示唆しているのではないかと思われる。もしそうだとすれば、日本の長期低迷の原因を究明する際には、大恐慌に関する考察は大いに参考になるであろう。ただし、実は、日本の長期低迷の原因と同様に、大恐慌の原因に関しても未だにコンセンサスがない。このため、大恐慌の解釈を、そのまま機械的に日本の長期低迷に当てはめるということはできない。しかし、そうだからといって、両者の類似性を取り上げることが無意味であるということではないだろう。両者が質的に類似しているということ、そのこと自体が重要な情報を与えるものであると思われるからである。両者の類似性を常に念頭に置きながら、長期低迷の原因を探っていくことが必要であろう。

第3節　本当に長期低迷なのか

　量的観点からみると、大恐慌と比較してはるかにその程度が弱いということは、まったく逆方向の議論も可能とするものである。すなわち、日本の長期低迷は、そもそも低迷ではなかったのではないかという議論である。確かに、実質 GDP でみると、日本では 1990 年以降も基調としてプラス成長を継続しており、しかもその値は同時期のフランスやイタリアと比較してそれほど遜色のないものであった。このことから、1990 年代以降の日本経済は本当に低迷していたといえるのかという疑問も出てくる。

1.　長期低迷の定義

　これまで「長期低迷」という言葉を明確に定義してこなかった。一般にかなり主観的な用語として使われている言葉であるが、あえて定義するとすれば「経済成長率が、本来あるべき値よりもかなり低い水準で長期間推移している」という定義が可能かもしれない。ただし、この定義でもまだかなり曖昧である。「本来あるべき値」をどう考えるのか明確に示されていないからである。したがって、現実の日本経済が、この定義からみて低迷状態にあると判定することはそうたやすい作業ではない。

　1990 年代以降の日本経済が、本来あるべき姿から外れた低い水準にとどまっていたという考え方には、次のような反論が可能である。日本においては、戦後のキャッチアップ過程が終息するにつれて、長期的に経済成長率は徐々に低下してきている。この傾向の延長線上で考えれば、1990 年代以降の経済成長率の低下もその一環であると考えることが可能である。[3] すなわち、低い経済成長率は、そもそも本来あるべき姿を示しているということになる。[4] この見方によれば、長期低迷という現象はそもそも存在しなかったということになる。先の長期低迷の定義を当てはめて現実の経済を判定するためには、このように、「本来あるべき姿から外れて低い」のか、「本来あるべき姿自体が低く

なった」のか判定することが必要となる。

2. 実質 GDP のトレンドの解釈

　上記の二つの見方のいずれが正しいのであろうか。本来あるべき姿を判断する最も単純な方法は、機械的に実質 GDP のトレンドを計測し、そのトレンドから実際の値が外れているか、その乖離を調べてみる方法である。この方法の大前提は、機械的に計測された過去の長期トレンドは、平均的に本来あるべき姿を示しているという仮定である。仮に戦後日本経済の GDP のトレンドにおいて長期的に成長率の低下が観察され、1990 年代以降もその長期的なトレンドの延長線上で説明できるならば、そもそも長期低迷ではないという主張と整合的ということになる。

　しかし、トレンドの推計には、周知の通り、様々な難しい問題が存在する。トレンドの数学的な形状・モデルには多数のタイプが存在し、その選択は恣意的なものにならざるを得ない。さらに、トレンドを推計する推計期間によっても、結果は非常に大きく変わってくる。こうした選択は、恣意的に決めるしかない。このため、トレンドのタイプや推計期間の相違によって、無数に近いトレンドが推計可能であり、その解釈も大きく異なってくることになる。したがって、GDP のトレンドを単純にみるだけでは、確定的なことをいうことは難しい。

3. アメリカ経済との比較

　そこで、アプローチの方法を変えて、アメリカ経済との長期的な比較を行うことにより、間接的な評価を試みることとする。外国のデータから得られる情報を加えることによって、日本のデータのみでは低い識別性を高めることができる可能性があるからである。アメリカを比較対象とする理由は、アメリカ経済が 20 世紀以降の世界経済のフロンティアにあると考えられるからである。ここで問題としているキャッチアップ過程は、世界のフロンティアへのキャッ

チアップであることから、アメリカ経済を比較対象とすることは妥当であろう。アメリカ経済が確かにフロンティアであれば、その成長過程は基本的に技術進歩に主導されたものと考えることができる。そして、その場合、その平均的な経済成長率は、コンスタントな技術進歩に対応して長期にわたってほぼ同じ水準で推移するものと想定できる。実際に、戦後のアメリカの実質GDPを長期系列でみると、基本的にほぼ単調に着実な成長を続けている。

　日本経済がキャッチアップ過程にあるとすれば、この基準となるアメリカ経済よりも上回るスピードで成長を続けることが想定される。一方、キャッチアップが終了しているとすれば、基準であるアメリカとほぼ同じ成長率で推移することが想定される。また、一人当たりGDPの水準で考えると、キャッチアップ過程にあるとすれば、基準であるアメリカに比較して大きく下方に乖離しているものと想定される。一方、キャッチアップが終了しているとすれば、基準であるアメリカと同じ水準となっていると想定される。そこで、日米の一人当たりGDPの推移を1950年代から比べてみることとする。

（1）　為替レート換算での比較

　最初に、実際の円ドル為替レートで換算した日米の一人当たりGDPを比較してみる（図2-1-5）。1980年代前半までは、日本の一人当たりGDPの水準はアメリカよりも低い水準にあった一方で、その差は着実に少しずつ縮まってきていた。このことから、この時期はキャッチアップ過程にあったと間違いなくいうことができよう。その後、1980年代後半、いわゆるバブルの時期に入ると、一気に日本の一人当たりGDPはアメリカの水準を追い抜き、さらにその勢いで、1990年代半ばには、日本の一人当たりGDPはアメリカの1.5倍にまで達した。しかし、1990年代後半以降は、その差は再び急速に縮まり、2000年代半ばには、ほぼ日米の一人当たりGDPは同じ水準となっている。

　この動きを表面的にみると、日本のキャッチアップ過程は1980年代半ばに終了したみることができる。1990年代以前にキャッチアップが終了していたとすると、長期低迷ではなくキャッチアップ過程の終了であるという解釈も不可能ではない。

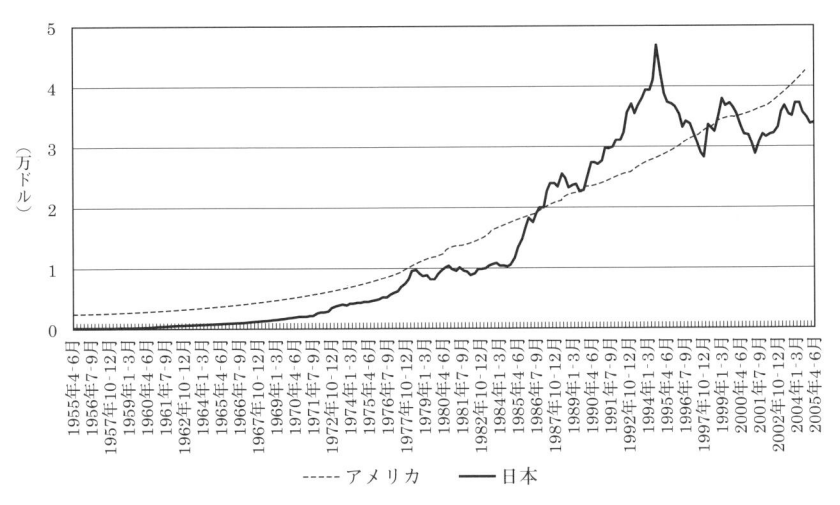

図2-1-5　日米の一人当たりGDP（為替レート換算）
（出典：内閣府「国民経済計算」、総務省統計局「人口推計」、US Bureau of Economic Analysis、US Census Bureau資料）

（2） PPP換算での比較

　しかし、為替レート換算で比較する場合には、変動幅が大きくなり過ぎて、明確な結論を出すことは難しい。為替レートで換算したデータでは、情報がかなり汚染されている可能性が高い。特に、1990年前後の急速な円高が投機的なものであったとすると、為替レートで換算した日米の一人当たりGDPの比較は、1980年代後半以降においては必ずしも日米の経済実態を正確に反映していない可能性が高い。そこで、為替レート変動の影響を除くために、購買力平価（PPP）を用いた換算によって比較してみる（図2-1-6）。PPPの推計方法に関しては、技術的に様々な大きな問題が指摘されており、推計されたPPPが真実の値にどれだけ近いものなのか疑問が残る。しかし、一方で、PPPで換算した場合、為替レート換算では生じる投機による時系列データの撹乱を除去できるという長所も持っている。このため、長期的な推移の方向性をみる場合には、PPPによる換算の方がより正確な情報を含んでいる可能性が高いといえる。

　世界銀行の推計による1993年のPPPを基準に換算してみると、日本の一人

当たりGDPは、アメリカより低い水準であるものの、1990年初頭までは着実にその差を縮小させ、1991年にはアメリカ比約85%の水準にまで達したことが分かる。しかし、その後は、逆にその格差は拡大に向かい、2000年代半ばには、アメリカに比べて約70%の水準となっている。この結果からは、キャッチアップ過程はかなり終了に近づいてきているものの、まだ終了はしていないという解釈が可能となる。ただし、注意すべきことは、この対アメリカ比70%あるいは85%という値は、1993年の世銀によるPPPの推計値に基本的に依存していることである。先に記したように、PPPの計算には技術的な問題が大きく、1993年の世銀の推計値がどれだけ正確なのかは保証できない。したがって、70%あるいは85%という水準の比較も、その正確さを担保できず、この値を基に断定的な結論を述べることは難しい。つまり、キャッチアップが既に終了しているのか、していないのか、その判断は対アメリカ比70%あるいは85%という値からは判断できない。

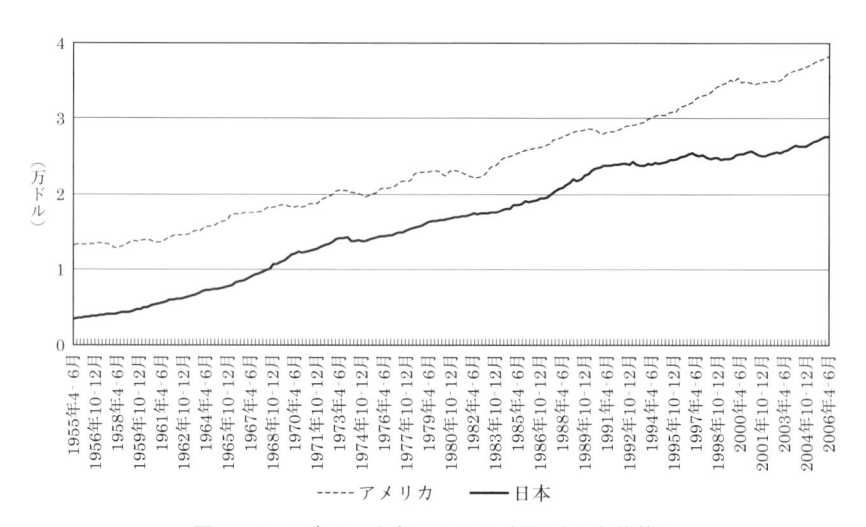

図2-1-6　日米の一人当たりGDP（購買力平価換算）
（出典：1. 世界銀行による推計1993年の購買力平価1ドル＝185.64円および両国のGDPデフレーターにより推計。
　　　 2. 日本：内閣府、アメリカ：商務省のGDPデータより。）

しかし、このPPPに基づく比較から、一つ重要な結論を導くことができる。1990年代以降、日米の一人当たりGDPの水準の格差が再び大きく拡大した現象に注目する必要がある。もし、日本のキャッチアップが終了していたのであれば、その後の日米の経済は基本的に同じ経済成長の経路を辿るはずである。もし、キャッチアップが終了していないのであれば、日本の経済成長率はアメリカより高くなるはずである。つまり、キャッチアップという要因のみが日米の経済成長に差をもたらす要因であると仮定すると、日米の一人当たりGDPの格差が拡大するという現象は、基本的に生じないことになる。したがって、1990年代以降、日米の一人当たりGDPの格差が拡大したという結果は、キャッチアップという要因以外の何らかの別の大きな要因が、日米いずれかに作用していたということを示している。

（3）　やはり長期低迷

　ただし、PPPに基づく比較において1990年代以降日米で格差が拡大したことは、直ちに日本において何らかの負の要因が作用したことを意味しない。この時期に、日本ではなくアメリカの方に、何らかの正の要因が作用した可能性もあるからである。事実、1990年代のアメリカでは、俗にニュー・エコノミーといわれるような非常な好景気が続いた。これは、この時期に、アメリカ固有の何らかの正の要因が働いた結果かもしれない。そこで、アメリカの長期の実質GDPの推移をみてみることとする。すると、1990年代のアメリカは、必ずしも巷間いわれているように、他の時期に比較して高い成長率を示しているわけではない。むしろ、この時期のアメリカ経済の特徴は、非常に長期にわたってコンスタントな成長を継続していることである。つまり、1990年代のアメリカ経済の繁栄は、経済成長率が高まったことが特徴ではなく、景気変動の幅が小さくなったことが特徴である。したがって、PPPに基づく比較において1990年代以降日米で格差が拡大した理由を、アメリカに求めるわけにはいかないであろう。すると、やはり、1990年代以降の時期は、日本経済の方において、何らかの負の大きな要因が働いたと考えることが妥当であろう。したがって、やはり、長期低迷であったと考えることが妥当であると考えられる。

【注】

1) 長期低迷の間に起きた出来事を整理・解説したものとしては、軽部（1999）、西野（2001、2003）がある。
2) 例えば、Orphanides（2004）、Hamada and Noguchi（2005）を参照のこと。
3) 新古典派経済成長モデルでは、資本蓄積が進むにつれて経済成長率は徐々に低下していく。本書第1部第2章第6節も参照のこと。
4) なお、Mehl（2000）は、日本のGDPのトレンドに、1990年代に入ってから変化が生じている（トレンド・ブレイクが存在する）ことを示している。

第2章
不良債権問題説

　長期低迷の原因として大きく取り上げられてきた二つの説、構造問題説とデフレ主因説のうち、本章ではまず構造問題説を取り上げることとする。さて、「構造問題」はかなり曖昧な概念で、非常に幅広い問題を対象として含んでいる。財政悪化、年金の将来不安、行政改革、日本的経営、そして不良債権問題等と、日本経済の構造問題としてかなり幅広い内容が取り上げられてきた。ただし、日本経済の長期低迷を議論する場合には、中心的に取り上げられてきた構造問題は、金融機関の不良債権問題であるといってよいであろう。

第1節　不良債権問題

　最初に、この時期の不良債権がなぜ生じたのか、そしてどのように推移したのか整理しておくこととする。

1. バブルの発生

　1990年代の膨大な不良債権のそもそもの源は、いうまでもなく1980年代後半のバブル経済にある。バブル経済の時期、地価・株価等の資産価格はうなぎ上りに急騰し、国民の資産総額は急激に膨張した。1985年末に約1,000兆円であった土地資産総額（国民経済計算）は、1990年末には約2,400兆円と2.4倍に増加した。この5年間の土地資産の増加額は、名目GDPの約3倍に達するものであった。さらに、資産価格だけでなく、フローの経済も相対的に高い

成長率で推移した。また、資産価格が急上昇する中、フローの価格である物価は非常に安定的に推移した。このため、日本経済はインフレ無き持続的景気拡大という理想の姿を辿っていると考えられた。

そもそも、このバブル景気はどうして生じたのであろうか。現在のところ、その原因に関していまだ定説と呼べるようなものはない。[1] ただし、これまでにいくつかの可能性は指摘されている。その中から、比較的多くの人が言及している見方をみてみることとする。

(1) 金融緩和説

これは、バブル期直前の時期からの超低金利政策の継続に原因を求める見方である。1985年、プラザ合意によって大幅な円高が合意された。この円高による景気悪化を避けるために、金融は大幅に緩和され、当時としては史上最低となる公定歩合 2.5% という超低金利政策が実施された。金融緩和説は、この超低金利政策の結果として市場に大量の資金がだぶつき、それが資産市場に流れ、資産価格の急騰、すなわちバブルがもたらされたと主張するものである。

しかし、この見方はかなり皮相的な見方であるといえる。[2] 当時としては確かに史上例をみない大幅な金融緩和政策であったとしても、1990年代以降のゼロ金利政策と比較すれば、それほど極端な金融緩和政策とはいえない。1990年代以降のゼロ金利時代にバブルが再現しなかったことを考えると、単に大幅な金融緩和政策が採られたというだけでは、バブルの発生を説明できないのは明白である。少なくとも、大幅な金融緩和政策は、バブルの必要条件であるという主張は可能であっても、十分条件であるという主張は不可能であろう。

(2) 非金融説

それでは、大幅な金融緩和政策のほかに、どのような要因が考えられるであろうか。実は、それを示すことはそう簡単な仕事ではない。そもそも、バブルは、人々の合理的な行動を反映しているのか、非合理な行動の結果なのかという点から考えないといけない。理論的には、人々が完全に合理的で無限の将来まで見通して行動しているのであれば、価値の無いものを価値があると考える

意味でのバブルは存在しえない。[3] 価値の無いものを価値があると考える意味でのバブルは、人々が何らかの非合理性の下で行動した時か、有限の視野でしか考えないで行動した時にのみ発生する。[4] 有限の視野でのみ行動することは、広い意味で非合理的な行動とみなすこともできよう。もし、このようなタイプのバブルであったとすれば、単純に考えると、当時の日本人が非合理な行動をした結果としてバブルが発生したという説明になる。

　問題を整理すると、まず、(i) 1980年代後半のいわゆるバブルは、先に述べたようなタイプの理論上存在するバブルと同じ現象なのか、それとも、俗にバブルと呼ばれるだけで、理論上存在するバブルとはまったく別の現象なのかという問題がある。そしてさらに、(ii)仮に1980年代後半のバブルが、理論上存在するバブルと同一なものであったとすると、なぜ突然1980年代後半の時期に日本人は広い意味での非合理な行動をするようになったのかという問題がある。バブルを説明するためには、この二つの問題に答える必要がある。

(3) 理論上のバブル

　最初の問題(i)、すなわち、1980年代後半のいわゆるバブルは、理論上存在するバブルと同じ現象なのかという問題について考えてみる。理論上のバブルでは、本来それだけの価値の無い財の価格が急上昇することを意味している。したがって、理論上のバブルに当たると主張するためには、この価格が急騰した財に、元々はそれだけの価値はなかったことを示す必要がある。それでは、日本の土地や株に元々それだけの価値がなかったといえるであろうか。確かに、バブル崩壊後地価や株価の価格は大幅に下落しており、こうした価格の時系列的な動きのみから判断すれば、バブルの時期に日本の土地や株は、本来あるべき価値よりかなり高い価格が付いていたということができる。しかし、資産の本来の価値は、こうした価格の時系列的な動きだけからは判断することはできない。もしかしたら、バブル期の方がむしろ正常で、現在の地価や株価は下がり過ぎており、本来の価格よりも下方に乖離していると解釈することも可能であるからである。

　より理論的な考え方としては、収益還元価値で考える方法がある。これは、

ある資産を保有していることから得られる将来の収益の現在割引価値を示しており、これが資産の本来の価値とみる考え方である。この考え方に立つと、バブル期の土地の収益還元価値を正確に推計できれば、理論上のバブルかどうか判別できることになる。もし、バブル期の地価がその収益還元価値を大きく上回っていたとすれば、バブル期は理論上のバブルと同じ現象ということになる。その場合には、当時の日本人は突然非合理な行動をするようになったと解釈されることになる。

ただし、収益還元価値は、ある仮定の下で試算することは技術的には可能であるものの、その試算値が真の正しいものであると判定することはなかなか難しい。その理由は、収益還元価値が、ある時点での将来の期待値を基に計算されるという性格を持っているためである。将来の値について恣意的な仮定を置かざるをえず、結果として導かれる収益還元価値の値に、仮定の置き方によって非常に大きな幅が生じてしまうことになる。より精緻に複雑な統計手法を用いた検定方法も開発されているが、基本的な問題点は同じである。このため、この情報からも、バブル期は理論上のバブルと同じ現象かどうかは確定させることはなかなか難しい。

(4) 合理性

問題(i)の答えを確定できない以上、日本人が突然広い意味での非合理な行動をするようになった可能性を否定はできない。そこで、問題(ii)、すなわち非合理性の理由を考えることも必要になってくる。もし、1980年代後半に日本人は非合理な行動を行うようになったとすれば、なぜそのような行動を行うようになったのであろうか。バブルの時期を振り返ると、日本人は自らの行動を非合理だと考えていたとは思われない。バブル期に人々が自らの行動を合理的と考えていた理由の一つとして、土地の収益還元価値は十分に高いと考えていたことが考えられる。例えば、バブル期の1980年代後半の時期に得られた情報に基づけば、その高騰した地価や株価は正当な値を示していたと考えられたのかもしれない。今の時点で振り返って考えれば、それは誤りであったと判断されるかもしれないが、少なくとも当時は、そのような将来の期待を抱くことは

合理的だったのかもしれない。当時は、大量のオフィスが近い将来不足するという予測が信じられていたと考えられている。1985年5月国土庁は「首都改造計画」というレポートを公表した。その中で、東京のオフィスは2000年までに合計5,000ha、超高層ビルにして250棟必要になるとの試算が示されていた。この試算は、実際には非常にラフで根拠薄弱な推計値であったが、この数字は一人歩きし始め、不動産会社やゼネコンの間では、「オフィス供給は国策となったのだから、都心部の用地を確保せよ」という考え方が大きな流れとなり、都心部の地価が急上昇する一因となったといわれている。もちろん、このレポートはいわばダシに使われただけで、このレポートが出されようが出されまいが地価高騰は起きたのかもしれない。しかし、このレポートがそれなりに影響力を持ったということは、その当時の情報に基づけば、この報告が正しいであろうと多くの人が考える状況であった可能性が考えられる。

以上をまとめると、1980年代後半のバブルと呼ばれる現象は、日本人の行動が広い意味で非合理であったと仮定することによって、少なくとも形式的には説明することは可能である。特に、地価暴騰という土地市場の現象に絞って考えれば、その可能性は高いかもしれない。しかし、一方で、マクロ経済全体としてみたいわゆる「バブル経済」まで含めた説明としては、やはり十分には納得しがたい面がある。人間の合理性を考えると、1980年代後半に突然、ほとんどの日本人が同時に広い意味での非合理な人間になったと考えることには抵抗がある。やはり、こうした非合理性に安易に依存しない説明を追究していくべきであろう。バブルはバブル後の長期低迷と表裏一体の関係にあるとも考えられることから、長期低迷の原因を本書の中で追究する中で、合理性に基づくバブルの説明も引き続き併せて追究していくこととしたい。

2. バブルの崩壊

1989年に入って、日銀は大きく政策を転換した。地価高騰を抑制することを目的として、1989年5月から1990年8月にかけて5次にわたって公定歩合の引き上げが行われ、公定歩合は6%にまでなった。さらに、政府もそれまで

の方針を転換し、不動産関連融資の総量規制を実施することとした。これは、1990年3月に旧大蔵省銀行局長通達の形で行われた旧大蔵省の行政指導で、金融機関の不動産関連融資枠を総額として強制的に抑制させるものであった。この政策は、日銀による金融引き締め策以上に強力に地価を抑制したと考えられている。こうした政策転換によって、株価は1989年年末をピークに大幅な下落に転じることとなり、地価も地域によって若干の時差があるものの、1991年から1992年にかけて各地で大幅な下落に転じることとなった。いわゆるバブルの崩壊である。

3. 金融機関の混迷

（1） 不良債権の発生

バブル崩壊によって日本経済は大きな衝撃を受けたが、特に金融機関が激しい衝撃を受けた。バブル期に行われた金融機関による大量の土地関連融資は、地価が下落に転じると一転して巨額の不良債権となってしまった。バブル期の土地関連融資が巨額であっただけに、収益を生まないどころか融資をほとんど回収すらできない不良債権の総額も、莫大な金額に上るものとなった。本来は、不良債権化した融資は直ちに処理、清算されるべきものである。しかし、多くの金融機関は、当初、不良債権化した融資を直ちに処理、清算することはなかった。金融機関のこうした行動の背景には、地価の下落は一時的なものであり、数年辛抱すれば再び地価は大きく上昇に転じ、不良債権化した融資も再び優良融資に変わるという、右肩上がりの土地神話に基づく希望的観測があったことも指摘されている。

（2） 不良債権の規模

長期低迷が続き、不良債権問題の重大性が次第に認識されるようになると、正確な不良債権額の公表を求める声が強まっていった。こうした声に応えるために、金融監督当局である旧大蔵省は金融機関全体の不良債権額を公表するようになったが、その公表額が一般に想定されていた額よりかなり少なかったこ

とから、もっとはるかに巨額の不良債権が隠されているのではないか、というさらなる憶測を呼ぶことになった。

　不良債権額に憶測が生じるのは、不良債権の判断が難しいためでもある。不良債権の定義を具体的に個々の融資案件に当てはめる際に、恣意的な判断が入り込む余地が多分に存在する。個々の融資は千差万別であり、しかもその将来の収益性を計算する場合には恣意的な仮定を置かざるをえず、評価する人によって不良債権額の判断は大きく変わってくることになる。このため、過少と感じられる不良債権額を、正式な不良債権額として公表することも可能となる。こうした不良債権の性格が、憶測の拡散を招いたものと思われる。

　不良債権に関する憶測の拡散を防ぐ最も良い方法は、金融監督当局が高い信頼性を確保し、その公表する数値に対して不信を招かれないようにすることである。しかし、残念ながら、この当時の金融監督当局は、その公表する数値に高い信頼性を得ることはできなかった。その一つの理由は、1990年代に相次いだ金融不祥事に象徴されるように、「金融監督当局と金融機関が、馴れ合いのような関係を築いてきたのではないか」という不信感を多くの人が抱いていたことである。つまり、金融監督当局は、金融機関に不利な情報の公開は意図的に避けているのではないかという疑念が存在したといえる。二つ目の理由として、巨額な不良債権の存在は、過去の金融監督行政の失敗を認めることになることが指摘されている。つまり、行政が自らの失敗を認めたくないために、できるだけ過少に不良債権額を公表しているのではないかという指摘である。さらに、第三の理由として、金融機関が金融監督当局の検査に対して十分に協力せず、自己に不利な情報を出さないことから、結果として公表されている不良債権額が過少になったのではないかという見方も指摘されていた。こうした理由から、多くの人が金融監督当局の公表した不良債権額に不信感を抱き、多くの憶測が広まる結果となった。

　それでは、実際にどの程度の不良債権額が存在したと考えられるであろうか。先述した不良債権の性格もあり、さらに一般の人は企業機密に係る情報には接することはできないので、正確なことは分からない。憶測として広く流布していた額の中には、バブル崩壊直後に発生した不良債権額は50兆円程度で

あるとの見方がある。こうした憶測に対し、1990年代前半に旧大蔵省が公表した主要金融機関の不良債権額は13兆円であった。しかし、過少ではないかとの批判を受けて、95年6月、旧大蔵省は不良債権の定義を一気に広げ、約40兆円であると修正した。旧大蔵省の見解では、これはあくまでも定義の変更による見かけ上の増加ということであった。この時、一部のマスコミや評論家は、不良債権はすでにGDPの約2割、すなわち100兆円規模に達しているのではないかと主張していた。公表された不良債権額への不信感が拭えないことから、旧大蔵省の金融監督行政を引き継いだ金融監督庁さらに金融庁は、不良債権の査定を厳格化した上で、不良債権額を半年ごとに公表することとした。この値に関しても過少であるという根強い批判はあるものの、かなり現実の値に近づいてきているとも思われている。なお、不良債権額は、景気の動向等に応じて時々刻々変化し、新たに不良債権となる融資が発生したり、不良債権だった融資が正常債権に転じたりすることもある。一般には、金融機関が不良債権の処理を遅らせたために、1990年代の長期低迷と資産価格の持続的下落の中で、不良債権額はバブル崩壊直後よりも膨れ上がっていったと考えられている。

　現在となっては、バブル崩壊直後の不良債権額の正確な値は良く分からないというのが実情である。しかし、1990年代前半に、既に50兆円のマグニチュードで不良債権が存在した可能性は、かなり高いのではないかと考えられている。これはGDPの10%に相当する大きな金額である。したがって、バブル崩壊によって、日本の金融機関は極めて巨額の不良債権を抱え込むこととなったことは事実であろう。また、これだけ巨額な不良債権の存在が、1990年代以降の長期低迷に何らかの関連性、因果関係を有していた可能性は十分に考えられるであろう。

第2節 不良債権問題説とその問題点

1. 不良債権問題説の概要

　日本の長期低迷の主たる要因は不良債権問題であるという説が、不良債権問題説である。この考え方が多くの支持を集めた理由として、三つの点を指摘できる。まず、金融機関の不良債権問題が、バブルとその崩壊に密接に関連して発生した問題であることである。二つ目は、不良債権の額がGDP比でみて非常に巨額であり、マクロ経済全体に大きな影響を及ぼすことが十分に想定されたことである。さらに三つ目として、金融は経済活動がスムーズに行われるために必要な潤滑油であり、それが機能不全に陥っていることによって、経済全体に大きなマイナスの影響が及ぶことが想定されることも指摘できる。

　不良債権問題説は、このように直感的にかなり理解しやすい面を持っていることが特徴である。直感的に考えると、状況証拠は十分に揃っているといえるかもしれない。しかし、直感を離れて理論的に考えてみると、長期低迷と巨額の不良債権の間の因果関係を説明することは、実はかなり難しい。マクロ経済学の理論に、不良債権という変数はほとんど現れてこないことから分かるように、金融機関の抱える不良債権の量とマクロ経済変数の間の関連性は、これまでほとんど理論的に解明されてこなかった。したがって、不良債権問題説にとっては、直感的な理解を超えて、理論に基づいて説明できるようにすることが重要な課題となった。既存の経済モデルは使えないため、新たな理論的な説明が模索された。その代表的なものをみてみることとする。[5]

（1） 資本の非稼動化説

　不良債権の存在は、金融機関の貸出によって行われた企業の投資が、当初計画されたような利益を生み出していないことを示している。企業の投資は資本蓄積を表していることから、不良債権の存在は、生産活動のために投入された資本が、その役割を十分に果たしていないことを意味していると考えることが

できる。仮に、投下した資本がまったく生産に関与しないことになってしまうと、その投下された資本は完全に非稼動化したことになる。生産は資本を稼動させて行われることから、多くの資本が非稼動化していることは、生産水準がより低いものとなっていることを意味することになる。

このような「不良債権の発生＝資本の非稼動化」と「資本の非稼動化＝低い生産水準」という二つの相関関係をつなげることで、不良債権問題と長期低迷を因果付けたのがこの考え方である。巨額の不良債権がいつまでも不良債権として存在していれば、結果として経済全体として非効率な資源の使い方が継続することとなり、最終的に長期低迷に結びつく可能性があると考えるものである。

(2) 金融機関の機能不全説

資本の非稼動化説は、既に貸し出された資金が効率良く利用されていないという、債務者側、すなわち企業側の問題に着目した説明であるが、債権者側、すなわち金融機関の行動に問題が生じているという見方が、金融機関の機能不全説である。この説では、資金が効率的に利用されているかどうかという以前に、そもそもその資金の供給が十分行われなくなっている可能性を問題視するものである。

資金の供給がなければ、企業は設備投資をすることができず、生産も拡大することができなくなる。したがって、単純に考えると、「金融機関の融資規模⇒生産量」という因果関係が存在するといえる。この因果関係を前提とすると、金融機関が融資を減らせば、企業による設備投資は減退し、さらに生産の伸びは低下し、経済の長期低迷につながる可能性が生じてくる。しかし、以上の関係は融資と生産量の相関関係を示すだけであり、これだけでは不良債権と長期低迷は結びつかない。それらを結びつけるためには、「金融機関の融資規模⇒生産量」という相関関係に、不良債権と融資の間の関連性も付け加える必要がある。そこで、不良債権と融資を結びつけるものとして、「金融機関の抱える巨額な不良債権の存在⇒金融機関は融資規模を削減」という因果関係が存在すると主張された。この主張に立脚する考え方が、この金融機関の機能不全

説である。

　金融機関が巨額な不良債権を抱えていると融資規模を削減する理由として、金融機関が抱えるリスクが大きくなり、新たなリスクを背負うことができなくなるためと説明される場合が多い。日本の金融機関は、巨額な不良債権を持ち、既にその体力以上に大きなリスクを抱えてしまっており、新たな融資を行うことは避け、相当確実な利益が見込まれる案件しか融資をしなくなっているという考え方である。このような金融機関の行動は、一般に「貸し渋り」といわれた。

2.　不良債権問題説の問題点

　不良債権問題説に対しては根強い批判がある。[6] その理由としては、不良債権と長期低迷の関連性に関するそもそもの理論的脆弱性が大きいが、これから述べるように、その理論付けのために新たに提示された考え方が、その正しさを必ずしも実証できない点も大きい。

（1）　資本の非稼動化説への批判

　不良債権は資本設備が非稼動であることを示しているという考え方の大前提に、金融機関からの融資はほとんど生産設備のために使われているという仮定がある。理論上は、このような扱いは不自然ではなく、一般的にはこうした想定は十分に蓋然性を持っているといえる。しかし、バブル期前後の日本においては、この仮定は必ずしも成立していない可能性が高い。なぜなら、1990年代の日本において発生した膨大な不良債権を生んだ融資は、主として土地関連融資であったからである（図2-2-1）。つまり、日本の不良債権問題は、もともと生産設備とは直接的に深い関連性を有してはいないものであった。したがって、不良債権化したといっても、ほとんどは土地関連融資が不良債権化したのであって、製造業の設備投資が本質的に不適切であったことを示すものではない。確かに、地価下落と時を同じくして景気が悪化したことによって、製造業の稼働率は大幅に低下したが、それらの設備への融資は不良債権問題の本

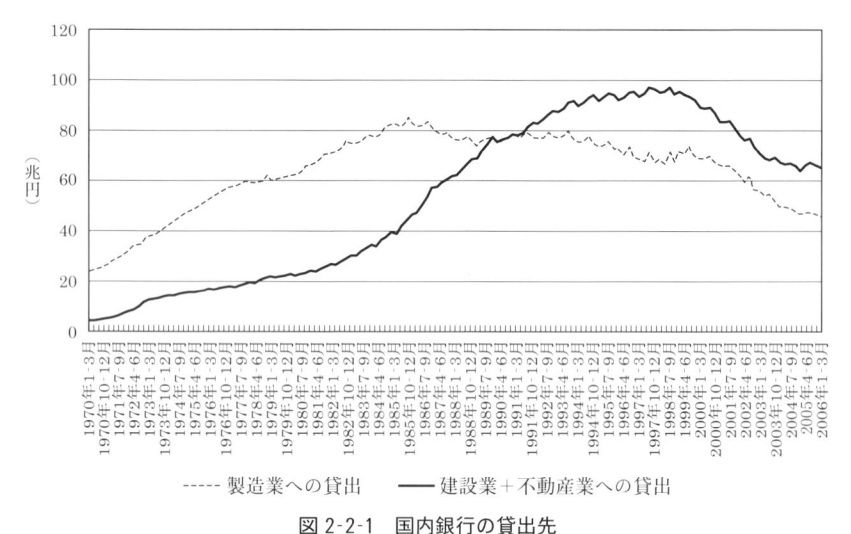

図 2-2-1　国内銀行の貸出先
（出典：日本銀行資料。1993年のデータの非連続性を機械的に修正。）

質的な要素ではない。不良債権問題の中心的な融資は、あくまで土地関連の融資である。つまり、バブル崩壊の時期には、単純に「不良債権の発生＝資本の非稼動化」という相関関係・因果関係を仮定することはできないといえる。

（2）　金融機関の機能不全説への批判

資本の非稼動化説のように、不良債権の存在によって直接的に生産が抑制されると説明することには無理があるため、「不良債権問題の存在が金融機関の行動を変化させ、それが生産に悪影響を及ぼした」という、金融機関の行動を間に挟んだ説明に関心が集まるようになった。膨大な不良債権の重荷によって、金融機関がその行動を大きく変化させたことは十分に考えられる。その中でも、長期低迷との関連性の観点から特に注目を集めたのが、貸し渋り現象の問題である。そして、それを主軸に主張されたのが、金融機関の機能不全説である。

しかし、貸し渋りに関しては、理論上の問題が存在する。個々の融資案件に関して、金融機関が融資を行うか行わないかを決定する主たる基準は、その融

資によって将来収益がどの程度期待できるかということである。この判断においては、将来の収益性とリスクを中心に検討され、金融機関が持つ他の既存融資に係る不良債権の規模とは基本的に無関係である。つまり、大量の不良債権を抱えていようがいまいが、将来儲かる案件であれば融資を行い、儲からない案件であれば融資を行わない。保有している不良債権の規模と新規融資の判断は、基本的に独立しているといえる。金融機関の行動としては、こうした不良債権の規模と新規融資の判断を独立させる行動がもっとも合理的であろう。この考え方に立てば、多額の不良債権を抱える金融機関であっても、収益が期待できる儲かる融資を控えることは考えられない。

　むしろ、理論的には、多額の不良債権を抱える金融機関は、逆にリスクの高い融資案件を増やす可能性が指摘されている。不良債権を大量に抱えていることは、その金融機関の融資全体としての収益率が低下していることを示している。この融資全体としての収益率を引き上げるためには、高い収益を上げる可能性のある新規案件に、積極的に追加的な融資をすることが必要となる。しかし、高い収益を上げる可能性のある融資は、通常同時にリスクも高い可能性が高い。ローリスク・ハイリターンの融資に対しては、すぐに貸し手が埋まってしまうからである。通常なら融資をしない、収益性は高いがリスクもかなり高い案件の場合であっても、不良債権を多く抱える金融機関では、全体としての収益率を引き上げようとして融資をあえて行うことが考えられる。大きな損失が発生した時に、それを一か八かギャンブルで埋め合わせようとする行動はよくみられる人間行動のパターンであり、この金融機関の行動はそれと同じパターンの行動であるといえる。不良債権を多く抱える金融機関にはこのようなインセンティブが働くため、むしろリスクの高い融資を積極的に増加させる可能性がある。

（3）　利潤極大化以外の行動の可能性

　以上のように、企業の合理的な行動という観点から考えると、理論的には、貸し渋りという行動は想定しえない。ただし、この結論は、通常の経済理論で想定されている利潤極大化行動を前提としたものであり、もし金融機関が利潤

極大化以外の目的に従って行動していたとすると、リスクの高い融資を増やすのではなく、国債等の安全な投資を増やす可能性も考えられる。例えば、現経営陣があくまでも現職にとどまることが、金融機関の経営者の最大の目的かもしれない。そして、情報が十分に一般投資家に開示されない場合、株主はこうした経営者の行動を必ずしも十分にチェックできないかもしれない。この場合、経営者にとって合理的な行動は、不良債権を一般投資家に十分に公表せず、時間をかけて不良債権に係る融資を徐々に減らしていくことであろう。不良債権額を正確に公表すれば、経営責任を問われて、経営者としての職を失う可能性が大きいからである。こうした行為は、粉飾決算とも疑われかねない行動であるが、経営者が現職にとどまるという目的から考えれば、最も合理的な行動であるといえるかもしれない。こうした行動は、一般に Evergreen（常緑）行為とも呼ばれる。絶対に経営不振にならない（落葉しない）からである。このような金融機関の経営者の行動を想定すると、金融機関が融資を少しずつ減少させるという行動もありえないわけではない。

　ただし、注意すべきことは、仮にこのような行動によって不良債権に係る融資を減らすことがあっても、それは新規の融資を減らすことを意味しないことである。あくまでも、融資を減らすのは不良債権に係る融資であって、新たな有望な融資を増やすことによって、金融機関の融資全体が増える可能性は残る。不良債権に係る融資を減らすこと自体は、貸し渋りを直接的には意味しない。

（4）　貸し渋りの検証

　次に、実際に貸し渋り現象が起きていたのか、検証してみることとする。検証は、企業の資産収益率と長期国債の利回りの比較によって行うこととする。金融機関の二大資金運用先である融資と債券購入の、いずれを金融機関が選択することがこの時期に合理的であったかをこの比較によって識別することを通じて、融資減少という金融機関の行動の意図を探るものである。もし、企業の資産収益率が長期国債利回りより低ければ、金融機関の貸出の収益率は全体として相対的に低いことになり、金融機関が融資を減少させて国債購入に振り替

えることは合理的といえる。一方、もし、企業の資産収益率が長期国債利回りより高ければ、貸出の収益率は全体として相対的に高いことになり、金融機関が融資を減少させて国債購入に振り替えることは合理的といえない。

そこで、両者を比べてみると、1990年代半ば以降、企業の資産収益率の方が国債利回りより高くなっている（図2-2-2）。しかも、その程度はバブル期と同じ程度である。この結果に従えば、資金運用を企業への融資から国債購入に転換させることは、金融機関にとって、少なくとも1990年代半ば以降は合理的な行動ではなかったことになる。金融機関が合理的であれば、この時期には、企業への融資を増加させ、国債購入を減少させなければならなかったといえる。そこで、実際に、金融機関の資金運用が1990年代以降どのように変化したかみてみると、企業への貸出は低迷する一方、国債の購入は増加していることが分かる（図2-2-3）。特に、1990年代後半から2000年代前半にかけて、この傾向は顕著である。このような行動は、貸出と国債の収益率の格差を考慮すると奇異な合理的とは思えない行動である。

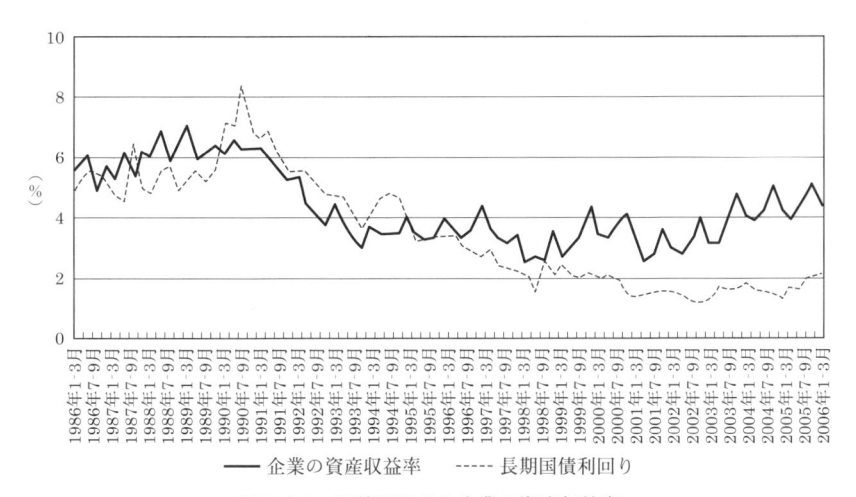

図2-2-2 国債利回りと企業の資産収益率
（出典：資産収益率は、財務省「法人企業統計調査」より以下の式で作成。資産収益率＝（営業利益＋受取利息等）／総資産（期初期末平均）×4×100）

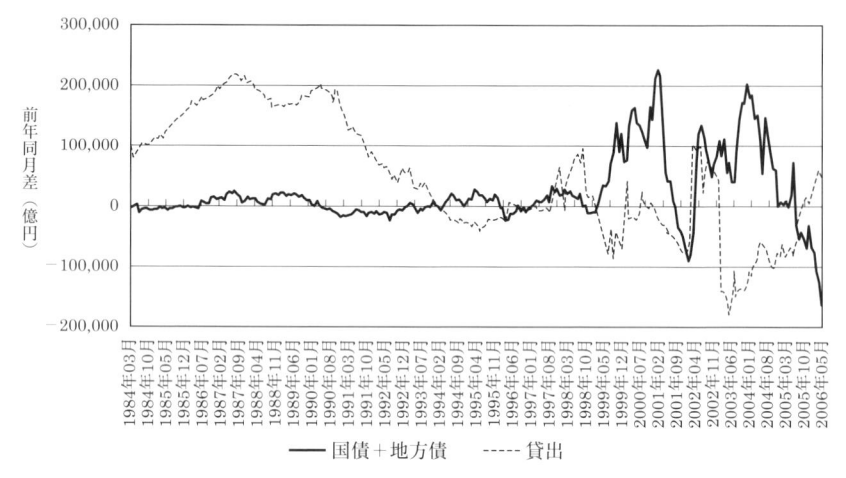

100 第2部 長期低迷とデフレの原因

図 2-2-3 都市銀行の公債購入と貸出
（出典：日本銀行資料）

　ただし、リスク、税金さらには諸経費等の関係で、貸出と国債の表面的な収益率には、本来的な格差が存在する可能性がある。しかし、企業の資産収益率と国債の表面的な収益率の格差はバブル期と同程度であり、リスク、税金等を考慮すれば、1990年代後半以降貸出の方が国債の収益率より低いという解釈を行うことは、逆にバブル期の説明を困難にさせてしまうことになる。また、1990年代後半以降、企業の資産収益率と国債の表面的な収益率の格差が広がる一方なのに、逆に国債購入が大きく増加していることも説明できない。

　こうした金融機関の行動を合理的に説明できる可能性は二つある。一つは、企業のリスクがかなり高まってきたのではないかという可能性である。期待される収益率が同じであっても、その貸し倒れリスクが高まっていれば、金融機関は融資を抑制することが考えられる。この場合は、表面上貸し渋りという現象をもたらす可能性がある。もう一つの可能性は、企業の方が借入を抑制しているという可能性である。この見方は、金融機関の行動に変化が生じたのではなく、借り入れる企業の方の行動に変化が生じたのではないかと考えるものである。企業が金融機関からの融資を嫌がる、いわば「借り渋り」が起きていた可能性である。

そこで、企業のリスクが高まったと金融機関が判断していたかどうか、社債と融資を比較することによりみてみる。企業の資金調達方法は、金融機関からの融資だけではない。社債を発行して、直接市場から資金を調達することができる。したがって、仮に金融機関が企業のリスクが高くなったと判断し融資を抑制したとしても、企業は社債の発行により、金融機関が抑制した分を市場から直接調達できる。したがって、もし1990年代以降、金融機関が企業のリスクの高まりを理由に融資を抑制したとすれば、企業はこうした金融機関の行動に対抗して、社債の発行を増加させていたはずである。つまり、社債の発行が増加したかしていないかによって、金融機関が融資行動を変化させたか判断することができる。そこで、実際のデータをみてみると、明らかに企業の社債発行は金融機関からの融資同様に減少傾向で推移している（図2-2-4）。この結果は、残りのもう一つの解釈の可能性、すなわち、企業の方が借入を抑制していたという可能性を強く示唆するものである。つまり、金融機関の行動に変化が生じたのではなく、借り入れる企業の方の行動に変化が生じ、企業が金融機関からの融資を嫌がる、いわば借り渋りが起きていた可能性が高いと考えられ

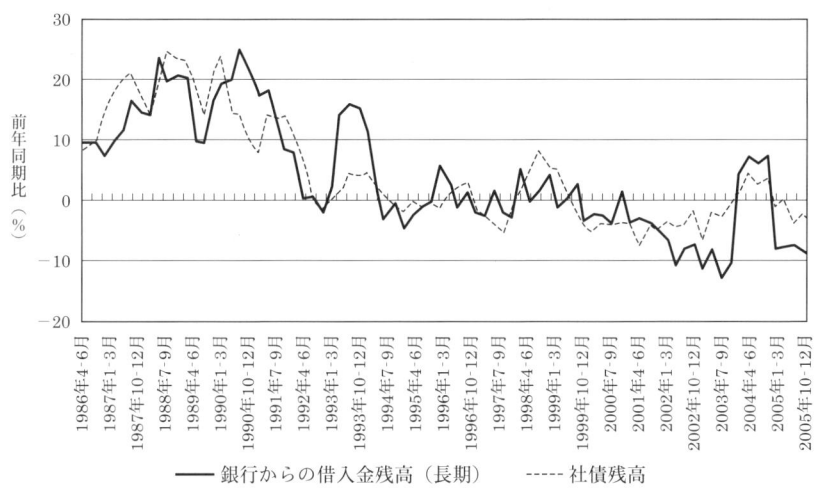

図2-2-4　企業の銀行からの借入金と社債
（出典：財務省「法人企業統計調査」）

る。金融機関の立場からみると、借りてくれる企業がなくて困ってしまい、やむをえず国債購入で資金運用していたといえるかもしれない。そうであったとすると、長期低迷の時期に起きていた現象は、金融機関が機能不全となり、銀行が貸し渋りをしたという現象ではなく、借り手側の企業の資金需要が減少した現象ということになる。

3. データと整合的でない不良債権問題説

ここまでの検討で分かったことは、長期低迷の時期に変化したのは、金融機関の行動ではなく、企業の行動の方である可能性が高いことである。そこで、企業が長期低迷の時期にどのように行動を変化させたのか、さらに詳しくみてみることにする。

(1) 資本投入（設備投資）行動の変化

まず、企業の資本投入の行動、すなわち設備投資行動がどのように変化したのかみてみることとする。企業が資金調達をする大きな理由の一つは設備投資である。そこで、企業の設備投資が、1990年代に入ってどのように変化したかみてみる。1980年代後半のバブル経済の時期には、設備投資は非常に高い伸びで増加を続けた。しかし、1990年代に入りバブルが弾けるとともに、一転して設備投資は減少に転じた。問題は、この大きな変化が企業の行動の変化の結果であるか、金融機関の行動の変化の結果であるかという点である。もし、金融機関の貸し渋りが主因であれば、「企業の方では設備の更新・増強を積極的に進めたいと思っていたにもかかわらず、金融機関の貸し渋りにより資金を調達できなかったために、設備投資が落ち込んだ」ということになる。一方、企業が将来の経済を考慮した上で、自主的に設備投資を減少させたという可能性も考えられる。

設備投資のデータだけをみていては、どちらの原因によるものかは識別が難しい。そこで、企業の手元にある資金であるキャッシュ・フローと設備投資を比較してみる。すると、1990年代に入り、企業はキャッシュ・フローより少

ない範囲内でしか設備投資を行わなくなったことが分かる（図2-2-5）。[7] この傾向は、2000年に入ってからさらに鮮明となっている。キャッシュ・フローより少ない範囲内であれば、企業は設備投資のためにあえて借入をする必要がない。キャッシュ・フローから設備投資費用を引いて余った差額は、逆に既存の借入の返済に充てることができる。このことから、企業は借入ができなくて設備投資を抑制したのではなく、借入をしなくても実施可能な設備投資すら実施していなかった姿が浮かび上がってくる。つまり、資金を調達できなかったために設備投資が落ち込んだわけではなく、何らかの理由で企業が自主的に設備投資を抑制した結果、企業の資金需要が落ち込んだといえる。先の結論と同じように、やはり、貸し渋りではなく借り渋りであったということになる。

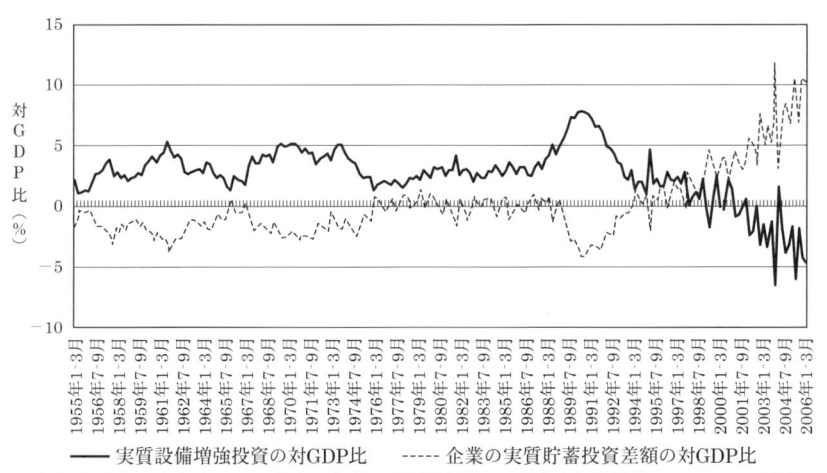

（注）全産業、全企業により作成。実質設備増強投資は、「法人企業統計」における（設備投資額−減価償却費）をSNA民間企業設備デフレーターで実質化したもの。企業の貯蓄投資差額は、キャッシュフロー（減価償却費＋経常利益／2により簡便に計算）から設備投資額を引き同様に実質化したもの。

図2-2-5　企業の設備投資と貯蓄投資差額
（出典：財務省「法人企業統計」および内閣府「国民経済計算」）

(2) 労働投入（雇用）の変化

次に、資本（機械・設備）と並ぶ生産投入要素である労働投入、すなわち雇用に関して、企業がどのような行動をとってきたかみてみる（図2-2-6）。人件費のデータをみると、1990年代半ばまでは、景気が弱い時期には経常利益は大きく落ち込んでも、人件費の伸びはそれなりに保たれていたといえる。しかし、1990年代後半になると傾向が変化し、経常利益が高まったにもかかわらず人件費が抑制されるようになった。このことは、いわゆるリストラが強力に進められたことを示していると思われる。従来日本では、人件費の抑制は残業抑制等を通じてソフトに行われ、リストラ等のように直接的に解雇を行うことは少なかった。ハードな人件費抑制への姿勢の変化は、通常の効率性の向上のための人件費抑制という観点に加え、企業の事業規模の縮小も覚悟した上での人件費抑制であったと考えることもできる。このような行為は、設備投資が可能であるのに行わず融資返済を優先させる行動と、同じ判断に基づく行動と考えることができる。すなわち、資本、労働のいずれの投入要素も意図的に縮減し、生産・事業規模を縮小再編しようという行動である。

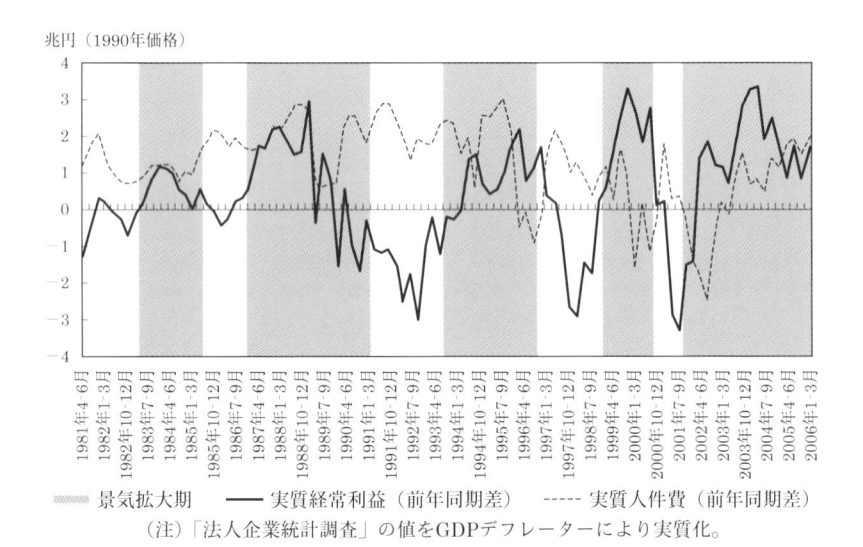

(注)「法人企業統計調査」の値をGDPデフレーターにより実質化。

図2-2-6　経常利益と人件費の増加幅
（出典：財務省「法人企業統計調査」、内閣府「国民経済計算」）

（3） 企業の黒字主体化

それでは、設備投資の抑制やリストラを行うことによって、日本の企業は何を実現しようとしたのであろうか。表面的にみれば、この時期に日本の企業が最優先課題としてきたことは、既存債務の返済である。これは、先のキャッシュ・フローと設備投資の関係をみても明らかである。企業は、もっぱら債務の圧縮を進めるために、資本投入も労働投入も縮小させ続けていたことになる。しかし、こうした企業行動は基本的に正常な行動ではない。企業の本来の役割は、家計部門の貯蓄を、金融機関を通じた借入や債券発行により借り受け、その資金を設備投資に向けることにより、生産活動を行うことである。すなわち、貯蓄を投資に変換する重要な役割を果たしている。したがって、家計部門は黒字主体、企業部門は赤字主体であることが正常な経済の姿である。本来赤字主体であるべき企業が黒字主体となり、設備投資を十分に行わないでいることは、明らかに正常ではない状態ということができる。

企業が黒字主体になっていることは、キャッシュ・フローのデータだけでなく、GDP統計においても明白に観察できる。GDP統計により、貯蓄投資差額を経済主体別にみると、1990年代に入って、企業部門が黒字主体となっていったことが分かる（図2-2-7）。この間、家計は本来の姿である黒字主体を続けていた。家計も企業も黒字主体であると、経済全体として貯蓄が大幅に余ってしまう。この大幅な貯蓄超過分を埋め合わせていたのが、政府の財政赤字であった。このように、GDP統計による貯蓄投資差額からも、1990年代以降の日本経済は明らかに正常ではない状態であったことが分かる。本来、民間部門は自律的に回転していかなければならないにもかかわらず、企業部門が黒字主体になっているため、政府部門による大幅赤字が存在しないと経済がうまく機能しないような、いびつな状態に陥ってしまっていたといえる。

ただし、注意すべきことは、こうした行動は「正常」ではないが、必ずしも非合理な行動とはいえないことである。ここでいう正常とは、「経済は常に拡大、成長していく」ことを意味している。経済が常に拡大、成長する正常な状態を前提とすると、企業の合理的な行動は赤字主体となることである。しかし、もし経済が縮小均衡に向かっているとするならば、企業が黒字主体になる

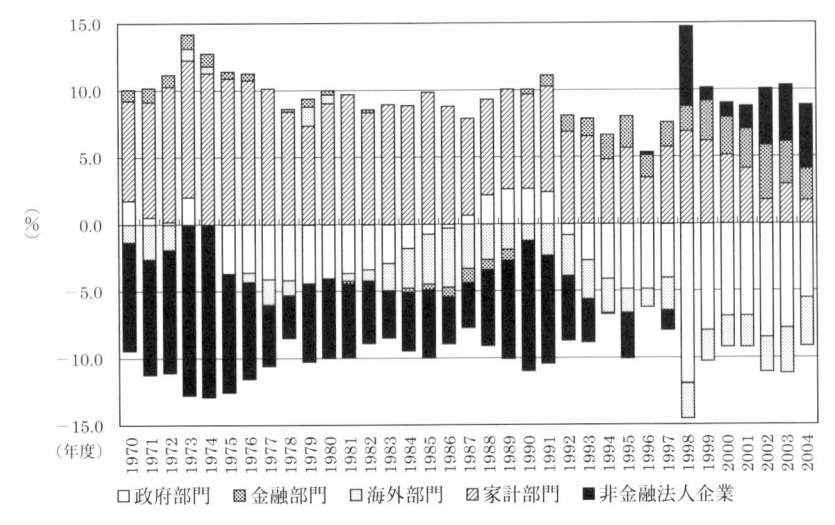

106　第2部　長期低迷とデフレの原因

図 2-2-7　制度部門別貯蓄投資差額の対名目GDP比
(出典：内閣府「国民経済計算年報」)

ことは、必ずしも非合理な行動とはいえない。それは正常ではないかもしれないが、非合理なものでもない。逆にいえば、企業が黒字主体になることは、経済が縮小均衡に向かっていることを示唆しているといえる。

(4)　結果としての不良債権

　ここまでの検証結果から、現実に起きていた現象は、金融機関による貸し渋り現象ではなく、企業の債務圧縮という強い動機に基づいた借り渋り現象であったといえる。この検証結果は、不良債権問題説にとっては大きなダメージである。なぜなら、金融機関の行動の変化は、膨大な不良債権の存在から説明できなくもないが、借り手の企業の資金需要の減少は、金融機関の不良債権の存在からは直接的に説明できないからである。債権が不良か優良かを決めるのは、あくまで金融機関であって、企業にとってはそれはあくまでも同一の債務である。不良債権が存在して困るのは、あくまで金融機関の方である。企業にとっては、貸し手の金融機関に不良債権があるかどうかよりも、債務の圧縮を必要とさせる外部要因が経済に存在することの方が問題である。長期低迷にお

いて行動を変化させたのが、金融機関ではなく企業であることが示唆していることは、長期低迷期に日本経済が直面した問題は、不良債権問題ではなく、債務の圧縮を必要とさせる外部要因が経済に存在したことであったということになる。

　こうした解釈に立つと、不良債権は、あくまでも結果として生じた表層的な現象ということになり、不良債権自体が日本経済の長期低迷という問題の本質ではないことになる。このことは、不良債権問題とは別の、より根源的な長期低迷の原因が存在することを強く示唆するものである。ここで注目すべきことは、先に指摘した通り、黒字主体となった企業の行動が合理的であるのは、経済が縮小均衡に向かっている場合であることである。このことは、長期低迷の根本的な原因は、経済を縮小均衡に向かわせるような要因が経済に存在したことであったことを示している。

【注】

1) 日本のバブル経済の分析としては、例えば、野口（1992）、奥村（1999）、香西・翁・白川（2001）、村松・奥野（編）（2002a, b）がある。
2) 金融緩和説への批判としては、例えば、Posen（2003）がある。
3) 例えば、Blanchard and Fischer（1989）Chapter 5を参照のこと。
4) 有限の視野で考える場合に理論上生じるバブルは、「合理的バブル」または「投機的バブル」と呼ばれる。
5) 不良債権問題と長期低迷の関係を分析したものとしては、例えば、小林・加藤（2001）、深尾・小林・寺沢（2001）、渡辺（2001）、小川・竹中（2001）、木村（2002）、村松・奥野（編）（2002a, b）、小川（2003）がある。
6) 本章第2節、第3節における不良債権問題説への批判は、著者が執筆分担した「連合総合生活開発研究所（2001）第4章」における批判を、拡張・発展させたものである。
7) 企業部門が黒字主体となる現象は、2000年頃の世界同時景気後退の時期に、その程度は日本よりもかなり小さいものの、主要先進国でも広く観察された。International Monetary Fund（2006）を参照のこと。

第3章

デフレ主因説

　デフレ主因説は、不良債権問題説に対抗する形で主張されることが多かった。デフレ主因説に関心が集まった理由としては、不良債権問題説が理論的な脆弱性を持っているために、必ずしも十分な説得力を持ち得なかったことを指摘できる。さらにいえば、デフレ主因説を強調することによって、不良債権問題が注目されなくなることを期待する思惑的な動きがあったことも指摘されている。さて、もちろん、不良債権問題説の脆弱性は、自動的にそれに対抗するデフレ主因説の優位性を保証するものではない。デフレ主因説に関しても、不良債権問題説と同様に、その理論的な背景やデータとの整合性を詳細に検討していく必要がある。

　なお、日本では、従来、デフレの意味として2通りの意味が併用して使われてきた。一つは、原語 deflation の字義通り「継続的な物価の下落」という意味である。もう一つは、日本において慣用的に使われてきた「不況」の意味である。後者の意味で使われるようになった理由は、継続的に物価が下落する時期は基本的に不況の時期であるという経験則が、広く認知されてきたためかもしれない。最近では、デフレの意味を字義通り継続的な物価の下落ととらえて使用する場合が多くなっているものの、論者によっては意図的にあるいは意図せずに不況の意味も含めて使われることもある。不況の意味を含ませると、デフレに暗に否定的なニュアンスを含めることができるからであろう。しかし、こうした使用法は、議論の混乱を招く可能性がある。したがって、本書では、デフレの意味として字義通り継続的な物価の下落に限定し、不況というニュアンスは一切含まないこととする。

第1節　デフレの実態

　最初に、デフレ主因説の拠り立つ根幹であるデフレの実態について、代表的な三つの物価指数、企業物価指数、消費者物価指数、GDPデフレーターの順にみていくこととする。

1.　企業物価指数

　企業物価指数を前年同月比でみると、1991年から下落を始め、2000年代前半まで下落が続いた（図2-1-4）。デフレ幅は、マイナス2％程度で推移したが、この間二度ほど短期間上昇に転じた時期もあった。最初は1997年度であるが、これは消費税率を3％から5％に引き上げたことによる見かけ上の上昇に過ぎない。消費税率引き上げの要因を除けば、1997年度もデフレであったといえる。もう一つの時期は、2000年頃である。この時期は、ITブームが喧伝され景気も比較的良好であった時期である。企業物価指数の上昇への転化は、こうした景気回復の動きを反映したものと考えられる。景気の回復と企業物価指数の上昇への転化を受けて、この時期にはデフレの終焉、バブル崩壊後の長期低迷の終焉が一部で主張され、こうした声を受ける形で日銀がゼロ金利政策の解除に向けて動き出した時期でもある。しかし、結果的にはITブームによる景気回復は短期間で終了し、2000年半ばには再び企業物価指数は下落に転じることとなった。

2.　消費者物価指数

　消費者物価指数は、企業物価指数よりもデフレに転じる時期は遅れた（図2-1-4）。消費者物価指数を前年同月比でみると、1990年代に入り景気が低迷する中で、その上昇幅を低下させ続けたが、1995年までは基本的に小幅ながら上昇を続けた。1995年後半から1996年前半にかけて、消費者物価指数は僅か

に下落に転じたが、1996年後半以降は再び僅かな上昇に戻った。1997年度は消費税率を3%から5%に引き上げた影響で大きく上昇したが、消費税引き上げの影響を除外すれば僅かな上昇であったといえる。消費者物価指数が本格的なデフレに転じたのは1999年からである。その下落幅は1%程度であったが、2000年代半ばにかけてデフレが続いた。企業物価指数に比較して、消費者物価指数のデフレがその期間が短く程度が緩やかなのは、消費者物価指数が、物価上昇圧力が相対的に強いサービス部門の価格を多く対象に含んでいることが作用したためかもしれない。

3. GDPデフレーター

最も総合的な物価指標であるGDPデフレーターを前年同期比でみると、デフレになった時期は、企業物価指数と消費者物価指数の中間的な時期となっている（図2-1-4）。GDPデフレーターは1994年から下落に転じ、1997年度に消費税率の引き上げで見かけ上一時的に上昇したものの、その後は再び下落を継続している。消費税引き上げの影響を除外すれば、1994年以降ずっとデフレであったといえる。下落幅は、消費者物価指数のマイナス1%程度に比較して、マイナス1.5%程度とやや大きくなっている。

第2節　物価変動の理論

デフレ主因説を考えるに当たっては、なぜデフレが生じたのか、さらにいえば物価はどのようなメカニズムで変動するのか、理論的な理解が重要であろう。本書はマクロ経済理論そのものを扱うものではないが、デフレ主因説に批判的に検討を加えていくためには、どのような理論的根拠に基づいて考察するのか説明しておく必要があろう。そこで、まず物価変動の理論についてみていくこととする。[1]

さて、インフレもデフレも、物価変動という観点からは同一の現象を指して

おり、その変動メカニズムも基本的には同一であると考えられている。しかし、主要国において戦後一貫してインフレの現象しか観察されなかったことから、物価変動の理論の考察対象のほとんどはインフレであった。したがって、物価変動の理論はインフレの理論として発展してきた。とはいえ、その理論は、ほとんどの部分をそのままデフレにも当てはめることができる。

1. 現在のインフレ理論

（1）基本モデル

現在のインフレ理論にもいくつかのヴァリエーションが存在するが、モデルの大きな枠組みは共通している。その枠組みは、三つの関係式、すなわち、「集計された需要関数（IS曲線）」「集計された供給関数（フィリップス曲線）」そして「中央銀行の反応関数」に基づくメカニズムで考えるというものである。焦点をインフレに絞ったために、分析が容易になるように、インフレ以外の要素は可能な範囲内で簡素化されたモデルとなっている。以下のモデルは、広く用いられているBackward Looking型フィリップス曲線に基づく代表的なモデルである。[2]

(i) 集計された需要関数（IS曲線）：$x_{t+1} = \beta_x x_t + \boldsymbol{\beta}_z \boldsymbol{z}_{t+1} - \beta_r(r_t - \bar{r}) + \eta_{t+1}$
(ii) 集計された供給関数（フィリップス曲線）：$\pi_{t+1} = \pi_t + \alpha_x x_t + \boldsymbol{\alpha}_z \boldsymbol{z}_{t+1} + \varepsilon_{t+1}$
(iii) 中央銀行の反応関数：$i_t = \bar{\gamma} + \gamma_\pi(\pi_t - \pi^*) + \gamma_x x_t$

ここで、π_tはインフレ率、π^*は中央銀行が設定するインフレ目標値、i_tは名目金利、r_tは実質金利、x_tは実物経済における需給ギャップである。上記三つの基本式に、期待インフレ率$\pi_{t+1|t}$に関する以下の定義式(iv)と仮定(v)を加えてモデルは完結する。

(iv) $r_t \equiv i_t - \pi_{t+1|t}$
(v) 期待インフレ率$\pi_{t+1|t}$は、合理的期待によって形成される。

なお、上記で説明した以外の変数やパラメーターを説明すると、z_tは外生変数のベクトル、$\bar{r}$は平均実質金利（よって$r_{t+s|t}=\bar{r}$と仮定する）、α_x、β_x、β_r、γ、γ_π、γ_x、α_zおよびβ_zは固定係数、ε_tとη_tはランダムな平均0の撹乱項（よって、いかなる$s(s=1, 2, 3, \cdots)$に対しても$\eta_{t+s|t}=0$と仮定する）である。また、一般に$\bar{\gamma}=\pi^*+\bar{r}$と仮定される。なお、$\pi_{t+1|t}$は$t$期に期待された$t+1$期の期待インフレ率を意味する。

この三つの関係式（プラス定義式(iv)と仮定(v)）からなるモデルの基本的なメカニズムは、中央銀行が設定するインフレ目標値を所与として、三つの内生変数、すなわち、インフレ率、名目金利、および需給ギャップが、合理的期待とそれらの変数間の相互作用を通じて同時決定されるというものである。

（2） インフレ・モデルの特徴

このインフレ・モデルの重要な特徴の一つは、合理的期待に基づいてインフレ期待が形成されることである。合理的期待に基づくインフレ期待を仮定していることから、このモデルの系の中では、(ii)のフィリップス曲線において、短期的にはインフレと需給ギャップに逆相関が生じるが、長期的には何ら相関は生じないこととなる。

このモデルのもう一つの重要な特徴は、インフレ率や需給ギャップは市場で決定されるのに対し、名目金利は中央銀行がインフレ目標値を考慮して決定する点である。結果として、このモデルの系の中では、インフレ率も需給ギャップも市場だけでは最終的に確定できず、中央銀行がインフレ目標値π^*の値を決定して初めて確定されることになる。特に、このモデルでは、中央銀行が適切に反応すれば、インフレ率は最終的に中央銀行の定めたインフレ目標値に収束するようになっている。[3] このように、このインフレ・モデルにおいては、中央銀行が決定するインフレ目標値π^*、さらにそれを基礎に据える(iii)の中央銀行の反応関数が非常に重要な役割を果たしている。このことが意味することは、このモデルでは、インフレも景気（需給ギャップ）も、中央銀行の行動によって左右されることである。市場が十分に機能しており、そこに参加している経済主体も合理的に行動していると想定すると、仮にインフレや景気が大き

く変動するという「困った現象」が生じたとしたら、このモデルは、その犯人が中央銀行であり、中央銀行が名目金利を決定するメカニズムが誤っている可能性があることを主張するものである。

（3） 現実への適用

上記のようなインフレ理論に基づいて、1970年代に観察された慢性的なインフレが発生した原因は、中央銀行が名目金利を決定するメカニズムが適切ではなかった、つまり、中央銀行の反応関数が適切ではなかった、あるいは反応関数に従って行動していなかったことであると考えられるようになった。特に問題となった中央銀行の行動は、必要なだけ十分に名目金利を引き上げてこなかったのではないかという点であった。なぜ、当時の中央銀行は十分に名目金利を引き上げなかったのか、その理由について未だに様々な議論がある。例えば、(i)中央銀行が政府から独立しておらず、政府のインフレ容認的政策要求に抗しきれなかった、(ii)需給ギャップの計測方法が誤っていた、(iii)古いケインジアンの誤ったフィリップス曲線に固執した、等の見方がある。[4] ただ、その原因はいかなるものであれ、当時の名目金利の引き上げ幅は十分なものではなかったという点では、現在では意見はほぼ一致している。[5]

2. インフレ理論をめぐる論点

インフレ理論に関しては、現在でもまだ未解明の問題が残されている。そのうちいくつか主要なものを簡単に紹介する。

（1） 中央銀行の信頼性

現在のインフレ理論に基づくモデルでは、中央銀行のインフレ目標値が重要な役割を果たしている。上記のタイプのインフレ・モデルのように、一般に中央銀行が適切に反応すればインフレ率はインフレ目標値に収束していくことになる。したがって、適切なインフレ目標値が設定されていれば、高いインフレやデフレにはならないことになる。こうした見方に対し、物価の安定はあくま

で抽象化された理論モデル上において保証されているだけで、現実の経済運営においては必ずしも保証されているわけではないという批判がある。その批判のポイントは、「中央銀行が適切に反応すれば」という但し書きで示された前提条件を、果たして現実には担保できるのかという点である。ほとんどのモデル上では、中央銀行は100%適切に反応することが仮定されている。しかし、現実の中央銀行が、実際の金融政策において、100%適切に反応することは制度上完全に担保されているわけではない。むしろ、もっぱら中央銀行の自主努力に任されていることが多い。このため、この自主的な規律に依存している部分に、物価の不安定化をもたらす要因が依然残されているという批判が出てくることになる。つまり、中央銀行の信頼性に問題が生じる可能性があるという主張である。

　中央銀行の信頼性を高める方法として、具体的には、独立性の確保、透明性の確保、さらにインフレ・ターゲットの設定（インフレ目標値の公表、公約）等が指摘されている。独立性の問題は、中央銀行が政府から独立していないと、政府の介入により適正な対応が妨げられる可能性があるという問題である。現在、主要先進国では、政府とは独立の金融政策決定メカニズムが構築され、かなり独立性は強まってきている。しかし、その政策決定権者の任命権者は一般に政府であることから、完全に独立というわけではない。ただし、この独立性の確保に関しては、既にかなり進捗し、とりあえず必要な水準には達しているとみられており、現在ではそれほどホットなトピックとはみられていない。透明性の確保は、独立性を担保するものである。また、中央銀行の反応を市場が正確に認識できるようにする意味もある。こうした観点から、多くの先進国では、金融政策決定機関の決定事項や議事録を公表することとしており、透明性の確保に関してもかなり進捗しているとみられている。

（2）　インフレ・ターゲット
　一方、独立性、透明性の確保と異なり、インフレ・ターゲットに関してはまだ議論が収束しておらず、その賛否を巡って盛んに議論が行われている。前述のように、公約されているにせよされていないにせよ、あるいは、明確に意識

しているにせよいないにせよ、中央銀行はインフレ目標値を設定し、それに基づいて反応していると考えられている。つまり、問題はインフレ目標値を設定するか否かではなく、インフレ目標値を公約として公表するかどうかということになる。モデル上は、100%インフレ目標値に基づいて適切に行動していれば、公約しようがしまいが結果は無差別となり、公約の有無は物価の安定と無関係である。したがって、中央銀行がインフレ目標値に従わない、あるいは異常なインフレ目標値を設定する可能性がある場合にのみ、インフレ・ターゲットの設定（インフレ目標値の公表、公約）は意味のある議論ということになる。中央銀行が自ら設定したインフレ目標値に従うかどうか、あるいは異常なインフレ目標値を設定するかどうかは、もはや経済理論の扱う対象というよりも、むしろ法律的、政治的、あるいは心理的な問題といえるかもしれない。このため、インフレ目標値を公表、公約するかどうかという意味でのインフレ・ターゲット問題は、理論上の問題というよりも、政治的、実務的な問題といえるかもしれない。

現在のところ、インフレ目標値の公表や公約に反対している中央銀行も多い。[6] その理由の一つは、インフレ・ターゲット制度を導入することは、裏を返していえば、中央銀行がインフレ目標値に従わない、あるいは異常なインフレ目標値を設定する可能性がある、すなわち中央銀行は信頼できないということを意味しているからである。人は、自らを信頼できないと仮定する制度を導入することには基本的に反対するであろう。さらにもう一つの理由としては、公約には責任が伴うことを指摘できる。中央銀行の立場に立てば、仮に責任を負わされるのならば、現在のレベルよりはるかに完全な独立性が必要であるということになる。つまり、手足や手段を僅かでも縛られたまま、責任だけ負わされても困るという主張である。[7]

インフレ・ターゲット制度導入の問題は、いずれにせよ、現存する中央銀行が十分に信頼を置ける存在かどうかという判断にかかっている。十分に信頼を置けると判断されれば、インフレ・モデルが示すように、インフレ・ターゲット制度を導入しようがしまいが結果は同じであり、中央銀行が嫌がるならば、あえて導入する必要はないことになる。一方、信頼が置けないと判断されるな

らば、中央銀行が嫌がっても導入する必要があるかもしれない。中央銀行に信頼を置けるかどうかということは、主観的な判断であることから、それは最終的には政治的な観点から判断されるよりほかに方法がないかもしれない。

（3） 貨幣的アプローチ

上記本章第2節1.のモデルで示されている名目短期金利を操作変数とするアプローチとは別に、マネーサプライの側面を重視するアプローチがある。この貨幣的アプローチの重要な基礎となる考え方が貨幣数量説である。貨幣数量説では、取引量（＝実質GDP）Y、物価水準P、マネーサプライM、貨幣の流通速度Vに対して成立する関係式

$$PY=MV$$

すなわち貨幣数量式が基本となる。ここで、実質GDP上昇率をy、物価変化率をp、マネーサプライ増加率をm、貨幣の流通速度変化率をvとすると、貨幣数量式は、

$$p=m-y+v$$

と変換できる。貨幣数量説では、この貨幣数量式を、マネーサプライが物価の上昇・下落を決定する式であると解釈するところに特徴がある。この解釈に基づいて考えると、マネーサプライを継続的に増加させ続けると、インフレが継続するという結論を導くことができる。この見方を拡張すると、何らかの理由で貨幣が必要以上に大量に発行され続けた場合に、インフレが発生することになる。

貨幣数量説に基づく考え方の最大の弱点は、各変数の意味付けが不明確なことである。貨幣数量式自体は定義式なので、その存在自体を否定することはできないが、それを構成している各変数間の関係が、内生変数なのか外生変数なのか判然としないという問題を抱えている。例えば、実質GDP上昇率y、マネーサプライ増加率m、貨幣流通速度変化率vが外生変数、物価変化率pが内生変数である場合には、マネーサプライ増加率mが物価変化率pを決定する式と考えることが可能である。しかし、マネーサプライMや貨幣の流通速度Vがどういうメカニズムで決定されているのか、様々な議論があり判然としてい

ない。したがって、現実には、実質 GDP 上昇率 y、マネーサプライ増加率 m、貨幣流通速度変化率 v が外生変数、物価変化率 p が内生変数という組み合わせ以外の外生変数と内生変数の組み合わせである可能性も高い。このため、貨幣数量式は、貨幣数量説のようにインフレを説明する式として解釈することも可能であるが、他のまったく異なる様々な解釈を排除することもできない式でもある。このようなこともあり、現在では、マネーサプライを重視し、それを金融政策の操作変数とする考え方はかなり少数派で、名目短期金利を操作変数とする考え方が圧倒的な多数派となっている。

3. デフレの理論

(1) ゼロ金利制約

インフレもデフレも物価変動という意味では同じ現象であることから、インフレもデフレも同一のメカニズムで説明が可能であると考えられている。したがって、デフレ現象も前述のインフレ・モデルで説明することができることになる。例えば、需給ギャップに何らかの正のショック（需給ギャップを縮小させるようなショック）が生じれば、一時的にインフレ率は高まることになるが、同様に、需給ギャップに何らかの負のショック（需給ギャップを拡大させるようなショック）が生じれば、一時的にインフレ率は低下する、そして場合によってはデフレになる。デフレは、インフレを完全に裏返した形で説明できることになる。

しかし、デフレとインフレの間には、一つ大きな本質的な相違が存在する。名目金利のゼロ制約である。先のモデルにおいて、中央銀行が決定する名目金利は、金融政策を行う上で重要な操作変数となっている。モデルにおいては、操作変数である名目金利を状況に応じて必要なだけ変化させえることを大前提としている。しかし、名目金利にはマイナスになれないという非負制約が存在する。形式的にマイナスの金利の証券を発行することは可能であるが、通貨がゼロ金利で大量に流通している状況では、誰もそのような証券を購入する人はいない。したがって、名目金利は、通貨と同じ水準の金利であるゼロ金利が下

限ということになる。

　この名目金利の上方と下方変動に関する非対称性は、インフレとデフレに本質的な非対称性をもたらすこととなる。つまり、インフレの時と異なり、デフレの時には、中央銀行の操作変数である名目金利が十分に機能できない領域が存在する。例えば、実物経済に負のショックが生じ、中央銀行が名目金利を大幅に引き下げようとしても、ゼロより低くは引き下げられない。仮に必要な金利の引き下げが、名目金利を0%より低くする引き下げであったとしても、その実行は不可能である。

（2）ゼロ金利制約の負の効果

　ゼロ金利制約が存在するために、操作変数が機能しないデフレの領域においては、モデル上想定されている調整メカニズムが機能せず、均衡に至ることができなくなる可能性が生じる。[8] このため、ゼロ金利制約は、デフレ下において極めて深刻な結果を招来する可能性を有している。実質金利と限界生産性が一致することが市場均衡の前提であることから、もしゼロ金利制約のために名目金利が下げられず、結果として実質金利も下がらないとすると、実質金利が限界生産性と一致できなくなり、経済は均衡を達成できなくなってしまう。[9]

　しかし、注意すべきは、すべてのデフレ領域においてゼロ金利制約が問題となるわけではないことである。実質金利は通常4～5%であることを考えると、マイナス4～5%を下回るような大幅なデフレの領域においてのみ、ゼロ金利制約は深刻な問題となる。この観点からみると、1990年代の日本のデフレは年率マイナス1～2%程度とマイルドなものであったので、ゼロ金利制約が深刻な影響を与えたかどうかに関しては慎重に判断する必要がある。

第3節　デフレ主因説とその問題点

　以上の準備を経て、いよいよデフレ主因説について批判的に検討を加えていくこととする。

1.　デフレ主因説の概要

　デフレ主因説は、その言葉通り、デフレ、つまり物価の継続的下落が、日本経済の長期低迷の根本的原因であると主張するものである。一見単純な主張に見えるが、いくつかヴァリエーションがある。[10] その中で一番多く主張されたと思われるものは、「金融政策の失敗がデフレを引き起こし、それが長期低迷をもたらした」という主張である。この主張は、二つの部分から成り立っている。第一の部分は、「金融政策の失敗がデフレを引き起こした」という主張、そして第二の部分は、「デフレが長期低迷をもたらした」という主張である。本書では、デフレ主因説の代表例として、この二重構造を持っている主張を主として取り上げることとする。

　なお、経済理論の上では、上記のような「デフレ・インフレが景気に影響を与える」というメカニズムではなく、「金融政策のショックが直接景気に影響を与える」というメカニズムを主たる考察対象としてきた。このため、日本の長期低迷に関しても、「デフレは直接的には関係ないものの、金融政策の失敗が長期低迷の原因である」という主張もある。この金融政策直接原因説も、広い意味ではデフレ主因説の一つと考えても良いかもしれない。しかし、この見方は、長期低迷の原因としては必ずしも多く主張されているわけではないので、ここではデフレ主因説の主たる検討対象とはしないこととする。ただし、金融政策のショックが直接実物経済に影響を及ぼしているという考え方は、経済変動理論においては非常に重要な論点なので、その理論的な考え方については随時触れることとする。

　さて、本章で扱うデフレ主因説の主張のポイントは、以下のようなものとみなして良いと思われる。

(1) デフレが経済に及ぼす悪影響

まず、順番は逆になるが、先に第二の主張である「デフレが長期低迷をもたらした」という点についてみていくこととする。デフレの場合には、本章第2節3.で示したように、ゼロ金利制約の存在によって経済活動に悪影響が生じる可能性がある。ゼロ金利制約のために、デフレ幅に応じて十分に金利を引き下げることができなければ、実質金利が高止まってしまう可能性が出てくる。そして、実質金利が限界生産性と一致できなくなり、経済は均衡を達成できなくなってしまう可能性が出てくる。

実質金利高止まりの問題点は、企業の資金調達行動をみることで、より直感的に理解することができるかもしれない。企業にとっては、実質金利高止まりは企業の限界生産力よりも実質金利の方が高いことを意味するので、企業は借り入れをしても、それを返済することができないことになる。つまり、企業の借金の重みが一層重くなったことを意味している。この結果、まず企業は借り入れによる設備投資を大幅に削減することが考えられる。さらに、既存の債務であっても、当初予想したより実質金利が高止まっている場合には、その早期返済を考えることになる。こうした企業の資金調達行動の変化は、第2章における不良債権問題説の検討の中で明らかにされた、1990年代以降の日本の企業の行動の変化と整合的である。このように、デフレは、理論的には、1990年代以降の日本企業の異常な行動を整合的に説明できる可能性を持っている。

(2) デフレをもたらしている原因

次に、第一の主張、すなわち「金融政策の失敗がデフレを引き起こした」という主張についてみていくこととする。デフレ主因説では、デフレの原因をもっぱら金融政策の失敗に求めている。現在のインフレ理論に従えば、本章第2節1.で述べたように、人々が合理的に行動した場合、中央銀行が適切な政策を実施すればインフレ率はインフレ目標値に収束する。したがって、デフレという現象が生じていることは、中央銀行が適切な政策を実施していないか、「デフレ目標値」を設定しているかのどちらかである可能性が高くなる。こうした考え方を背景に、デフレ主因説では、デフレは本質的に金融面の現象であ

り、その責任はすべて中央銀行にあると主張している。

(3) 結果としての不良債権

デフレ主因説では、問題の根源は金融政策の失敗であるから、不良債権問題は本質的な問題ではないことになる。金融機関の抱える巨額の不良債権は、あくまで金融政策の失敗によって生じたデフレと長期低迷の結果として現れた現象ということになる。第2章の不良債権問題説の検討の結果明らかとなったことは、データをみる限り、金融機関の不良債権はあくまで結果として現れた現象であるということであった。この意味では、不良債権は結果として現れた現象であると考えるデフレ主因説は、これらのデータと整合的であるということができる。

2. デフレ主因説の問題点1――実物経済への影響

それでは、長期低迷の原因は、デフレ主因説が主張するようなものなのだろうか。必ずしもそう単純に判断するわけにはいかない。それは、デフレ主因説にも大きな問題点が存在するからである。まず、第二の主張である「デフレが長期低迷をもたらした」という主張から先に、批判的に検討を加えてみることにする。

(1) 実質金利高止まりの検証

デフレ主因説の主張の根幹をなしている実質金利の高止まりが、実際に生じていたのか検証してみる。1990年代以降の長期低迷を説明するためには、かなり大幅な実質金利の上昇が1990年代初頭から観察されている必要がある。さらにいえば、バブル崩壊後一転して経済が急激に低迷に陥ったことを考えると、1980年代末あるいは1990年代のごく初期に、実質金利が急上昇している必要がある。しかし、実際のデータをみる限り、名目長期金利をGDPデフレーターあるいは消費者物価指数で実質化したいずれのケースにおいても、実質金利はバブル期以前と比べて高くはないことが分かる（図2-3-1）。この

第2部 長期低迷とデフレの原因

図2-3-1 実質金利
(出典:内閣府「国民経済計算」、財務省「法人企業統計調査」および総務省統計局「消費者物価」)
(注)消費者物価とGDPデフレーターは消費税調整済み。
凡例:―― 借入金利子率−消費者物価(除生鮮)(前年同期比) ----- 借入金利子率−GDPデフレーター(前年同期比)

データをみる限り、1980年代末あるいは1990年代初めに、実質金利が急上昇したと主張することはできない。実質金利の高止まりはデフレ主因説の根幹をなす部分であり、それが実証できないことは、デフレ主因説にとってかなり厳しい結果ではないかと思われる。

経済に深刻な悪影響を及ぼすような実質金利の上昇のためには、かなりのデフレ、例えば年率5%以上の大幅なデフレが必要であろう。なぜなら、通常実質金利は4〜5%と考えられており、ゼロ金利政策の下でそれ以上の実質金利高止まりが生じるためには、おおよそ年率5%程度かそれ以上のデフレが必要であるからである。大恐慌の時期のアメリカでは、実際に年率10%を超える大幅なデフレが発生し、それが経済に悪影響を及ぼした可能性は高い。しかし、1990年代以降日本で観察されたデフレは、高々年率1〜2%程度のマイルドなデフレである。この程度のデフレで、経済に深刻な悪影響が及ぶほどの実質金利の高止まりが生じる可能性は、かなり小さいといえよう。こうした実際のデータに基づく検証からいえることは、デフレ主因説の根幹をなす部分で、データとその説明との間に大きな矛盾が生じており、デフレ主因説を支持する

ことはかなり難しいといえる。[11]

（2） デフレと実物経済の相関

　実質金利高止まりが観察できないことのほかにも、デフレ主因説では整合的に説明できない現象が観察されている。まず、物価変動と実質経済活動の相関性に関する問題を指摘できる。1990年代以降の日本のデフレと実質経済活動の間の直接的な相関の有無をみると、物価変化率と実質GDPの間に強い同時的な相関は観察されない（図2-3-2）。むしろ、物価変化率は実質GDPに遅行しているように見える。そこで、単純な時差相関を行ってみると、物価変化率は実質GDPに対し遅行している。つまり、単純に考えると、因果関係は「実質GDP変化⇒物価変化」という方向で働いているといえる。「デフレが実質GDP低迷の原因」という説明を、こうした現象と整合的に説明することはかなり難しいといえよう。こうした遅行性は、1990年代以降のバブル崩壊後の系列でみても観察され、基本的に同様に成立していることから、バブル崩壊前と後で因果関係に逆転が生じたとも考えられない。したがって、「デフレが実

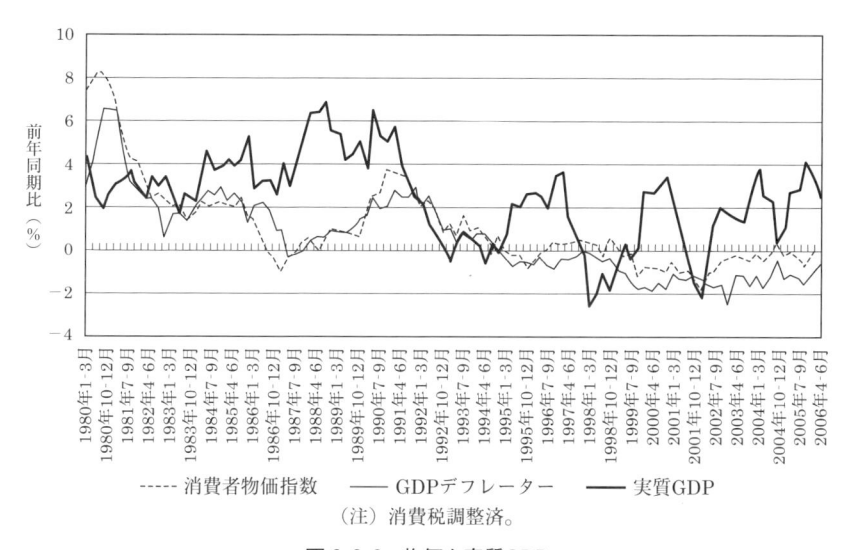

図 2-3-2　物価と実質GDP
（出典：内閣府「国民経済計算」および総務省統計局「消費者物価指数」）

質GDP低迷の原因」という説明は、まず、データから得られるこうした因果関係を、整合的に説明できるようなものであることが必要となる。なお、前述のように、現在のインフレ理論は、需給ギャップの変化がインフレ率を変化させると考えており、物価変動がGDPに遅行する因果関係とは整合的であるといえる。

デフレ主因説の観点からは整合的に説明できない現象は、さらにほかにもある。それは、長期低迷が始まった1990年代前半の時期は、消費者物価指数やGDPデフレーターでみると、デフレではなく、むしろ理想的な1～2％のプラスの物価上昇率を示していたことである。この時期はデフレではない以上、デフレ主因説で1990年代前半の時期の長期低迷を説明することはできない。この時間的なズレも、デフレ主因説にとっては大きな問題となろう。

3. デフレ主因説の問題点2——物価の可制御性

順番は逆になったが、次に、デフレ主因説を構成する二つの主張の中で、第一の主張である「金融政策の失敗がデフレを引き起こした」という主張に検討を加えてみることにする。

（1）理論上の問題点

デフレ主因説の第一の主張の部分では、デフレはもっぱら中央銀行の政策の失敗の結果であると主張される。この考え方は理論的にみて正しいのか、まずそこから検討してみることとする。本章第2節1．（1）で示したインフレ・モデルでは、人々が合理的に行動した場合、中央銀行が適切な政策を実施すれば、インフレ率はインフレ目標値に収束する。これは、デフレ主因説の「デフレという現象が続いていることは、中央銀行が適切な政策を実施していないか、デフレ目標値を設定しているかのどちらかである」という主張と整合的である。しかし、このインフレ・モデル上では、物価の下落は他のメカニズムによっても生じる。それは、需給ギャップへの直接的な負のショックが起きた時である。インフレ・モデルにおけるフィリップス曲線を示す(ii)式では、物価は

需給ギャップの変化によって変動する。モデルにおいて中央銀行が物価をコントロールできるのは、中央銀行がその政策を通じて需給ギャップに影響を与えるからである。しかし、需給ギャップは、中央銀行からの影響以外の要因によっても変化する可能性がある。それは、需給ギャップそのものへの直接的なショックである。このショックの本源的な原因としては様々な可能性が考えられる。例えば、全要素生産性へのショック、すなわち技術ショックなどが考えられる。いずれにせよ、金融政策以外のショックによって需給ギャップが直接変化し、それによって物価も変化する可能性がある。

　需給ギャップへの直接的な負のショックの場合にも、物価下落が長期にわたる可能性がある。長期化をもたらすメカニズムは、同じくゼロ金利制約である。需給ギャップへの負のショックが起きた時、もしそのショックの規模が非常に大きく、いったん政策金利である名目短期金利をゼロ以下まで下げる必要が生じた場合を考えてみる。このような場合、名目金利をマイナスにまで下げられないため、「柔軟な政策金利の変更が可能」という理論モデル上の仮定を満たさなくなってしまう。中央銀行がデフレを反転させるためには、実質金利を大幅に引き下げることにより景気を良くする（需給ギャップを縮める）ことが必要となるが、ゼロ金利制約によって名目金利を十分に下げられないため、実質金利も十分に引き下げることが不可能である。この結果、物価下落は反転できず、デフレ状態が続く可能性が出てくる。[12] なお、ここで「実質金利を十分に引き下げられない」という意味は、「限界生産力よりも低く引き下げることができない」ことを意味し、「限界生産力と一致できない」ことを意味するものではない。デフレを反転させるためには、一般に実質金利を一時的に限界生産力よりも低く引き下げることが必要となるが、名目短期金利をこれ以上下げられないため、それができないという意味である。したがって、実質金利の高止まりが生じることを必ずしも意味しない。むしろ、日本の長期低迷期のようにマイナス１～２％程度のマイルドなデフレの場合には、一般に想定される実質金利４～５％よりデフレの絶対値が小さいので、ゼロ金利であっても、「限界生産力＝実質金利」を維持したままデフレが続く可能性も高い。[13] この場合には、デフレが経済を悪化させるということにはならない。デフレは結果であ

り、経済を悪化させたそもそもの原因は、あくまでも直接的な需給ギャップへの負のショックということになる。

なお、このような理論的可能性は、本章第3節2.の検証の結果明らかとなった「デフレ主因説の根幹をなす部分でデータと大きな矛盾が存在する」ことの解釈に大きな示唆を与えるものである。デフレ主因説では、「金融政策が起因となってデフレが起こり、デフレが長期低迷をもたらした」と説明するものであるが、理論上は、「需給ギャップへの直接的な大きな負のショックが起こり、それがデフレと長期低迷を同時に引き起こした」という可能性もありえるからである。後者の可能性の場合には、景気低迷を説明するために、実質金利が大幅に高くなっていることを必ずしも要求しない。したがって、必ずしも実質金利のデータとの間に矛盾が存在するということにはならない。

以上のように、デフレ主因論の主張とは異なり、理論上は、デフレの原因は100%中央銀行の政策の結果であると決め付けるわけにはいかない。したがって、何がデフレの原因であったかは、データに基づいて実証的に検証しなければ分からない。

（2） デフレの原因の検証

そこで、まず、1990年代以降、日銀によってどのように名目短期金利がコントロールされてきたのかみてみる。デフレ主因説の主張によれば、日銀は名目短期金利を適切にコントロールしてこなかったということになる。より具体的には、十分に金融緩和を行ってこなかったということになる。さて、1990年代初めにバブルが弾けるとともに、日銀は急速に金利を低下させた。そして、1990年代半ばには、名目短期金利は実質的にゼロ金利となった。この観点からみれば、バブル崩壊後、金融政策は緩和政策を続けているといえる。しかし、それでもデフレは解消されていない。このことは、物価と金融政策の相関を単線的なものと単純に考えて日銀の誤りを主張することが、正しくないことを示唆している。[14)] もし、デフレ主因説が想定するように、物価と日銀の政策の間に単線的な強い相関性が実際に存在するのであれば、ゼロ金利にした時点で物価はインフレに転じていなければならない。したがって、単純に金融政

策によってデフレが生じたと考えることは、ゼロ金利になってもデフレが続いているという事実そのことによって、逆に否定されているといえるかもしれない。

　デフレ主因説の主張が現実には妥当していないとすれば、それでは、日銀がかつてない金融緩和政策を実施してもなおデフレが反転しない理由を、データと整合的に説明する可能性としてはどのようなものが考えられるであろうか。一つの可能性は、前述のように、需給ギャップへの負の大きなショックに対応しようとしたが、ゼロ金利制約によって金融政策の物価コントロールの力が消失してしまったという説明である。もう一つの可能性は、そもそも、金融政策によって数％幅でインフレ・デフレ幅をコントロール、微調整することが困難であるという説明である。第一の可能性は、蓋然性としては十分にありえるといえる。理論モデルが示すように、政策金利である名目短期金利がゼロになってしまえば、もはや金融政策の柔軟性は失われ、金融政策の経済や物価の安定化機能は喪失する。その意味で、日銀によるゼロ金利政策は、日銀の限界を示しているといえる。この考え方の重要な点は、繰り返し述べているように、需給ギャップへの直接的な負の大きなショックがすべての現象の出発点となっていることである。この需給ギャップへの直接的な負のショックの大きさが余りに大きかったので、日銀の経済・物価安定化の能力を超えてしまい、デフレと長期低迷が続いてしまった可能性を指摘するものである。第二の可能性も、ある程度は妥当する可能性がある。日本のデフレは、せいぜい1〜2％程度のマイナス幅である。確かに、インフレ・デフレ率を数％の幅でファイン・チューニングすることは、実際上無理かもしれない。理論モデル上ではそれは可能であると想定されているが、それは、理論モデルでは単純化のために多くの事象を捨象しているからである。捨象された個々の事象の影響力は小さいかもしれないが、ファイン・チューニングのような微妙な操作が求められる場合には、捨象された個々の小さい事象が無視できない誤差を生じさせる可能性がある。

(3) マネーサプライの操作

　以上のように、デフレ主因説の主張は必ずしも成り立たない。そこで、多くのデフレ主因説では、現在のインフレ理論の枠組み自体を批判する主張を展開するようになった。具体的には、名目短期金利を中央銀行の操作変数とする理論の限界を主張し、名目短期金利ではなくマネーサプライを操作変数とする考え方に依拠する必要性を主張した。この考え方は、「ゼロ金利政策によって可能な政策はすべて採ってきた」という日銀の主張への反論の意味も込められていた。つまり、観察されているゼロ金利政策は、必ずしも日銀が十分に金融を緩和していることを示しているわけではないという主張である。この主張は、同時に、金融を真に十分に緩和させる方法は他にもあるという主張につながっている。具体的には、伝統的な名目短期金利の操作ではなく、マネーサプライの大幅増加という非伝統的な手法によって、デフレを反転させることができるはずであると主張された。

　現在のインフレ理論においては、本章第2節1.のモデルをみれば分かるように、マネーサプライは基本的に考慮されていない。その理由としては、理論上名目短期金利の操作とマネーサプライの操作は相補的であり、どちらか一方を実施すれば同時にもう片方も作用するという関係にあると想定されることから、どちらか一方のみをモデルに含めれば良いということをまず指摘できる。それに加えて、世界各国の多く実際のデータの観測結果から、金融政策の操作変数としては、名目短期金利の方が、マネーサプライよりも、実際のインフレ率に対し反応性がはるかに高いという結果が得られていることも指摘できる。この二つの理由から判断して、現在の標準的なインフレ理論では、名目短期金利をモデルに含める一方で、マネーサプライはモデルに含めないという扱いを採っている。したがって、デフレ主因説の主張が妥当性を持つかどうかは、(i)名目金利とマネーサプライは必ずしも相補的であるわけではなく、それぞれ独立した作用も及ぼしている、(ii)インフレ率はマネーサプライに対して十分に反応的である、という二つの命題を同時にクリアできるかどうかにかかっている。

　命題(i)の相補性に関しては、理論的問題も含め検証は簡単ではないため、こ

こでは命題(ii)の反応性に絞って検証してみたい。もし、命題(ii)の反応性の命題が成立しなければ、仮に命題(i)の相補性の命題が成立していたとしても、「マネーサプライを大幅に増やせばデフレを反転できる」というデフレ主因説の主張は成立しなくなる。しかし、もし命題(ii)の反応性の命題が成立しているとすれば、デフレ主因説の主張は可能性として残ることになる。

命題(ii)の反応性の命題を確認するために、1980年代以降の日本経済を対象に、マネーサプライと物価の関係の安定性についてみてみる（図2-3-3）。マネーサプライは、1980年代には年10%程度増加していたが、1990年代に入ると年3%程度の増加にまで低下した。この事実から、マネーサプライと物価変動率の関係をどう解釈するかは難しい問題である。1990年代に入ってマネーサプライの増加率が大幅に低下した結果、デフレが生じたという解釈も可能であるが、増加率が低下したとはいえ年3%程度で着実に増加し、減少しているわけではないから、インフレ率の低下はありえても物価の低下（デフレ）が生じるのはおかしいという解釈も可能である。

図2-3-3　マネーサプライと物価
（出典：日本銀行および総務省統計局資料）

ただし、一見して、この結果から、マネーサプライと物価の関係は必ずしも安定的ではないことはいうことができよう。こうした不安定性は、日本のこの時期に限られた現象ではない。世界の多くの実証研究によれば、一般に、かなりの長期でみればマネーサプライと物価の間の相関は強くなるが、短中期においてはその相関は弱くなるとされている。[15] 日本の結果も、こうした世界で一般的に観察される現象と同一の現象であるといえる。つまり、命題(ii)の反応性の命題が成立しているとはいい難い。したがって、「マネーサプライを大幅に増やせばデフレを反転できる」というデフレ主因説の主張が成立しているとも簡単にはいい難い。

(4) 貨幣の流通速度

マネーサプライと物価の相関関係の安定性が明確とならない理由の一つに、貨幣の流通速度が安定的でないことを指摘できる。そもそも、貨幣の流通速度は、どのようなメカニズムで決定されているのか必ずしも解明されていない。本章第2節2.(3)で説明したように、貨幣数量式は、取引量(＝実質GDP)Y、物価水準P、マネーサプライM、貨幣の流通速度Vの間の$PY=MV$という式である。実質GDP上昇率をy、インフレ・デフレ率をp、マネーサプライ増加率をm、貨幣流通速度変化率をvとすると、$p=m-y+v$と書き直せる。まず、仮に1990年代に貨幣の流通速度が変化しなかった($v=0$)と仮定してみよう。すると、この間の実質GDP成長率は年1～2%であり、また、マネーサプライは年3%程度で増加していることから、貨幣数量式によると物価は年1～2%上昇していなければならない。しかし、実際には、物価は年1～2%で低下している。これは、この間に貨幣の流通速度が年3%程度低下しているからである(図2-3-4)。

それでは、なぜこの間に貨幣の流通速度が変化したのであろうか。前記のように、貨幣の流通速度がどのようなメカニズムに支配されているのか必ずしも明らかではないが、多くの国でトレンドを持って推移していることが観察されている。アメリカでは上昇トレンド、日本では低下トレンドが観察されている。したがって、1990年代に貨幣の流通速度が低下していることだけをもっ

図 2-3-4　貨幣の流通速度
（出典：日本銀行資料、内閣府「国民経済計算」）

て不自然ということはできない。もし日本の貨幣の流通速度の低下トレンドが、1980年代と1990年代で変化していないとすれば、1990年代に入って実質GDP上昇率は1980年代に比べて2〜3%ポイント低下したから、マネーサプライ増加率の低下幅も2〜3%ポイント程度なら、物価上昇率は1990年代に入っても1980年代と変化しないことになる。しかし、先のデータで分かるように、1990年代に入って、マネーサプライ増加率は7%ポイント程度低下している。このことから、単純に考えると、本来マネーサプライ増加率の低下幅は2〜3%ポイントにとどめるべきだったものを、約7%ポイントも低下させたためにデフレになった、という解釈ができる。基本的にこの考え方は、デフレ主因説と整合的な考え方である。

しかし、問題はこれで終わらない。上記の推論で大前提となっていたことは、「日本の貨幣の流通速度の低下トレンドが1980年代と1990年代で変化していない」という仮定である。しかし、現実には、貨幣の流通速度の低下トレンドは、1990年代前半に上方に15%ポイント程度のかなり大きなシフトを起こしている。このため、1980年代の低下トレンドと1990年代半ば以降の低下トレンドは、まったく異なるトレンドとなっている。ポイントは、バブル崩壊直後に貨幣の流通速度に大きな変化が生じ、その変化の影響がその後もずっと

残っていることである。この1990年代前半に起きた15%ポイント程度の貨幣の流通速度の上方シフトを考慮すると、1990年代に入ってマネーサプライ増加率が低下したことが、直ちにデフレの原因とはいえなくなる。マネーサプライ増加率が低下したのは、貨幣の流通速度の上方シフトに対応したものだったかもしれないからである。

先の「貨幣の流通速度のトレンド一定」の仮定に立った推論では、実質GDP上昇率と貨幣の流通速度、マネーサプライは外生的に与えられ、インフレ率のみが内生変数と考えていた。このため、マネーサプライの変化がインフレ率を決定しているという思考が可能であった。しかし、もし、貨幣の流通速度もマネーサプライも内生変数だとすると、もはやあるマネーサプライ対し一意的にインフレ率が決定されるという関係ではない。

したがって、デフレの原因を、貨幣数量説に従ってマネーサプライの増減に求めるためには、なぜ1990年代前半に貨幣の流通速度が上方にかなり大きくシフトしたのか、まず、その原因を説明することが必要となる。しかし、繰り返しになるが、貨幣の流通速度がどのようなメカニズムで決定されているか、理論的にまだ十分に解明されていない。したがって、1990年代に入ってなぜそのトレンドが変化したのか、さらに、1990年代のマネーサプライの適切な増加率はどの程度だったのかも、明確に示すことはできない。結果として、デフレの原因をマネーサプライの増減に求める説明が正しいと明確にいうこともできない。

（5） マネーサプライの可制御性

さらに、マネーサプライは、必ずしも完全に外生変数であるとは言い切れない。マネーサプライのほとんどは、その定義により幅があるものの、金融機関の預金残高である。日銀が直接発行しているベースマネーは、そのごく一部である。ベースマネーは、マネーサプライを決定する重要な要素ではあるが、マネーサプライはそれ以外の多くの要因によって左右される。そのことは、マネーサプライのほとんどが金融機関の預金残高であることから明らかである。預金残高のコントロールが困難であることから分かるように、中央銀行がマ

ネーサプライをコントロールできる能力は限定的であると思われる。このため、マネーサプライはむしろ内生変数と考えた方が良いという考え方も強い。もしマネーサプライも内生変数だとすると、実質 GDP 上昇率 y、インフレ・デフレ率 p、マネーサプライ増加率 m、貨幣の流通速度変化率 v の4変数からなる貨幣数量式の中で3変数が内生変数ということになり、それらがどのように決定されるのかは貨幣数量式からだけでは何ともいえない。さらにいえば、貨幣の流通速度もマネーサプライも、その内生的な決定メカニズムは必ずしも理論的に明らかになっているわけではない。したがって、1990年代のマネーサプライの水準が適切なのか判断することは不可能である。

　ただし、現実にマネーサプライをどの程度日銀がコントロールできていたかということを、ベースマネーとの比較で検証することは可能である（図2-3-5）。データをみると、日銀は、マネーサプライをさらに増加させようと、マネーサプライを上回る年率5〜10%でベースマネーを増加させており、さらに2001年に入ってからは、日銀は量的緩和を一層強化し、年率20〜30%で増加させたことが分かる。しかし、それにもかかわらず、マネーサプライは3%程度の伸び率にとどまっていることも分かる。これらのデータの比較から、日銀は必

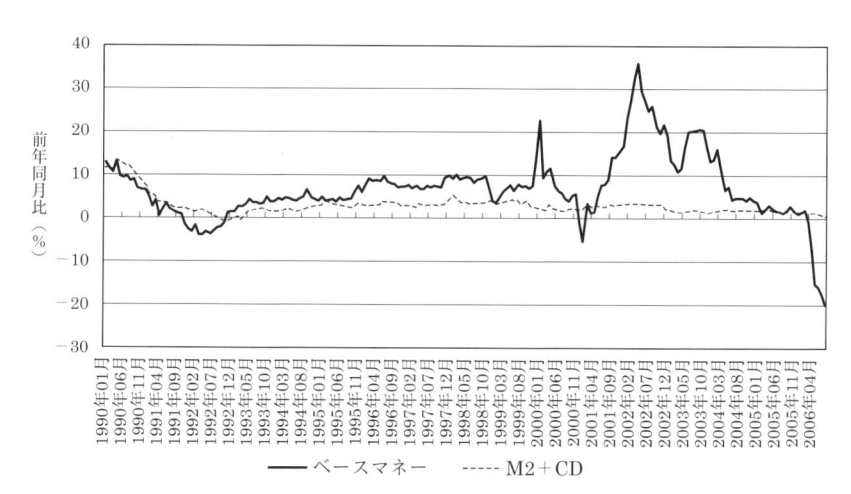

図 2-3-5　ベースマネーとマネーサプライ
（出典：日本銀行資料）

死にマネーサプライをコントロールしようと試み、その増加率を大幅に高めようと努力したにもかかわらず、マネーサプライにはほとんどその影響は及ばなかったことが分かる。このことから、マネーサプライの操作は、名目短期金利の操作と比べて操作性がかなり低いことは明らかであり、少なくとも1990年代の日本においては、マネーサプライのかなりの部分は日銀の意向とは無関係な要因に基づいて決定されていた可能性が高いことを指摘できる。マネーサプライをコントロールできないのであれば、中央銀行がマネーサプライを使って物価をコントロールすることは、そもそもできない相談であるといえる。

(6) 物価制御の困難性

物価の制御可能性についてここまでの検討をまとめると、結論としては、デフレ主因説が主張するほど物価の制御は簡単ではないということである。特に、名目短期金利を用いた伝統的な金融政策が使えない状況下では、物価のコントロールは非常に困難である。マネーサプライに基づく非伝統的金融政策では、物価をコントロールすることは非常に難しい。したがって、デフレ主因説が主張するように、「デフレは純粋に貨幣的現象で、ベースマネーを増やしさえすれば必ずデフレを反転できる」という議論は、少し議論を単純化し過ぎていると思われる。そして、こうした主張は、1990年代の日本のデータと整合的であるとはいい難い。

4. その他の論点

(1) 金融緩和遅延論

最後に、デフレ主因説に関連して、これまで検討してきた点以外のいくつか興味深い議論を、簡単にみていきたい。最初に紹介するのは、「バブル崩壊後の金融緩和のタイミングが遅すぎた」という議論である。この見方は、ゼロ金利政策の採用が1990年代半ば以降にまで遅れた問題を重視するもので、1990年代前半のバブル崩壊直後にもっと思い切って急速な金融緩和を進めるべきであったと主張するものである。この見方は、2002年のアメリカ連銀（FRB）

の発表した論文 Ahearne et al.（2002）で強調されている。[16] アメリカ連銀は、2000 年にアメリカの IT バブルが崩壊した後に、日本型長期低迷に陥るのではないかという懸念を抱き、日本のバブル崩壊後の長期低迷を詳しく研究した。そのいわば報告書がこの論文である。その中では、バブル崩壊のような事態が発生した場合には、急速かつ大幅な金融緩和を実施すれば、デフレに陥り金融政策が制約される可能性は低くなるということが示唆されている。こうした考え方に沿うように、実際に、アメリカ連銀は 2000 年の IT バブル崩壊後急速に金利を引き下げていた。結果的に日本のようなデフレや長期低迷に陥らなかったことから、この見方を正しいと考える人も少なくない。

　しかし、この考え方は一種の経験則であり、理論的には必ずしも十分に明確なものとはなっていない。なぜゼロ金利にするタイミングが 1 ～ 2 年遅れたことにより、10 年以上に及ぶ長期的で大きな影響が継続するのか十分な説明がなされていない。さらに、この考え方は、そもそもの「バブル崩壊のような事態」がなぜ生じたのか、それが金融政策のせいなのかは明確に示していない。その意味で、デフレをもたらした「当初」のショックは、金融政策ではなく、直接的な需給ギャップへの負のショックであると考えている説であると解釈することもできる。

（2）　為替によるデフレ反転

　もう一つデフレに関連した議論として、金利やマネーサプライの操作以外のデフレを反転させる政策についての議論をみてみる。マネーサプライを増加させることによるデフレ反転策は、これまで検討してきたように十分に説得的ではない。そこで、名目短期金利操作、マネーサプライの操作に代わる第三のデフレ反転方法として考えられた方法が、為替レートを使う方法である。

　この方法は、主として Svennson（2001）が主張した手法で、為替介入によって為替レートを大幅な円安に誘導することにより、インフレへと反転させることが可能であると主張するものである。[17] この方法は、開放経済に拡張したインフレ理論と十分に整合的で、実施すれば確実にインフレ率を高めることができるものと思われる。ただし、この方法は、現実への適用可能性という観

点からみると、ほとんど利用価値のない方法であるといえる。問題は、インフレへと反転させるためには、相当大幅な円安に意図的にする必要があることである。日本は大幅な貿易黒字を過去長期にわたって継続し、いく度も貿易摩擦を経験している。こうした状況において、意図的に相当大幅な円安に誘導することは、貿易相手国を考えると政治的に不可能な手法である。したがって、この為替レートを経由したデフレ反転策は、理論的には申し分ない方法であるが、現実的にはかなり限定的にしか利用できない手法であるといえよう。

（3） デット・デフレーション

　最後に、デット・デフレーション（Debt deflation）の考え方をみてみることとする。これは、1930年代の大恐慌の時に、アメリカのフィッシャー（Fisher, 1933）が主張した考え方で、「大幅なデフレが発生すると、負債の重みは増し、人々は財貨や資産を投げ打ってますますデフレが進行する悪循環に陥る」という考え方である。基本的には、先に検討した、実質金利が大幅に上昇して安定的な均衡が存在しえなくなる状況を表現していると思われる。確かに、大恐慌の時のような大幅なデフレが発生し、実質金利が均衡値より大幅に上昇した場合には、安定した均衡解がなくなり、フィッシャーが主張したようにスパイラル的に経済活動が縮小していくことは、可能性としてはありえる。

　しかし、繰り返し述べているように、1990年代以降の日本のデフレは高々年1～2%とマイルドなものであり、実質金利も高止まっていなかった。したがって、デフレではあるものの、フィッシャーがデット・デフレーションの説明の時に想定したような大幅なデフレ状況ではなく、デット・デフレーションの考え方を日本の長期低迷に当てはめることは妥当ではないであろう。マイルドなデフレの場合には、仮に一部の債務者の債務の重みがやや重くなる場合があっても、その債権を持っている債権者の債権の価値は逆に高まるので、マクロ経済全体としてみた影響は相殺されることになる。いずれにしても、マクロ的に実質金利は高まっておらず、こうしたミクロの個々のケースの存在がマクロ的に大きな影響を及ぼすことは考えられない。

5. 「デフレ主因説」まとめ——デフレは結果

ここまでの検討からデフレ主因説への批判を要約すると、まず、(i) 1990年代以降のデフレは年1〜2%のマイルドなもので、実質金利は高止まっておらず、経済に悪影響を及ぼすようなものではなかった、(ii) 日銀はゼロ金利政策を採りかつ大量のベースマネーを出しており、十分に金融緩和をしている。それにもかかわらずマネーサプライは増加していない。したがって、デフレの主たる原因が日銀にあるとは必ずしもいえない。以上の観点から、デフレ主因説は、必ずしも十分に説得的ではないといえる。

デフレが長期低迷の主因でないとすると、デフレをどう考えればよいであろうか。ここまでの検討の過程で分かったことは、何らかの需給ギャップへの直接的な負の大きなショックが生じた可能性が高いことである。もしそうだとすると、第2章の結論「膨大な不良債権は、問題の結果であって、問題の原因ではない」のと同様に、「デフレは、問題の結果であって、問題の原因ではない」ということができよう。第2章で不良債権問題説を検討した結論は、「長期低迷の根本的な原因は、経済を縮小均衡に向かわせるような負のショックが存在したため」というものであった。需給ギャップを大幅に拡大させた大きな負のショックは、経済を縮小均衡に向かわせるようなショックとなりうる。このことが意味していることは、デフレも不良債権問題も、ある大きな需給ギャップへの負のショックが生じたために、結果的に生じた現象というものである。

【注】
1) 本章第2節における理論の説明は、幅広い読者を念頭に、かなり初歩的なところから説明している。したがって、理論を既知である読者は、本章第2節は飛ばして本章第3節に進んでもらいたい。
2) Svensson (2003) に基づいている。なお、このほかに、Forward Looking型のフィリップス曲線を想定するニュー・ケインジアンのモデルもある。ただし、このタイプのモデルには、インフレの持続性 (persistence) を巧く説明できないという批判がある。例えば、Mankiw (2001) を参照のこと。
3) インフレ率が中央銀行の定めたインフレ目標値に収束することは、以下のように示すことができる。まず、(iii)の中央銀行の反応関数と(iv)の実質金利の定義式から、以下の式が得

られる。
$$\pi_t = \pi^* + \frac{1}{\gamma_\pi}(r_t + \pi_{t+1|t}) - \frac{\gamma_x}{\gamma_\pi}x_t - \frac{\bar{\gamma}}{\gamma_\pi}$$
この式は、(i)の集計された需要関数（IS 曲線）を代入することによって、
$$\pi_t = \pi^* + \frac{r_t + \pi_t + \alpha_x x_t + \boldsymbol{\alpha}_z \boldsymbol{z}_{t+1|t} - \bar{\gamma} - \gamma_x x_t}{\gamma_\pi}$$
となり、さらに、以下のように変形できる。
$$x_t = \frac{1}{\alpha_x - \gamma_x}[(\gamma_\pi - 1)\pi_t - \gamma_\pi \pi^* - r_t + \bar{\gamma} - \boldsymbol{\alpha}_z \boldsymbol{z}_{t+1|t}]$$
この式と(ii)の集計された供給関数（フィリップス曲線）から、以下の式が得られる、
$$(\gamma_\pi - 1)\pi_{t+1} - \gamma_\pi \pi^* - r_{t+1} + \bar{\gamma} - \boldsymbol{\alpha}_z \boldsymbol{z}_{t+2|t+1} = $$
$$\beta_x[(\gamma_\pi - 1)\pi_t - \gamma_\pi \pi^* - r_t + \bar{\gamma} - \boldsymbol{\alpha}_z \boldsymbol{z}_{t+1|t}] + (\alpha_x - \gamma_x)[\boldsymbol{\beta}_z \boldsymbol{z}_{t+1|t} - \beta_r(r_t - \bar{r}) + \eta_{t+1}]$$
したがって、
$$\pi_{t+1} = $$
$$\beta_x \pi_t + \frac{(1-\beta_x)(\gamma_\pi \pi^* - \bar{\gamma}) + r_{t+1} + \boldsymbol{\alpha}_z \boldsymbol{z}_{t+2|t+1} - \beta_x(r_t + \boldsymbol{\alpha}_z \boldsymbol{z}_{t+1|t}) + (\alpha_x - \gamma_x)[\boldsymbol{\beta}_z \boldsymbol{z}_{t+1|t} - \beta_r(r_t - \bar{r}) + \eta_{t+1}]}{\gamma_\pi - 1}$$
となる。ここで、単純化のために、外生変数 z_t は限定的な役割しか果たしておらず、よって、パラメーター $\boldsymbol{\alpha}_z$ と $\boldsymbol{\beta}_z$ はほとんどゼロに近く、したがって、近似的に $\boldsymbol{\alpha}_z(\boldsymbol{z}_{t+2|t+1} - \beta_x \boldsymbol{z}_{t+1|t}) + (\alpha_x - \gamma_x)\boldsymbol{\beta}_z \boldsymbol{z}_{t+1|t} = 0$ とみなせると仮定する。すると、上の式は、次のようになる。
$$\pi_{t+1} = \beta_x \pi_t + \frac{(1-\beta_x)(\gamma_\pi \pi^* - \bar{\gamma}) + r_{t+1} - \beta_x r_t - (\alpha_x - \gamma_x)[\beta_r(r_t - \bar{r}) - \eta_{t+1}]}{\gamma_\pi - 1}$$
ここで、仮定により、$r_{t+s|t} = \bar{r}$、そして、いかなる $s(s=1, 2, 3, ...)$ に対しても $\eta_{t+s|t} = 0$ なので、上の式から以下の関係を導ける。
$$\lim_{s \to \infty} \pi_{t+s|t} = \frac{\gamma_\pi \pi^* - \bar{\gamma} + \bar{r}}{\gamma_\pi - 1}$$
さらに、$\bar{\gamma} = \pi^* + \bar{r}$ なので、
$$\lim_{s \to \infty} \pi_{t+s|t} = \pi^*$$
ということになる。つまり、インフレ率は、最終的には、中央銀行の定めたインフレ目標値 π^* に収束することになる。なお、Harashima（2005c, 2007a）も参照のこと。

4) 例えば、Kydland and Prescott（1977）、Barro and Gordon（1983）、Chari, Christiano and Eichenbaum（1998）、Clarida, Gali and Gertler.（2000）、Orphanides（2002, 2003）、Meltzer（2005）を参照のこと。その他、Harashima（2005c）も参照のこと。
5) インフレ理論に関しては、その他 Harashima（2004c, 2006, 2007a, 2007b）も参照のこと。
6) 日本におけるインフレ・ターゲット導入の議論に関しては、例えば、伊藤（2002）を参

照のこと。
7) インフレ・ターゲットには別の批判もある。インフレ・ターゲットを導入した国のほとんどは、高いインフレ率を引き下げることを目標としていた。こうしたことから、物価を引き上げることを目的とした場合でも有効かどうか分からないという批判である。この点に関しては、前述のように、少なくとも理論上はどちらでも効果は同じである。
8) 例えば、Orphanides and Wieland（2004）を参照のこと。
9) この不均衡が生じる可能性を、最適成長モデルの枠組みで考えると以下のようになる。

最適成長モデルの一次条件は、オイラー方程式 $\frac{\dot{c}_t}{c_t} = \frac{\frac{\partial y_t}{\partial k_t} - \theta}{\varepsilon}$ で表される。ここで、y_t は一人当たり生産量、c_t は一人当たり消費量、k_t は一人当たり資本ストック、θ は時間選好率、ε は異時点間の消費の代替の弾力性の逆数（＝相対的危険回避度）である。このオイラー方程式は、代表的家計が、その期待効用 $E\int_0^\infty (1+\theta)^{-t} u(c_t) dt$ を、予算制約式 $f(k_t) = \frac{dk_t}{dt} + c_t$ の下で最大化する時の条件として求められる。なお、E は期待オペレーターで、$f(k_t)$ は生産関数である。さて、ここで、限界生産力 $\frac{\partial y_t}{\partial k_t}$ と実質長期金利 $r_{L,t}$ が等しければ、$\frac{\dot{c}_t}{c_t} = \frac{\frac{\partial y_t}{\partial k_t} - \theta}{\varepsilon} = \frac{r_{L,t} - \theta}{\varepsilon}$ となる。限界生産力は、資本の増加に応じて低下していくことから、分権的な市場では、限界生産力（＝実質長期金利）が時間選好率と一致するまで低下し、$\frac{\dot{c}_t}{c_t} = \frac{\frac{\partial y_t}{\partial k_t} - \theta}{\varepsilon} = \frac{r_{L,t} - \theta}{\varepsilon} = 0$ となった時、つまり、$r_{L,t} = \theta$ となった時、市場は定常状態となり、安定的な均衡を達成する。

しかし、もし、ゼロ金利制約のために名目短期金利を引き下げられず、結果として実質長期金利も十分低下できないとすると、実質長期金利＝限界生産力 $\left(r_{L,t} = \frac{\partial y_t}{\partial k_t}\right)$ の関係を保てなくなる可能性が生じる。この場合、市場における実質長期金利は時間選好率より高いまま（$r_{L,t} > \theta$）になってしまうであろう。実際に市場で人々が観察しているデータは実質長期金利であって、限界生産力ではないことから、家計が実質長期金利をベースに消費行動を行うとすると、常に $0 < \frac{\dot{c}_t}{c_t} = \frac{r_{L,t} - \theta}{\varepsilon} > \frac{\frac{\partial y_t}{\partial k_t} - \theta}{\varepsilon}$ となる。したがって、経済は発散してしまい、安定的な定常状態を実現できなくなることになる。安定的な均衡が将来達成されることを期待できないため、家計の消費行動は非常に特殊な予測困難なものになる可能性がある。

10) デフレと長期低迷の関係の分析としては、例えば、深尾 et al.（2000）、三木谷 et al.（2001）、岩田（2001, 2003）、深尾（2002）、原田・岩田（2002）、小宮・日本経済研究センター（2002）、岩田・宮川（2003）、原田（2003, 2004）、伊藤（2005）がある。
11) Atkeson and Kehoe（2004）では、過去100年間の世界各国のデータを検証したところ、デフレと恐慌（大幅な景気低迷）の間には基本的に関連性は存在しないと結論付けている。

12) 注意すべきことは、この状態においては大幅な需給ギャップが継続している可能性が高いものの、この大幅な需給ギャップは、「デフレ説」が主張するようなデフレを原因とするものではないことである。あくまでも、需給ギャップへの負のショックが原因で、その結果としてデフレと大幅な需給ギャップが同時に継続することになる。
13) 例えば、実質長期金利（4%）＝名目長期金利（2%）－デフレ率（−2%）というような状態である。なお、ゼロ金利制約のため、中央銀行は名目短期金利をゼロより低く引き下げることができず、結果として名目長期金利も2%より低くは低下しない状況を想定している。実際、長期低迷期においては、名目短期金利がゼロとなっている中で、名目長期金利は1〜2%程度で推移した。
14) この時期の金融政策に関しては、例えば、岩田（2000）、翁 et al.（2001）、中原（2002）、藤井（2004）、植田（2005）を参照のこと。
15) 例えば、Dwyer and Hafer（1988）やFitzgerald（1999）を参照のこと。
16) この見方は、アメリカでは比較的広く受け入れられている。Ahearne et al.（2002）以外にも、例えば、Harrigan and Kuttner（2004）を参照のこと。
17) そのほかに、例えば、Coenen and Wieland（2003）を参照のこと。

第 4 章

最適成長理論からみた長期低迷の原因

　第2章および第3章の分析から、不良債権問題説、デフレ主因説のいずれも、長期低迷の説明として十分に説得的でないことが明らかとなった。そして、膨大な金融機関の不良債権もデフレも、あくまでも結果として現れた現象であって、日本経済の長期低迷の主因ではないということであった。それでは、長期低迷の根本的な原因は一体何であったのだろうか。

　その究明のためには、原点に立ち返って、現在の経済変動理論をベースにゼロから考え直すことが重要であろう。現在の経済変動理論は、最適成長モデルに代表されるようなミクロ的基礎の上に作られている。最適成長モデルでは、人々が無限の将来を見通して合理的に最適な行動を選択する行為がモデル化されている。そこで示される人々の最適化行動は、経済成長のプロセスのみならず、経済変動を含め多くの経済現象の基礎となっていると考えられている。したがって、現在の経済変動理論をベースにゼロから考え直す場合には、まず、この最適成長モデルに沿って考えていくことが必要であろう。

第1節　長期低迷の特質

　最適成長モデルに基づいて考えていくための準備として、第1章から第3章までの検討の結果明らかとなった長期低迷の性質について、再検討を加えながら整理してみることとする。

1. 需給ギャップの拡大

第2章での不良債権問題説や第3章でのデフレ主因説の考察の結果、長期低迷において、何らかの需給ギャップを拡大させ続けている要因が存在したことが強く示唆された。需給ギャップは、一般に「総供給可能量―総需要量」で定義される。この需給ギャップが拡大する直接的な要因は、総供給力の増大か総需要量の減少である。

(1) 総供給力増大の可能性

まず、総供給力の増大の可能性についてみてみよう。総供給力の増大をもたらすものとしては正の技術ショックが考えられる。全要素生産性が上昇、すなわち、生産効率が上昇することによって、生産能力は拡大することになる。しかし、大幅な正の技術ショックが生じた場合には、最終的に非常な好景気が生じることとなり、長期低迷をもたらすことはありえない。したがって、1990年代に需給ギャップを拡大させた要因として、総供給力を増大させるような正のショックが生じた可能性はありえないと思われる。

(2) 総需要縮小の可能性

次に、総需要を縮小させるショックが起きた可能性を、データで検証してみることとする。GDPにおける需要には、海外の需要や政府の需要も含まれているが、これらは日本国内の民間部門の需要動向とは別に独立的に動いているので、考察に際してはいったん除外して考える必要がある。そこで、これらの需要を除外した国内民間需要と実質GDPを比較してみると、1980年代後半のバブルの時期には、国内民間需要の高まりは、実質GDPの高まりを上回っており、この時期には旺盛な国内民間需要が経済全体を牽引していたことが分かる（図2-4-1）。しかし、1990年代以降は、国内民間需要は低迷し、その伸び率は非常に緩やかなものとなっている。そして、実質GDPは、国内民間需要が天井となって同様に非常に緩やかな伸びを示していたことが分かる。例外的に、1990年代半ば、一時的に国内民間需要の伸び率が高まったが、この時期

第4章　最適成長理論からみた長期低迷の原因　143

図 2-4-1　実質GDPと実質国内民間需要
（出典：内閣府「国民経済計算」）

は比較的景気が良かった時期である。この動きの比較から、1990年代以降の大幅な国内民間需要の伸びの低下が、経済全体の拡大を大きく阻害してきた可能性が高いと考えられええる。[1]

　さらに、対外経済の動向から検証してみる。この間の純輸出の寄与度を見ると、1990年代に入ってからは、一時的に景気が回復した時期を除き基本的にプラスに寄与している。これは、国内の需要が低迷した結果、余った供給力を海外への需要で充足したという解釈と整合的である。こうしたデータも、1990年代の低迷は、需要面への負のショックが発生した結果、生産力に見合った需要が満たされなくなったことから生じたという見方と整合的である。

2. 需要を縮小させたショック

　以上のように、観察されたデータは、1990年代の日本経済に、何らかの需要を低迷させるショックが作用し、結果として需給ギャップが拡大し、長期低迷が続いたことを強く示唆している。1990年代に入って国内の民間需要が急速に勢いを失ったことが、長期低迷の直接的原因であるという見方は、第2章の検討で明らかとなった「長期低迷期に企業はその活動を縮小均衡させるように行動した」という事実を整合的に説明できる。なぜなら、需要が縮小すれば、当然に生産も縮小しなければならないからである。さらに、デフレの発生も整合的に説明できる。第3章でみたように、現在のインフレ理論では、インフレ・デフレの起因となるのは、金融政策も含め需給ギャップを変化させるショックである。第3章では、このうち金融政策に起因するショックという考え方は、観察されたデータと整合的ではないことが明らかとなった。一方、需要が低迷するショックにより直接的に需給ギャップが拡大したという解釈は、第3章でも説明したように、現在のインフレ理論と整合的である。つまり、長期低迷期のデフレは、供給力が十分ある中で需要を抑制するショックが生じた結果生じたものといえる。

　それでは、どのようなショックが需要を縮小させたのであろうか。実は、その解明はなかなか難しい。それは、需要を縮小させるショックとなりうる要因が数多く存在するからである。需要は、家計が無限の将来の経済の行く末を予測、期待した上で決定されるものなので、ほとんどすべての要素へのショックが需要を縮小させる方向で働く可能性を持っている。例えば、大幅な負の技術ショックにより将来の生産力が低下すると人々が予測すれば、それによって現在の需要が低下する可能性がある。したがって、需要を縮小させるようなショックをもたらした要因を検討する際には、幅広く多くの可能性を取り上げ、それらを一つずつ検討していく必要がある。

　こうしたことから、長期低迷の原因を究明する上で次になすべきことは、需要を抑制させた大きな負のショックの正体を、多くの幅広い可能性の中から探し出し、特定することである。

第2節　経済変動の理論

　需要を縮小させた大きな負のショックの正体を幅広い可能性の中から探るためには、経済変動理論の基本に立ち返って考えていくことが必要であろう。そこで、まず、これから考察を進めるに当たってどのような経済変動理論に依拠するのか、簡単に説明することとする。ただし、本書はマクロ経済理論の理論書ではないので、長期低迷を考察するために必要な範囲内で、最適成長モデルに代表されるミクロ的基礎に立つ現在の経済変動理論がどのようなものなのか簡単にみていくこととする。[2]

1.　経済変動という現象

　経済変動は、微小な無数のショックに起因する無数の波動が、次第に集合して一つの大きな波動として観察されるようになったものであると現在では認識されている。多くのデータ・サンプルを対象として、詳細な統計処理に基づいた研究が進められた結果、このような認識が最も適切であると考えられるようになってきた。[3] このような波の性質は、もちろん経済変動に限られたものではない。海岸に打ち寄せる波も、もともとは風によって引き起こされたさざ波等であり、それらが集合して一つの大きな波動を形作ったものである。したがって、経済変動の波は、物理現象としての波一般と同じ性質を有しているということができる。

　経済変動をこのように理解した場合、例えば3～4年（キチン・サイクル）、10年（ジュグラー・サイクル）、20～30年（クズネッツ・サイクル）というような特定の定まった周期を常に持つものと考えることはできない。偶然に生じているその時々の無数のショックの組み合わせによって、様々な周期の波が観察されることになる。技術的には、ある波をスペクトル分析により高周波、低周波に分解することも可能である。いずれにせよ、経済変動は無数のショックに起因するという理解は、現在においては揺ぎない地位を得ている。

2. 古典的な経済変動理論

(1) 古典的な理論の問題点

　古典的な経済変動の理論では、在庫や設備投資のような内生変数へのショックから説明されることが多かった。しかし、こうした内生変数を出発点とする考え方には、本質的な問題点が存在する。もし、人々が経済変動の具体的な内生的メカニズムを知っており、かつ経済変動を好ましいものとは思わないのならば、合理的な経済主体は経済変動がなくなるように行動するであろう。その結果、いずれ経済変動は観察されることはなくなるであろう。しかし、現実には経済変動は昔も今も観察され続けている。このことは、人々は経済変動の具体的な内生的メカニズムを知っていないことを意味している。この論理の要点は、内生変数に経済変動の出発点を求めることには無理があるということである。在庫や設備投資のような内生変数の場合、変動を忌避する合理的な経済主体ならば、変動を小さくするように行動できるからである。つまり、合理的な経済主体を想定すれば、経済変動の出発点は、本源的な外生変数に求める必要がある。この観点からみると、ほとんどの古典的な景気循環の理論は排除されることになる。

(2) 貨幣的経済変動論

　広い意味での古典的な景気循環論に含まれる理論の一つに、貨幣的な経済変動の理論がある。日本の長期低迷を巡っては、マネーサプライの影響が強調されることもあったので、この考え方について特に少し詳しくみてみたい。現在の景気変動論やインフレ理論における多くの理論モデルでは、マネーサプライは重要な変数として扱われていない。しかし、30年ほど前には、「マネーサプライを変化させる金融政策が景気循環の主因である」という考え方がかなり支持されていた。こうした考え方の基礎となったものは、Friedman, M. and Schwartz (1963) がアメリカの 1867 年から 1960 年のデータから発見した「マネーサプライの変化が生産量の変化をもたらしている」という事実である。実際、この時期のアメリカでは、マネーサプライと生産量は非常に類似した循

環変動を示しており、しかも、マネーサプライの方が生産量よりも先行していた。この発見された相関関係は、マネーサプライの変化が生産量の変化をもたらしているという因果関係を強く示唆するものであった。この考え方を延長させると、マネーサプライがもっぱら金融政策当局のコントロールの下にあり、金融政策当局により恣意的に変化させることができると考えれば、自然に、マネーサプライを変化させる金融政策が経済変動の主因であるという考え方にたどり着くことになる。

　しかし、Friedman, M. に始まる貨幣的経済変動論の考え方は、近年はほとんど省みられていない。それは、最近 20 ～ 30 年間において、マネーサプライと生産量の安定的な相関関係が大きく崩れてしまったからである。例えば、Friedman, B. and Kuttner（1992）は、1980 年代半ば以降、マネーサプライと生産量の安定的な正相関性は消失したことを報告した。[4] このことは日本においても当てはまり、1990 年代以降日本でもマネーサプライと実質GDPの間の安定的な関係が大きく崩れていることが分かる。こうした変化が生じた原因としては、主要先進国において中央銀行の金融政策の手法が 1980 年代以降大きく変わったことも、可能性として指摘されている。こうしたことから、Friedman, M. and Schwartz（1963）が主張した「マネーサプライ⇒実質生産量」というメカニズム自体に対する疑念も強まった。第 3 章で記述したように、マネーサプライは大部分銀行預金を指しており、必ずしも中央銀行の意向で変化する完全な外生変数とは考えにくい。もし人々が景気変動に反応して預金や貸出を行っているとすれば、マネーサプライと生産量が見かけ上の相関を示す可能性もある。現在では、「マネーサプライ⇒実質生産量」というメカニズムは存在してもその影響力は非常に小さく、また、現在の金融政策の手法の下では、この関係も観察できないのではないかという見方が強い。

3. 現在の経済変動理論

　現在の経済変動理論の特徴の一つは、本節 1. で述べた「景気循環として観察される現象は、様々な無数のショックに起因する無数の波動に源がある」という考え方に立っていることである。[5] もう一つ重要な特徴は、インフレ理論と同様に、合理的期待形成を根幹に据えていることである。

（1） ショック

　まず、出発点であるショックについてみてみる。経済変動を忌避する合理的な経済主体が想定されていることから、経済変動の出発点であるショックは、外生的に与えられる基本的なパラメーター（deep parameter）に対するショックである必要がある。また、そのパラメーターは、当然に、瑣末な事象に係るものでなく、経済活動の根幹に係る基本的なパラメーターである必要がある。つまり、経済の変動は、外生的に与えられる基本的パラメーターが、人々が予期しない変化をすることが出発点になっている。人々があらかじめ予期できない以上、いかに人々が合理的に行動してきたとしても、外生的なショックが基本的な部分に生じると、人々の経済活動はそれ以前とは変化せざるをえなくなる。いかに合理的であっても、予期せざるショックに対してあらかじめ行動を調整しておくことは、原理上不可能であるからである。

　予期せざるショックによって引き起こされた行動の変化の結果、経済活動には調整過程が生じることになる。予期せざる外生的なショックが生じたことにより均衡から一時乖離した後、再び新たな均衡へと向かうプロセス「均衡からの乖離と収束の動き」が生じる。これが、波として観察されることになる。これらは、あくまでも確率的な現象である。現実の経済は、常に複数のショックの影響が錯綜している状態とみることもできる。逆にいえば、外生的なショックがなければ経済は常に均衡状態にあることになり、経済変動も存在しないことになる。

(2) 最適成長モデル

　それでは、基本的なパラメーターとは具体的にどのパラメーターを指しているのであろうか。基本的なパラメーターであるためには、(i)経済活動の基本的（deep）な部分に関係する、(ii)民間経済主体である家計や企業からみると外生的に与えられる、という性質を満たす必要がある。性質(ii)は、パラメーターとしての性質を有しているのであれば、一般的には自動的に満たされるであろう。そこで、ポイントは、性質(i)の経済活動の基本的（deep）な部分に関係するという条件を満たすものを探すことである。そのためには、経済活動の最も根源的な行動は何であるか特定する必要がある。現在のマクロ経済学では、それは、合理的な経済主体の最適化行動であると考えている。そして、その最適化行動を表現する代表的なモデルが、最適成長モデルである。

　最適成長モデルにおいては、人々の最適化行動は、家計がその期待効用

$$E\int_0^\infty (1+\theta)^{-t} u(c_t, l_t) dt$$

を、予算制約式

$$\frac{dk_t}{dt} = f(k_t, 1-l_t) - c_t$$

の下で最大化する行動として表現されている。なお、c_t は一人当たり消費量、l_t は一人当たり余暇時間のシェア（単位期間の労働時間＋余暇時間の合計を1に単位化）、k_t は一人当たり資本ストック、θ は時間選好率、そして $u(c_t, l_t)$ は効用関数で、$f(k_t, 1-l_t)$ は生産関数である。また、E は期待オペレーターである。なお、効用関数と生産関数を、上記のような一般的な形ではなく、より特定化して示すことも可能である。最も一般的に用いられるタイプの効用関数と生産関数を、上記の最適化問題に代入すると、以下のようなより特定化された最適化問題となる。すなわち、代表的家計がその期待効用

$$E\int_0^\infty (1+\theta)^{-t} \frac{(c_t^{1-\beta} l_t^\beta)^{1-\varepsilon}}{1-\varepsilon} dt$$

を、予算制約式

$$\frac{dk_t}{dt} = A k_t^{1-\alpha}(1-l_t)^{\alpha} - c_t$$

の下で最大化する問題となる。ここで、β は消費に対する余暇の選好パラメーター、ε は異時点間の消費の代替の弾力性の逆数（＝相対的危険回避度）、A は全要素生産性（技術パラメーター）、α は労働投入比率である。なお、ここでは、弾力性一定の効用関数を想定しているので、異時点間の消費の代替の弾力性は相対的危険回避度の逆数と一致し、パラメーターとしては両者は一体と考えることができる。

現在の経済変動理論では、人々がこの最適化問題を合理的に解くことが最も根源的な経済行為であり、経済変動の現象もこの最適化行動から説明されるべきであると考えている。

（3） 基本パラメーター

したがって、基本パラメーターは、上記の最適化問題に現れてくるパラメーターということになる。ただし、この最適化問題は民間部門の活動を示しているだけなので、通常は、これらのパラメーターに、政府部門の政策パラメーターを加えたものを基本パラメーターと考えている。こうして選ばれた基本パラメーターを具体的に示すと、効用関数に関しては、相対的危険回避度（＝異時点間の消費の代替の弾力性の逆数）ε、余暇選好パラメーター β、時間選好率 θ、生産関数に関しては、全要素生産性（技術パラメーター）A、労働投入比率 α、さらに政府の政策に関しては、中央銀行の反応関数に係るパラメーターや財政支出に係るパラメーターがある。

これらすべての基本パラメーターへの外生的なショックは、みな経済変動の原因になりうるのであるが、そのすべてが等しく実際の経済変動に影響を及ぼしているとは考えられていない。それは、これらの中の多くの基本パラメーターが、長期的に固定、不変であると考えられているからである。固有の性質として本質的に固定・不変であれば、仮にショックが生じたとしても、その程度は無視できるほど小さいものであろう。そして、その経済全体への影響も無視できるほど小さいものであろう。そのため、経済変動に係る基本パラメー

ターの考察の対象は、本質的に固定・不変という性質を有さない基本パラメーターに絞りこまれることになる。基本的パラメーターのほとんどはその値を直接計測できないので、どの基本パラメーターが本質的に固定・不変で、どの基本パラメーターがそうでないか実証的に示すことは難しい。しかし、一般的には、本質的に固定・不変とは考えられない基本パラメーターとして、「生産関数に係る全要素生産性」および「政策変数、特に金融政策に係るパラメーター」の二つの基本パラメーターが取り上げられている。一般に、全要素生産性に対するショックは「技術ショック」、金融政策に係るパラメーターに関するショックは「金融政策（マネタリー）ショック」と呼ばれ、両者ともに経済変動論の分野において盛んに研究されている。

4. 現在の経済変動理論の論点

基本パラメーターが特定されたとすると、次に問題になるのは、現実の経済変動現象において、主たる役割を果たしている基本パラメーターは一体何かということになる。

（1） 技術ショック

現在最も多くの支持を得ている考え方は、現実の経済変動の主因は技術ショックであるという考え方である。技術ショックは、全要素生産性へのショックであることから生産性ショックともいわれる。技術ショックが支持を受ける理由の一つは、全要素生産性の値が明らかに不変ではないということである。全要素生産性を上昇させるようなショックが不断に起きていることは間違いない。さらに、不断ではあるものの、技術ショックは必ずしも一様に生じていない可能性があることも重要なポイントである。技術進歩の素は新しいアイデアであるが、新しいアイデアは定期的に生じるものではなく、ランダムに生じるものであろう。もちろん、長期間で平均してみれば、技術進歩は一定のペースで進んでいるとみなすこともできるが、景気変動の対象とされる数年間という期間に区切ってみれば、新しい画期的なアイデアが次から次に現れる時

期もあれば、まったく現れない時期もあるであろう。したがって、全要素生産性は、経済変動の対象である数年間の時間スパンで考えれば、十分に大きく変動していると考えることが可能である。つまり、技術ショックは、本質的に経済変動の主因となりうる可能性を有しているといえる。

　技術ショックが経済変動の主因であるという見方は、実物的景気循環論（Real Business Cycle（RBC））として知られている。[6] この考え方がもたらす重要な結論は、価格調整が完全にスムーズでそれを妨げる何らの障害（friction）が無くても、経済の変動が生じることを主張する点である。なぜなら、ショックは実物的な生産関数に加えられるので、そのために発生する実物的な経済の変化を、価格の変化によって抑制することが不可能であるからである。例えば、正の技術ショックによって生産力が増大すれば、価格がどう変化しようと最終的に生産量はその分だけ増大することになる。この点は、価格調整に何らかの障害があることを前提とする、次に述べる金融政策ショックとは大きな相違点となっている。

　ただし、技術ショックに基づく考え方にもいくつか重要な批判があり、まだ完全にすべての経済学者が納得しているわけではない。[7] 最大の問題は、技術ショックは本当にそれ程変動的であるかという根本的な問題である。全要素生産性は直接的に観察できず、様々な経済モデルや経済データを用いて間接的に計測するより方法がない。単純な方法で計測した場合、確かに全要素生産性の推計値は大きな変動を示していることが多い。しかし、より精緻な方法で計測すれば、その変動幅ははるかに小さなものに過ぎないのではないかという批判が根強く存在する。全要素生産性は、実質GDPのデータから様々な無関係な要素を除去した残差として計測される。したがって、「様々な無関係な要素」を十分に除去できないと、現実の全要素生産性とはまったく異なる値が計測されてしまうことになる。アメリカのデータをはじめ全要素生産性に関する多くの実証研究では、できるだけ詳細にこの除去作業を行うと、計測される全要素生産性の変動幅はかなり小さなものとなることが報告されている。[8] さらに、計測された全要素生産性を他の経済変数を用いて予測することが可能という報告もある。[9] このことは、現在の計測技術ではまだ十分に除去できない「様々

な無関係な要素」も少なからず残っている可能性を示している。要するにこれらの批判のポイントは、単純な全要素生産性の計測では、稼働率の変化や労働時間の変化等の経済変動に伴って内生的に生じる変動の影響も、すべて全要素生産性の本源的な変動と誤って計測してしまうため、計測結果の誤差が非常に大きく、全要素生産性の実際の変動幅はもっと小さいのではないかという点である。この問題は、まだ十分に解決されていない非常に重要な問題である。

　上記の問題に加えて、そもそも負の技術ショックはありうるのかという直感的な批判も根強い。この点も、まだ十分納得できる説明がなされていない問題である。[10] 技術ショックに基づく考え方では、不況は負の技術ショックによって引き起こされる。しかし、直感的に考えると、いったん獲得した技術や知見は、簡単に消失することはありえないのではないかと思われる。一体、いったん知れわたり、広く使われるようになった技術や知識、アイデアというものが短期間に忘れ去られてしまうということは、現実にどのような状況を想定したら良いのであろうか。いったん獲得した知識・知恵を急に喪失するということは、ほとんどの人が何らかの病気にでもなればありえるであろうが、現実の経済活動において想起することは難しい。仮に技術の退歩がありえたとしても、それは非常にゆっくりと進行し、短期間に大きなショックをもたらすようなものではないであろう。負の技術ショックとは、具体的には一体どのような現象を指すのか、これもまだ十分な解答が得られていない問題である。[11]

（2）　金融政策（マネタリー）ショック

　金融政策ショックは、金融政策に係るパラメーターへのショックのことを指す。現在のインフレ理論においては、中央銀行はある反応関数に従って行動すると想定され、市場も中央銀行のそうした行動を期待している。しかし、中央銀行がその想定されている反応関数に基づかない予想外の行動をとった場合、すなわち金融政策に係るパラメーターへのショックが起きた場合、それは民間経済主体にとっては外生的なショックということになる。この金融政策ショックが経済変動の主因であるという見方にも根強い支持がある。その支持の背景の一つとして、金融政策ショックに基づく考え方が、技術ショックと異なり不

均衡状態を前提としていることにあると思われる。経済に不均衡が存在するとすれば、様々なマクロ経済政策を行うことが必要になる。したがって、政府による市場への介入を正当化する一つの論拠となりうる。このため、金融政策ショックは、政府による市場への介入の必要性を強調する論者に多く支持される傾向がある。

金融政策ショックに基づく考え方が不均衡状態を前提とする必要がある理由は、以下の通りである。金融政策ショックは、基本パラメーターへのショックではあるが、技術ショックと異なり実物経済に直接加わるショックではない。あくまで、直接的には名目短期金利という名目値に与えられるショックである。このことは、技術ショックとは大きく異なる性格を与えることとなる。つまり、価格調整がスムーズに行われる場合には、金融政策ショックが起きても、その影響は、名目値である価格の調整を通じてすぐに解消され、結果として実物経済にはほとんど影響を与えないことになってしまうからである。このため、実物経済に大きな影響が及ぶためには、価格調整に関する何らかの障害 (friction)、例えば何らかの価格の硬直性 (rigidity) が存在することが必要になる。価格メカニズムが十分に機能しない世界では、必ずしも経済は常に均衡状態にあるわけではなくなる、つまり、不均衡状態が継続することになる。

価格に関する硬直性の主張は、古くケインズに遡る。1960年代に主流であった古いタイプのケインジアンの考え方の多くは今では否定されているが、広く価格調整に関する障害という観点に立つ理論は、よりソフィスティケートされた形で発展し、現在でも多くの支持を得ている。こうした理論は、価格調整に関する障害を想定する点では古いタイプのケインジアンと共通していることから、ニュー・ケインジアンと呼ばれる。ニュー・ケインジアンの理論は、価格の硬直性の背景として不完全競争を想定することによって、より厳密な形で理論化することに成功している。そして、何よりも不均衡状態が生起する理論的な説明を与えるものであることから、ニュー・ケインジアンの理論は、不均衡状態を前提とする金融政策ショックの重要な理論的基礎を与えるものとなっている。

しかし、ニュー・ケインジアンの考え方にも、大きな問題があることが指摘

されている。[12)] ニュー・ケインジアンの理論で示されている価格調整に関する障害のメカニズムは、短期的には確かに存在する可能性がある。しかし、金融政策ショックが経済変動を引き起こすことを説明するメカニズムとしては、それは余りに短期にしか作用しないメカニズムなのではないかという批判がある。この批判のポイントは、仮に実際に短期的な価格調整に関する障害があったとしても、その障害を承知していながら、合理的な人間がその障害によって長く行動を抑制され続けるということは考えがたいという点である。このため、金融政策ショックに基づく理論には、その理論的基礎がまだ十分ではないという批判も根強く存在する。

（3） その他の理論

以上のように、現在、経済変動の理論としては技術ショックと金融政策ショックを中心に展開され、活発な理論的、実証的研究が行われている。しかしながら、これまでみてきたように、いずれの考え方にも未解決な大きな問題が存在することから、技術ショックと金融政策ショック以外の説明の可能性を探る研究も続いている。そうした研究の中から、非確定性（太陽黒点）（indeterminacy; sunspot）理論と、余暇選好ショック（leisure preference shock）に基づく理論を簡単にみてみることとする。

非確定性（太陽黒点）理論は、ある条件の下、例えば収穫逓増などの条件の下では、均衡解が複数存在するという数学的な可能性に依拠した理論である。この理論では、複数の均衡解の中のどの解に決定されるかは、経済現象と本質的に無関係な太陽の黒点の出現と同じく、まったくの偶然によって確率的に決定されると考える。そして、複数の解の間を偶然によって確率的に変遷していくことが経済変動の正体であると主張する。しかし、数学的にはこうした現象が起こる可能性は否定できないが、実際の経済がこの「ある条件」を満たしているのか、実際の経済変動に現われる様々な現象をこうした機械的な説明で十分説明できるのか、という疑問が持たれており、多くの支持を得るまでには至っていない。この理論には経済的な意味はなく、単に数学的な興味の対象でしかないと評価する人も多い。

余暇選好ショックに基づく理論は、基本パラメーターの一つである余暇選好パラメーターに、外生的なショックが加わることで経済変動が引き起こされると主張するものである。余暇選好パラメーターは基本パラメーターであることから、それへのショックが経済変動を起こす可能性は否定できない。この考え方は、例えば Hall（1997）によって主張された。しかし、余暇選好ショックが景気循環の主因であるいう考え方は、必ずしも多くの支持を得ていない。現実にこのメカニズムが大きく作用しているか疑問が多いからである。例えば、余暇選好ショックの考え方に立つと、「不況は、人々がより働きたくなくなったから起こる」という説明になる。モデルの数学的解釈としては整合的なのであるが、経済的な観点から考えて、直感的にこの考え方を受け入れることは多くの人にとって難しいであろう。失業者の急増の原因が「そもそも人々がより働きたくなくなったから起きた」という説明に対しては、直感的に納得しがたいからである。

（4）　その他の論点

　現在の経済変動の理論自体は上記で説明したようなものであるが、理論そのものではないものの、現実の経済変動の理論的解釈を巡っても、盛んに論じられている。そのいくつかをみてみることとする。

　1990年代後半にアメリカで急速に主張されるようになった考え方が、ニュー・エコノミー論である。ニュー・エコノミー論は、ジャーナリスティックな議論の側面も強く、明確な定義がないまま論じられた感が強い。あえて、その主張の共通項を整理すれば、「インターネットに代表される IT 関連の技術革新により、1990年代にアメリカの経済成長率が高まったという」というようなものであろう。さらに、この時期アメリカで好景気が持続したことから、ニュー・エコノミー論の少なからぬ論者は、さらに飛躍して「もはや景気循環は消失した」と主張するようになった。景気循環が消失した理由としては、「経済に実物的なショックが起きても、IT 技術を通じて実物的にスムーズに調整されることから、変動として観察されることはなくなった」という主張がなされた。しかし、ニュー・エコノミー論には批判も強かった。例えば、長期の

経済統計をみると、アメリカの過去100年の歴史の中で、1990年代が特に高い経済成長を示しているわけではない。そして、決定的なのは、2000年に入るとIT不況が到来したことである。このため、現在では、ニュー・エコノミー論はすっかり影を潜めてしまった。

　もう一つの重要な論点は、資産価格と経済変動の関係である。経済変動の理論において、資産価格はこれまでほとんど考慮されてこなかった。しかし、現実には、資産価格の変動と実物経済の変動の間にはかなり強い連関性があるのではないかということが指摘されている。例えば、株価の変動は経済変動の先行指数として有効であることが昔から知られている。さらに、日本の長期低迷が資産価格の大幅な下落と同時に生じたことも、両者の強い連関性を示す象徴的なトピックであるといえる。しかしながら、資産価格と実物経済がどのようなメカニズムで連関しているのか、現在においても良く分かっていない。この連関性の解明は、経済変動の理論に残された課題の一つであろう。

第3節　経済変動理論からみた長期低迷

　ここからは、現在の経済変動理論から日本の長期低迷をどのように考えることができるのか、考察してみることとする。上記のように、現在の経済変動理論では、経済変動は基本パラメーターへのショックが起因となって生じていると考えているが、どの基本パラメーターへのショックが最も大きな影響を及ぼしているかについては、まだ意見が分かれている。おそらく、常に特定の一つの基本パラメーターへのショックのみが経済変動を引き起こしているわけではなく、時期によってあるいは個別の事例によって、ショックを受けた基本パラメーターは様々に異なっているのであろう。特にあまり例のないタイプの経済変動が生じた場合には、通常余りショックを受けるとは想定されていない基本パラメーターがショックを受けた可能性も考えられる。

　こうした考え方に立つと、1990年代以降の日本経済の長期低迷の原因を探る際にも、まず、先入観を持たずに、どの基本パラメーターへのショックが作

用したのかという点から考察することが基本となるであろう。その検討における重要なポイントは、長期低迷があまり例のないタイプの経済変動であるということである。第1章第2節で論じたように、長期低迷は、1930年代の大恐慌と質的な類似性がある。もし両者が同様なメカニズムに基づくとすれば、こうした現象は、100年に1回か2回しか生じる可能性がない非常に稀な現象であったといえる。少なくとも、通常の意味で景気変動といわれている現象のように非常に頻繁に観察される変動現象でないことは事実であろう。こうした点を考えると、通常あまりショックを受けるとは想定されていない基本パラメーターに大きなショックが生じた可能性も、十分に念頭に置いておく必要があろう。

1. 負の外的撹乱

（1） 定常状態のシフト

　日本の長期低迷において特徴的な現象は、需要が低迷したことであった。需要の低迷という現象を、基本パラメーターへのショックによって引き起こされた現象と考えると、何らかの負のショックにより、定常状態がより低い生産や消費の水準にシフトしたという現象として解釈することができる。ここで、定常状態とは、最適成長モデルでは、仮に技術水準が一定不変と仮定した場合に収束していく一定不変の経済水準のことを意味している。この時、経済成長は、外生的に技術進歩が与えられた場合に、定常状態が上方にシフトする現象として解釈される。そして、技術進歩以外にも様々なショックが、定常状態を様々にシフトさせる可能性を有している。こうした定常状態のシフトは、瞬時に達成することが可能な場合もあるが、資本蓄積のように時間をかけて徐々に移行していく場合もある。したがって、ある基本パラメーターへのショックが生じてから、新しいシフト先の定常状態に安定するまでには、長い移行期間が必要である場合がある。

　さて、もし生産量、消費量、投資量等の水準がショックの前より低い定常状態へとシフトしたとすると、最終的に生産量、消費量、投資量、資本蓄積量は減少を示すこととなる。この時、同時に、技術進歩による経済成長がコンスタ

ントに生じていたとすると、「生産量、消費量、投資量、資本蓄積量等の減少」は、「生産量、消費量、投資量、資本蓄積量等の伸び率の低下」として実際のデータでは観察されるだろう。この、生産量、消費量、投資量、資本蓄積量の伸び率の低下という現象は、日本の長期低迷の間に生じた多くの現象と整合的であるといえる。

（2） 長期低迷と定常状態のシフト

負のショックによる定常状態の下方シフトと長期低迷時に観察された現象の整合性を、より詳しくみてみる。

① 企業の行動

定常状態の下方シフトを、1990年代以降観察された企業行動の大きな変化に即して考えてみよう。第2章で分析したように、1990年代以降日本の企業は債務を減少させることを最優先とし、投資や人件費を抑制した結果、貯蓄超過主体に転じるという通常観察されない行動を続けてきた。[13] この「投資を抑制し、債務を減少させる」という行為は、すなわち資本蓄積量を減少させるという行為であるといえる。通常企業は外部から資金調達をし、それによって資本設備を購入し生産を行う。したがって、外部からの資金調達（日本の場合多くは金融機関からの融資）は、すなわち資本蓄積とほぼ同じことを意味している。つまり、企業が債務を削減させる行為は、資本蓄積量を削減させる行為と解釈できる。この資本蓄積量を削減させる行為は、まさに、何らかの外生的な基本パラメーターへのショックを起因として発生した、より低い水準の定常状態への移行過程において生じる現象である。この移行過程においては、資本蓄積の減少を目指すものであるから、金融機関からの融資に限らず社債の発行も減少することになる。これは、まさに、第2章で分析した1990年代以降の日本の企業の資金需要全体の減少と全く整合的な現象である。したがって、1990年代以降の日本企業の行動の変化は、「何らかの外生的な基本パラメーターへの負のショックを起因として発生した、より低い水準の定常状態への移行過程にある」という解釈と矛盾なく両立するものである。

② 非稼動資源

次に、失業率上昇や稼働率低下等の非稼動資源の増加は、どう解釈できるであろうか。完全に摩擦のない経済を想定すると、すべての経済変数は瞬時に調整されるので、そもそも非稼動資源が存在することを説明することは難しい。そこで、何らかの摩擦が存在すると想定した上で、それが整合的に説明できるか検討してみる。外生的な基本パラメーターへの負のショックの結果、これまで検討したように企業は必要な資本蓄積量を減少させようとする。この時、例えば、物理的な資本設備の整理または廃棄に一定の調整コストが必要だと考えると、資本蓄積調整に係る摩擦が存在することになる。仮にこうした何らかの摩擦が存在したと考えると、企業の資本蓄積減少過程において、遊休設備や遊休人員が生じることになる。結果として、より低い定常状態への移行過程においては、稼働率の低下と失業率の上昇が観察されることとなる。このように、何らかの摩擦の存在を仮定すれば、外生的な基本パラメーターへの負のショックの結果であるという考え方と、稼動率の低下や失業率の上昇という観察結果は整合的に説明できる。

③ デフレ

資本蓄積減少過程における摩擦の存在は、稼動率の低下や失業率の上昇とともに、需給ギャップの拡大という現象をも整合的に説明できるようにするものである。需給ギャップの拡大が外生的な基本パラメーターへの負のショックの結果生じるということは、需給ギャップ拡大の結果デフレが生じたという第3章の結論を考慮すると、1990年代以降日本においてデフレが生じたということをも整合的に説明するものである。

④ 家計の行動

さらに、1990年代の長期低迷を特徴付ける家計消費の低迷を考えてみよう。家計消費が低迷した理由として、表面的には収入が低迷しているからというような説明がされることも多いが、前述のようにこうした内生変数同士で説明しても説明にはなっていない。しかし、家計消費の伸び率の低下は、何らかの外

生的な基本パラメーターへのショックを起因として発生した、より低い水準の定常状態への移行過程において生じたという解釈をすれば、整合的な説明が可能であろう。

　以上のように、「何らかの基本パラメーターへのショックを起因として発生した、より低い水準の定常状態への移行過程」という考え方は、1990年代の日本経済で観察された現象を、整合的に説明できる可能性を持っていると思われる。

（3）　負のショックと長期低迷

　さて、前述のように、技術進歩による経済成長が同時にコンスタントに生じていたと考えれば、「生産量の減少」は「生産量の伸び率の低下」として実際のデータでは観察されることになる。この点をデータで検証してみることとする。第1章で述べたように、1990年代の日本経済は、低迷しているとはいえ実質GDPは低い伸び率ながらも基調としてプラスの成長を続けてきた。その背景には、この間においてもコンスタントに技術進歩が生じていたからであると思われる。そこで、日本の実質GDPは技術進歩に起因する確定的トレンド（deterministic trend）付の定常過程にあると仮定して、技術進歩の影響を除去した系列を作ってみることとする。[14] 具体的には、第1章でも用いた、実質GDPからその1980年代前半の確定的トレンド（対数トレンド）を除去した系列をみてみる（図2-1-1）。これをみると、確かに、1990年代以降実質GDPは、徐々に低い水準へと移行している姿とみてとることができる。この姿は、「何らかの基本パラメーターへのショックを起因として発生した、より低い水準の定常状態への移行過程」を表していると解釈することもできるであろう。第1章第3節で指摘したように、「キャッチアップ過程の収束過程」という要素が残っていた可能性もあるので、「より低い水準の定常状態への移行過程」によってすべてを説明できるとは断言できないが、「より低い水準の定常状態への移行過程」ということが強く示唆されるグラフであることは事実であろう。

さて、ここで次に問題となることは、どの基本パラメーターへのショックが、このような大幅な定常状態のシフトをもたらしたのかということである。

2. 基本パラメーターと長期低迷

　基本パラメーターの中で、経済変動に密接な関係を持つと一般に考えられているものは、前述のように、技術ショックと金融政策（マネタリー）ショックである。そこで、まず、この代表的な二つのショックが、1990年代以降の長期低迷に関係があるのか検証してみる。さらに、その後で、非確定性（太陽黒点）理論や余暇選好ショックについても簡単に触れることとする。

（1）技術ショックと長期低迷
　これまで繰り返し強調してきたように、1990年代以降の日本経済の長期低迷においては、需要の低迷が大きな特徴となっている。したがって、一見すると、供給面へのショックである技術ショックは無関係であるかのように思われる。しかし、技術ショックが需要に大きな影響を及ぼすことは十分にありえる。消費需要は、家計が無限の将来を見通して将来の最適な消費計画を作り、それに従って実際の消費行為を行うことによって生じる。もし、何らかの負の技術ショックが生じ、将来の生産力がそのショック前よりも落ち込むということを家計が知ったとすると、家計は将来の生産の低下を見通して将来の消費計画を下方に修正することが考えられる。この消費の下方修正が需要の低迷として観察されることになる。したがって、長期低迷をもたらした基本パラメーターへのショックとして、負の技術ショックが生じた可能性を排除するわけにはいかない。

① 日本の全要素生産性（TFP）
　1990年代以降の日本の全要素生産性の伸び率に関し、多くの実証研究がなされている。全要素生産性は、実質GDPのデータから様々な無関係な要素を除去した残差として計測されるが、「様々な無関係な要素」を十分に除去でき

ないと、全要素生産性とはまったく別の数値が計測されてしまうことになる。全要素生産性の計測一般に係るこうした問題のために、日本の全要素生産性の計測においても、どの程度除去作業を行ったのか良く把握しておく必要がある。除去作業の程度によって、計測結果にかなりの誤差が生じている可能性があるからである。実際に、Hayashi and Prescott（2002）では、1980年代に比べ1990年代の全要素生産性上昇率は2%ポイント程度低下したと報告されているが、Fukao et al.（2003）やJorgenson and Motohashi（2003）では0.1～0.4%ポイント程度しか低下していないとされている。また、乾・権（2004）では、詳細な推計作業を行えば、1990年代に入ってからの日本の全要素生産性伸び率の低下は0.2～0.5%ポイント程度としている。さらに、川本（2004）では、1990年代に全要素生産性上昇率が減速した証拠はまったく見いだせないと結論付けている。長期低迷期の日本を対象とする多くの実証研究の結果を総じてみると、1990年代に生産性の伸び率の低下があったとしても、その程度はせいぜい年率0.5%ポイントかそれ未満のように思われる。全要素生産性の計測がかなりの技術的困難性を伴っていることを考えると、高々0.5%ポイント程度の変化は、誤差の範囲内と判断することも可能かもしれない。したがって、これらの多くの実証結果から判断すると、1990年代に入って日本の全要素生産性の伸び率は、低下したとしてもそれはマイルドなものであり、長期低迷を説明するには必ずしも十分ではないと思われる。「長期低迷の一つの要因となった可能性はあるものの、それほど大きな寄与はしていない」というような評価が、技術ショックに関する妥当な評価ではないかと思われる。

② 直感的な批判

　技術ショックには、本章第2節4．で述べたように「負の技術ショック、つまり技術の退歩という現象が現実にありうるのか」という直感的な批判が根強く存在する。非常に小さな技術の退化であれば、技術の種類によっては時たま起きるかもしれない。こうした見方は、「全要素生産性を精査すれば技術ショックはかなり小さくなり、経済変動への影響は実際には非常に小さいので

はないか」という批判を支持するものである。

さらに、仮に1990年代初に大きな負の技術ショックが確かにあったとしても、なぜそのような技術や知識、アイデアの蓄積の急ブレーキが日本で生じたのかという難問が存在する。日本の研究開発や技術導入に関して、1990年以前と以後で非連続的な大きな差異を生じさせるような出来事を想起することは、非常に困難であろう。この時期に、アメリカでは技術進歩が着実に進んでいたからなおさらである。少なくとも、それまでアメリカの技術を導入することができた日本人が、ある日突然皆能力が落ちて、アメリカから技術を導入することができなくなったと考えれば良いのだろうか。

ここで、日本の技術輸出と輸入の推移をみてみる。仮に、1990年代に入って日本の技術開発力が落ちたとすれば、1990年代以降、日本の技術輸出額の伸びは大きく低下しているはずである。また、仮に1990年代に入って海外からの技術導入が阻害されるようになったとしたら、1990年代以降、日本の技術輸入の伸びは大きく減少したはずである。しかし、これらのデータをトレンドとしてみると、技術輸出も技術輸入ともに1980年代と1990年代で大きな相違はみられない（図2-4-2）。これは、特許のレベルでみた日本の技術環境は、1990年代に入ってトレンドが大きく変化したわけではないことを示して

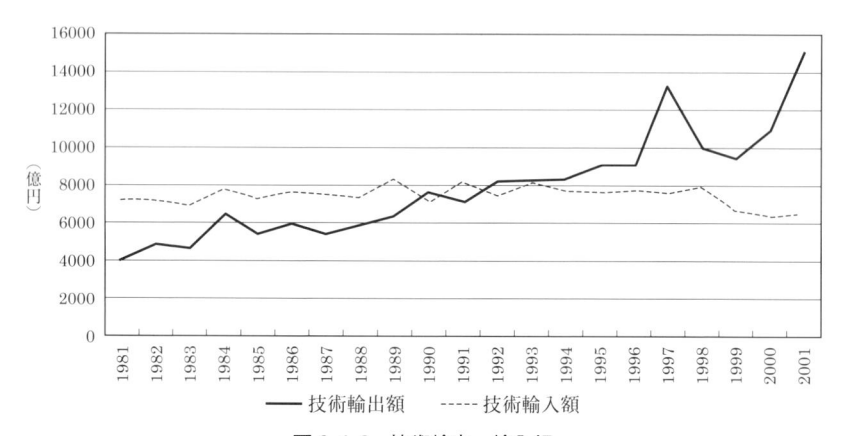

図 2-4-2 技術輸出・輸入額
（出典：総務省統計局資料）

いる。つまり、自然科学分野の技術開発、あるいは海外からの技術導入という、科学技術の一番基本的な部分は、1980年代と1990年代の間で大きな差異が生じているわけではない。

もちろん、全要素生産性は、特許のレベルだけでなく、その実用面、特に実際の生産現場での生産性等も広く含んでいる。この現場レベルでの生産性の伸び率に1980年代と1990年代で断絶がある可能性は、このデータからは否定できない。しかし、1990年代初めに、現場での生産性を阻害させるような特別な法律の施行や規制の強化があったわけではないことから、1990年代に入って、突如現場レベルでの生産性向上が急に非連続的に大きく低下したと考えるのは無理があるであろう。これも、1990年代に入って、突如日本の生産現場で働いている人々の能力が急低下したと考えるべきなのだろうか。こうした説明は、かなり無理があると思われる。技術ショックを主張する場合には、こうした疑問にも十分に答える必要があるものと思われる。

ここまで技術ショックに関して検討してきた結論としていえることは、技術ショックが長期低迷をもたらした主因であると考えることは、かなり難しいと思われることである。

（2） 金融政策ショックと長期低迷

次に、需要面へのショックの代表例である金融政策ショックが、1990年代以降の日本経済の長期低迷をもたらしたのか検討してみることとする。なお、この金融政策ショックが長期低迷の主因であるという考え方は、第3章で検討したデフレ主因説と表面上似ており、両者を混同して主張している論者もいる。しかし、本書ではこの両者は区別して考えることとしている。第3章で検討したデフレ主因説においては、長期低迷のメカニズムを「金融政策⇒デフレ⇒実物経済の悪化」という因果関係でとらえていた。しかし、ここで扱う金融政策ショックは、「金融政策⇒実物経済の悪化⇒デフレ」という因果関係で考えている。両者とも金融政策におけるショックを起点とするものの、実物経済の悪化とデフレの因果関係は逆になっている。この点で、物価への影響を経由して実物経済に影響を与えるメカニズムを扱うデフレ主因説とは、基本的なメ

カニズムの想定が大きく異なっている。

① 金利チャンネル

　金融政策ショックの実物経済への伝播メカニズム（マネタリー・トランスミッション・メカニズム）にはいくつかの伝播チャンネルがあるが、まず伝統的な金利を通じる伝播チャンネルをみてみる。この伝播チャンネルの基本的なメカニズムは、名目短期金利が、市場の予想を外れて、いわば外生的なショックとして変化した場合、経済に存在する障害、例えば硬直性によって価格調整が遅れ、結果として実質金利が変化してしまうことにより、実物経済に影響が及ぶという考え方である。そこで、1990年代の前後で金融政策の変化に伴い、実質金利が大きく上昇したかどうかがポイントになる。しかし、第3章で詳しくみたように、1990年代に入って実質金利が急上昇した現象は明らかに観察されていない。この結果をみる限り、金利チャンネルを通じた伝播メカニズムは、長期低迷をもたらしたメカニズムとしては作用していなかったと思われる。

② 信用チャンネル

　伝播メカニズムには、もう一つ有力なチャンネル、信用チャンネルがある。これは、企業の資金調達に関し何らかの障害が存在するために、企業の資金調達が制約され、金融政策の変化に応じて企業の資金調達力も変化し、結果として実物経済に影響が及ぶという考え方である。さて、この信用チャンネルを1990年代以降の長期低迷に当てはめて考えると、貸し渋りの有無の問題とみなすことができよう。もし金融機関の貸し渋りが生じていたとすると、この信用チャンネルが何らかの影響を与えていた可能性がある。しかし、第2章の結論は、長期低迷の時期には、金融機関の貸し渋りではなく、企業の借り渋りが生じていたというものである。つまり、1990年代以降の日本の企業は、資金調達制約によって活動が抑制されてはいなかったといえる。このことは、信用チャンネルは、長期低迷のメカニズムとしてはほとんど何の影響も及ぼしていなかったことを示している。したがって、日本の長期低迷に関しては、信用

チャンネルは基本的に無関係であると考えられる。

以上のように、日本経済の現実のデータは、金融政策ショックが直接的に1990年代以降の長期低迷をもたらしたという仮説と整合的ではない。むしろ、現実のデータは、金融政策ショックは長期低迷と基本的に無関係であることを示しているといえる。

（3） マネーサプライと長期低迷

第3章で述べたように、デフレ主因説では、伝統的な名目金利を中央銀行の操作変数とする枠組みではなく、マネーサプライを中心とする枠組みの方が適切であると主張している。この考え方は、現在の経済変動理論における金融政策ショックに基づく考え方というより、貨幣的経済変動論に近い考え方に基づいているといえるかもしれない。そこで、貨幣的経済変動論の観点から長期低迷が説明できるかという点に関しても検討してみることとする。

まず、1990年代以降の日本経済の長期低迷において、マネーサプライと実質GDPがどのような動きを示したかみてみる（図2-4-3）。他の先進工業国と

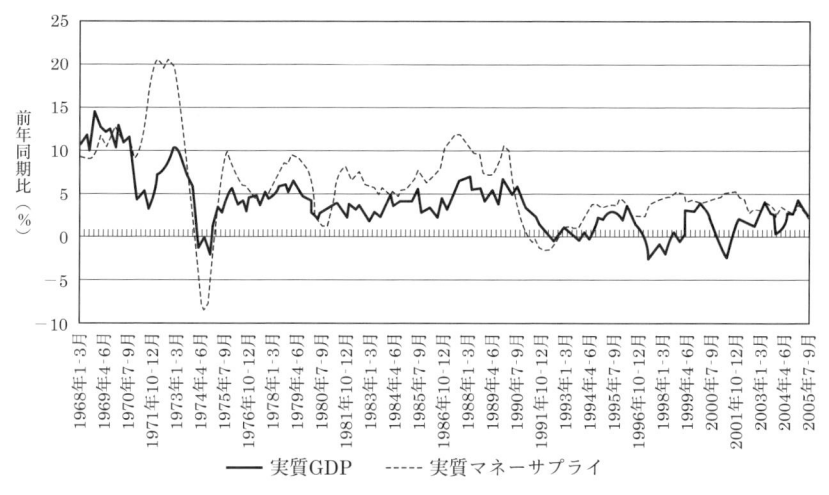

図2-4-3　マネーサプライと実質GDP
（出典：内閣府「国民経済計算」および日本銀行資料）

同様、日本においても1980年代までは、マネーサプライと実質GDPは似た動きをしていたようにもみえる。しかし、1990年代以降をみると、これも他の先進工業国と同様、マネーサプライと実質GDPは基本的に無相関になっている。[15] これは、マネーサプライを増加させても経済成長が高まらなかったことを表している。このように、1980年代まで観察されたマネーサプライと実質GDPの相関性は、見かけ上のものに過ぎなかった可能性が高いことが、日本のデータからも裏付けられたといえるであろう。したがって、貨幣的経済変動論の考え方で長期低迷を理解することは、かなり難しいといえる。

（4） その他の経済変動理論と長期低迷

技術ショックと金融政策ショック以外の経済変動の理論が長期低迷を説明しうるか、簡単にみてみることとする。まず、非確定性（太陽黒点）理論で、長期低迷は説明できるであろうか。この理論はもともと極めて数学技術的な色彩の強い理論であり、しかも確率論的な世界を想定しているため、現実の個別具体的な経済変動に当てはめて、その発生要因を説明する能力はそもそもかなり低い。したがって、日本の長期低迷に関しても、「一般論として、この理論で説明できる可能性を完全には排除できない」という以上の評価をすることは難しいであろう。つまり、可能性はかなり低いと思われるが、一方で、発生確率が0％であると断言するだけの材料もないということである。なお、非確定性（太陽黒点）理論は本来的にこのような性質を持っていることから、この理論で長期低迷を説明しようと試みる人はほとんどいない。

余暇選好ショックについていうと、直感的に考えても無関係と思われる。なぜなら、余暇選好ショックが主因だとすると、1990年代以降の日本経済の長期低迷は、「日本人が以前より働きたくなくなったため」ということになる。リストラ等により多くの人がその意思とは逆に失業せざるをえなくなった状況を想起すると、単純にはこの考え方を受け入れるわけにはいかないだろう。さらにいえば、なぜ1980年代から1990年代に変わったとたん急に非連続的に日本人は働きたくなくなったのか、その説得力ある理由を見つけ出すことも非常に困難である。こうしたこともあり、余暇選好ショックを主張する論者もほ

とんどいない。

3. その他の基本パラメーター

　以上のように、一般に経済変動の主因とみられている技術ショックも金融政策ショックも、長期低迷に関しては必ずしも十分説得的な説明を行いえないといえる。さらに、非確定性（太陽黒点）理論や余暇選好ショックも、説得力ある説明であると考えることは困難である。しかしながら、一方で、現在の経済変動理論の立場に立てば、何らかの基本パラメーターに対するショックが経済変動の起因となっていると考えざるをえない。[16] そうであれば、通常考えられている基本パラメーター、すなわち技術ショックや金融政策ショック以外の基本パラメーターへのショックが、長期低迷をもたらしたショックであると考えざるをえない。

　このことは、長期低迷の特殊性を考えると、必然的な結論だったのかもしれない。第1章第2節で論じたように、長期低迷は、1930年代の大恐慌と質的な類似性があり、同一のメカニズムが働いていた可能性が高い。もしそうであるとすると、逆に言えば、100年に1回か2回しか生じる可能性がない、非常に稀な現象であったといえる。より広く「金融危機」という概念で括ると、過去100年間世界各国で100近いエピソードを数えることができるという見方もある。[17] しかし、このことも、逆にいえば、各国ごとにみれば、100年に1回か2回しか起きない非常に稀な現象であると解釈できるであろう。金融危機が、景気循環のように頻繁に数年置きに発生している国は、少なくとも先進国には存在しないであろう。したがって、少なくとも、通常の意味で景気変動といわれている現象のように、非常に頻繁に観察される変動現象でないことは事実であろう。このように考えると、通常の意味での経済変動の主因と考えられている技術ショックや金融政策ショック以外の基本パラメーターへの、稀かつ非常に大きなショックが長期低迷をもたらしたショックであると考えることは、極めて自然であるといえるかもしれない。

　そこで、通常は経済変動の要因とは考えられていない基本パラメーター、具

体的には、残されている三つの基本パラメーター、相対的危険回避度（＝異時点間の消費の代替の弾力性の逆数）、時間選好率、労働投入比率について、改めてゼロから検討を加えてみることする。

（1） 経済変動に関係する基本パラメーター

　危険回避度、時間選好率及び労働投入比率が、これまでほとんど経済変動をもたらす基本パラメーターとしては考慮されてこなかった主たる理由は、以下のようなものであると考えられる。

(i) 経済変動の時間スパンで変動しているとは、先験的に考えにくい。つまり、長期的に一定不変の値を持っているものと考えられる。
(ii) 直接的に観察されるデータではなく、間接的に推計せざるをえないパラメーターであることから、時系列データとして信頼のおける推計値が存在せず、実証的にその重要性を確認することが困難である。
(iii) 理論上、その変動が、経済変動の諸現象を整合的に説明しうるか不明である。
(iv) そのパラメーターの値を一定と置くことで数式処理が簡略化され、モデルの取り扱いの容易さ（tractability）が大幅に改善する。

　なお、理由(iv)は単に便宜性だけを主張するもので、必ずしも正当な理由ではないように思えるかもしれないが、実際には非常に大きな影響力を持ってきた可能性がある。一度その取り扱いの容易さが広く認知されてしまうと、そのような扱いが妥当かどうかは考慮されることなく、そのパラメーターの値を一定と置くことが、無意識のうちにいわば常識となってしまう可能性がある。

（2） 基本パラメーターの可変性──変動周期と計測可能性

　上記（1）で示された理由の中には、本当にこの理由で多くの基本パラメーターを排除して良いのか、疑問のあるものも少なくない。まず、理由(i)の一定不変性について考えてみる。実は、従来排除されてきた基本パラメーターに対

し、特段、理論的、実証的に一定不変であるという強い根拠が示されているわけではない。例えば、危険回避度と時間選好率に関しては、「その値は人が生まれながらに授かっている、あるいは子供の時期の環境によって形成され、その後一生変化しない」という可能性が指摘されている。しかし、こうした可能性は、必ずしも理論的、実証的に示されたわけではなく、あくまでも直感的な理解といって良いであろう。長期的な平均値でみれば確かに一定なのかもしれないが、どんな外的環境の変化があってもまったく変動しないのか確かなことは分からない。もしかしたら、マルコフ過程のような変動を示しているのかもしれない。このように、ある基本パラメーターが一定不変かどうかという区別は、多分に感覚的、直感的になされてきたといえよう。したがって、少なくとも、これらの基本パラメーターが大きなショックを受ける可能性を完全に否定することは難しいものと思われる。そして、危険回避度や時間選好率が大きく変化する可能性も、最初から排除することはできないと思われる。

ただし、労働投入比率に関しては、少なくとも1980年代と1990年代で大きく非連続的にシフトする理由をみつけることは難しいと思われる。危険回避度や時間選好率は、経済主体の嗜好、好みであるから、突然非連続的にシフトすることはありえないわけではないだろう。しかし、物理的なストックに関する労働投入比率は、ゆっくり変化することはあっても、突然その値が大きく非連続的にシフトするということは想定しがたい。その意味で、労働投入比率に関しては、日本の長期低迷の考察対象からは外して構わないと思われる。

次に、理由(ii)について考えてみる。この理由(ii)に関しても、それほど強い理由であるとはいえない。そもそも、理由(ii)は、ほとんどの基本パラメーターに共通する問題であるといえる。基本（deep）と表現するだけあって、消費量とか生産量のように直接外面的に観察できるものは少ない。ほとんどの基本パラメーターは、その値を推計するためには、あるモデルを仮定した上で、観察可能な指標から間接的に推計するしかない。こうした性質はほとんどの基本パラメーターに共通していることを考えると、理由(ii)を根拠に、技術パラメーターと金融政策パラメーター以外の基本パラメーターは排除されるべきと主張することはできないであろう。少なくとも、技術パラメーター、すなわち全要素生

産性の推計の困難性より、全要素生産性以外の基本パラメーターの推計の困難性の方がはるかに大きい、とはいえないことは確かであろう。

(3) 基本パラメーターの可変性——理論との整合性

理由(iii)の問題は、実は、危険回避度に関しては大きな問題となる。危険回避度は、最適成長モデルでは、将来の消費の流列を決定するオイラー方程式に現れる。単純化のために余暇選好パラメーターを捨象した場合のオイラー方程式は、代表的家計がその期待効用 $E\int_0^\infty (1+\theta)^{-t} u(c_t) dt$ を、予算制約式 $f(k_t) = \frac{dk_t}{dt} + c_t$ の下で最大化する時の条件として、以下のように求められる。

$$\frac{\dot{c}_t}{c_t} = \frac{\frac{\partial y_t}{\partial k_t} - \theta}{\varepsilon}$$

ここで、y_t は一人当たり生産量、c_t は一人当たり消費量、k_t は一人当たり資本ストック、θ は時間選好率、ε は相対的危険回避度（＝異時点間の消費の代替の弾力性の逆数）、E は期待オペレーター、そして $f(k_t)$ は生産関数である。また、ここで、生産関数が、$f(k_t) = A^\alpha k_t^{1-\alpha}$ のような最も一般的な一次同次のタイプであると仮定すると、オイラー方程式は以下のようになる。

$$\frac{\dot{c}_t}{c_t} = \frac{(1-\alpha)\left(\frac{A}{k_t}\right)^\alpha - \theta}{\varepsilon}$$

ここで、A は技術パラメーター、α は労働投入比率である。

さて、定常状態においては $\frac{\dot{c}_t}{c_t} = 0$ となることから、定常状態では、

$$(1-\alpha)\left(\frac{A}{k_t}\right)^\alpha = \theta$$

が成り立っている。[18] ということは、危険回避度 ε がいかなる値を取ろうと、定常状態は何ら変化しないことになる。つまり、危険回避度が仮に変動していたとしても、定常状態を変化させ、経済変動を引き起こす力はないということになる。危険回避度が果たしている役割は、あるショックが起きて定常状態から外れた時に、定常状態に復帰するスピード、つまり収束速度を決める一要素としての働きがあるだけである。[19]

一方、時間選好率が変化した場合には、定常状態を示す式 $(1-\alpha)\left(\frac{A}{k_t}\right)^\alpha=\theta$ の右辺が変化することから、左辺の資本ストック k_t を調整しなければならない。つまり、時間選好率が変化した場合には、定常状態は変化する。したがって、時間選好率に関しては、経済変動を引き起こすショックとなりえるといえる。さらに、労働投入比率 α が変化した場合にも、再度 $(1-\alpha)\left(\frac{A}{k_t}\right)^\alpha=\theta$ が成立するためには、資本ストック k_t が変化しなければならない。つまり、労働投入比率の変化も、定常状態を変化させることから、経済変動を引き起こすショックとなりえる。

(4) 経済変動に影響を持つ可能性

以上の検討をまとめると、技術パラメーターや金融政策パラメーター以外の残された三つの基本パラメーター、すなわち危険回避度、時間選好率及び労働投入比率の中では、労働投入比率は理由(i)の観点から経済変動の要因としては排除され、危険回避度は理由(iii)の観点から排除される。しかし、時間選好率に関しては、理由(i)〜(iii)のいずれをとっても、経済変動をもたらす基本パラメーターと考えることを排除する理由とはなっていない。このため、時間選好率は、単に理由(iv)のモデルの取り扱いの容易さの観点という便宜性の理由からのみ、一般的に一定不変のパラメーターとして扱われるようになってきた可能性が高いと思われる。つまり、時間選好率は一定不変のパラメーターであるという、理論的、実証的な根拠はないことになる。したがって、時間選好率へのショックが長期低迷をもたらしたショックである可能性を追求することは十分に可能である。

繰り返し述べているように、長期低迷は、100年に1回か2回しか生じる可能性がない非常に稀な現象である。したがって、長期低迷をもたらしたショックは、一般に経済変動の主因と考えられている技術ショックや金融政策ショック以外の基本パラメーターへの、稀なかつ非常に大きなショックである可能性はかなり高いといえる。時間選好率は、一般に経済変動とは無関係と考えられているが、それへのショックが長期低迷をもたらしたショックである可能性は十分にありえることになる。そうであれば、そうした可能性を十分に検討するこ

とは、むしろ必要なことであると思われる。

4. 時間選好率の可変性

時間選好率へのショックは、ここまで、消去法によって、長期低迷の原因となりうるショックとして残ってきたのであるが、長期低迷の性格を考えるとそれほど不自然なものとは思われない。1990年代の長期低迷に関するこれまでの本書の結論は、需要面に負の大きなショックが発生したというものであった。その意味では、家計の期待効用に直接関係している時間選好率は、直接的に需要面に大きな影響を与えることが十分に考えられる。以下では、この時間選好率へのショックの可能性を、より詳しく検討してみることとする。

（1） 時間選好率の可変性

まず、時間選好率が、一定不変のパラメーターなのか、それとも変動的なパラメーターなのかという点を再度考えてみる。実は、時間選好率に関しては、20世紀前半のアーヴィング・フィッシャー、さらにいえば19世紀のベーム・バヴェルクの時代から、当然のように変動的であると考えられてきた。[20] これは、時間選好率が一定不変であると考える理由が特段存在しないためである。したがって、時間選好率は様々な要因によって変化し、結果として時間とともに変化すると考える方がはるかに自然であった。[21] しかし、サムエルソンが1937年に出した論文で、時間選好率を一定不変としたモデルを提示して以来、ほとんどのモデルにおいて時間選好率は一定不変と扱われるようになった。[22] これは、時間選好率が一定不変であることが実証されたためではなく、複雑になる一方のモデルの構築において、時間選好率を一定不変と置くと解析的な処理が非常に楽になるという、取り扱いの容易さだけからの理由であった。しかし、実際上この取り扱いの容易さの利点は非常に大きく、以後今日まで時間選好率は一定不変と置くという考え方が、マクロ経済学においては常識とされるようになった。しかし、繰り返しになるが、このことは、理論的にも実証的にも、時間選好率が一定不変であることが証明されたことを示すものではない。

時間選好率は様々な要因によって変化し、結果として時間とともに変化すると考える方がはるかに自然であることは、今日においても変わりはない。

（2） 確率的ショック

時間選好率は本来的に可変的である方が自然であることから、その後も少数ながら時間選好率を可変的なものと扱うモデルも考案された。その代表例がUzawa（1968）の内生的時間選好率モデルである。このモデルでは、時間選好率は資産の多寡によって変化する。Uzawa（1968）のモデルは、時間選好率の可変性を簡便にモデル化することに成功したため、多くの経済学者の注目を引いたが、実は問題を抱えていた。[23] それは、資産の増加に従って時間選好率が上昇しないと、経済が安定的とならないという問題である。直感的には、資産が増加して豊かになると、目先のことよりも将来のことを考えるようになるので、時間選好率は低下するものと考えられている。また、いくつかの実証研究の結果では、消費や恒常所得が増加すると時間選好率は低下する。[24] つまり、豊かになれば時間選好率は低下するという結果となっている。したがって、資産が増加し豊かになると、時間選好率が上昇するという仮定が必要なこの内生的時間選好モデルに対しては、批判的な見方をする経済学者の方が多い。[25] なお、この問題に関しては、第2部補論においても詳しく論じている。

しかし、時間選好率が変動的ではないという根拠がない以上、たとえUzawa（1968）の内生的時間選好率モデルには問題があるとしても、何らかのショックによって時間選好率が確率的に変化すると考えることを妨げるものではない。仮に時間選好率の変動メカニズムが十分に解明されていないとしても、時間選好率が基本パラメーターの一種と考えられている以上、それが確率的に変化すると想定することに何等の問題もない。これは、技術パラメーター（全要素生産性）の変動メカニズムが良く分かっていないものの、技術パラメーターは確率的に変動していると想定することと同様に、非常に自然な発想である。技術ショックにせよ、時間選好率ショックにせよ、あるいは余暇選好パラメーター・ショックにせよ、その確率的変動の生成メカニズムの探求とは切り離して、とりあえず確率的な変動をするという仮定の下にモデルを作るこ

とはまったく問題ないといえる。

5. 時間選好率ショックの性質

時間選好率が変動的であるとすると、次に問題となるのは、その変化がマクロ経済にどのような影響を与えるかという点である。長期低迷に関しては、「何らかの外生的な基本パラメーターへのショックを起因として発生した、より低い水準の定常状態への移行過程」という考え方によって、1990年代以降日本経済で観察された現象を矛盾なく説明できることが、ここまでの検討によって示されている。この長期低迷の特徴を、時間選好率へのショックがうまく説明できるか考えてみる。

（1） 定常状態の変化の方向

時間選好率がショックによって上方にシフトする、すなわち時間選好率の値が大きくなると、その値に対応した新しい定常状態における生産、消費、資本ストックの水準は、ショック以前の定常状態における生産、消費、資本ストックの水準より低くなる。逆に、時間選好率の下方シフトが生じると、新しい定常状態における生産、消費、資本ストックの水準は、より高い水準にシフトする。この変化をグラフで示すと、図 2-4-4 のようになる。資本蓄積式で $\frac{dk_t}{dt}=0$ を満たす曲線と、オイラー方程式で $\frac{dc_t}{dt}=0$ を満たす縦直線の交点が、定常均衡の状態である。最適化問題の解の中で、この定常均衡状態に達することのできるものは鞍点経路だけであり、家計はこの鞍点経路を辿ることとなる。なお、定常状態は $\frac{dc_t}{dt}=0$ を満たす縦直線上にあるため、時間選好率と資本の限界生産力は一致することになる。

さて、時間選好率が上方にシフトすると、それに対応して定常状態の資本の限界生産力の値も大きくなる。さらに、その資本の限界生産に対応する資本ストックの量は減少する。したがって、時間選好率の上方シフトは、グラフ上では縦直線の左方へのシフトとして表される。それに伴い、定常状態もシフトする。このグラフから明らかなように、新しい定常状態においては、消費量は以

図 2-4-4 時間選好率ショック

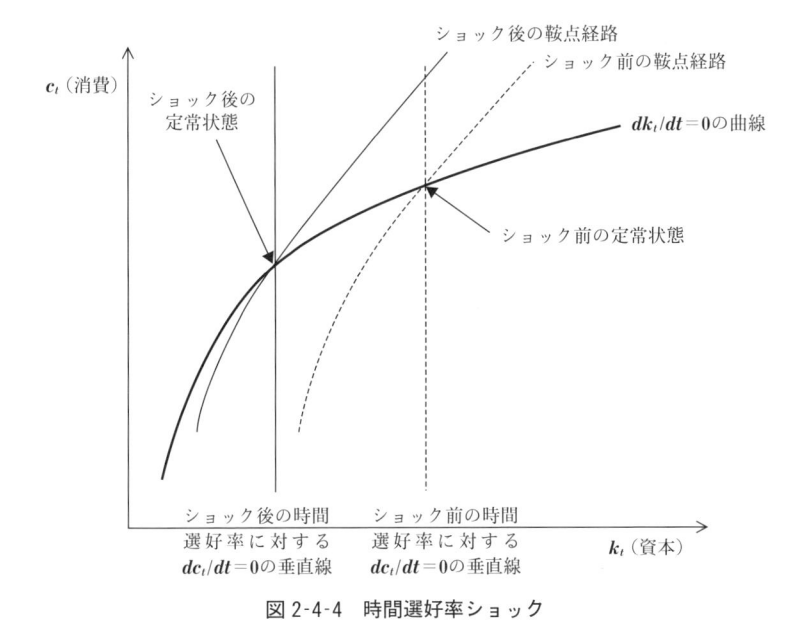

前より低い水準となっている。さらに、このことは、定常状態における生産量も資本ストックも、以前より低い水準となっていることを意味している。

（2） 消費の移行経路

なお、上記の移行過程では、一つだけ不自然な動きが起きる可能性が残されている。それは、ショックが起きた瞬間の消費の動きである。時間選好率の上方シフトによって、最終的に定常状態の消費量はより低い水準にシフトする。しかし、ショックが起きた瞬間に、理論上、消費量は新しい鞍点経路に向けて上方にジャンプすることになる。この場合、このジャンプの時だけ、一瞬消費量は大きく増加することになる。つまり、最終的に消費量は減少するものの、ショックが起きた瞬間だけ大きく増加するという不自然な動きを示すことになる。

しかし、このような不自然な消費の変化が生じない可能性を、新古典派の仮定を少し緩めることで示すこともできる。通常、消費は大きくジャンプすることはない。それは、一般に人々は危険回避的な効用関数を持っているからであ

る。危険回避的な場合、消費の変動が小さいほど期待効用が大きくなるため、消費の経路をできるだけスムーズにさせる力が働くことになる。この力が作用するため、ショックが生じた時に消費がジャンプすることを抑制させようとする力も働くことになる。ただし、すべての家計が均一でかつ協調して同一の行動をとる場合（代表的家計の場合）には、この消費スムーズ化の力が作用しても、やはりなお、消費をジャンプさせることが最も高い期待効用をもたらすことになる。しかし、この仮定を緩め、すべての家計が均一であっても非協調的に行動するより一般的な状況を仮定すると、消費をジャンプさせない移行経路の中に、消費をジャンプさせる鞍点経路を辿る移行経路よりも、高い期待効用を与える経路がある可能性が出てくる。[26] この場合、消費は、ショック前の定常状態からショック後の定常状態へスムーズに少しずつ減少しながら移行していく可能性がある。さらに、資本や金利も特異な経路を辿ってショック後の定常状態に向うこととなる。現実の世界では、個々の家計は相互に協調しているわけではなく、それぞれの家計で独立して消費行動を決定しているといえる。したがって、こうした現象が生じる可能性は十分にありえるといえる。なお、こうした大きなジャンプの可能性のある特殊な状況を除けば、均一の家計が協調的に行動しようが非協調的に行動しようが結果は同一である。したがって、上記のような例を除くほとんどの場合においては、すべての家計が均一でかつ協調して同一の行動を採るという仮定、すなわち代表的家計を仮定しても、まったく問題は生じない。

（3） 長期低迷と期間選好率ショック

さて、時間選好率に上方シフト・ショックが生じた時の新旧の定常状態の間の変化を、前章までで明らかになった長期低迷の特徴と比べてみよう。長期低迷における家計と企業の行動は、以下のような非常に特異なものであった。

(i) 家計は、消費を抑制し続けた。
(ii) 企業は、投資を抑制し、債務や資本を減少させ続けた。

これらの行動は、繰り返し指摘しているように、何らかの負のショックが生じて定常状態が低い水準にシフトした時に現れる現象である。そして、時間選好率が上方にシフトすると、定常状態は低い水準にシフトする。家計や企業は新しい低い水準の定常状態に向かって調整を進める。すなわち、家計は消費を抑制し、企業は資本ストックを削減するように行動することが想定される。もし、この間に、同時に別途正の技術ショックがコンスタントに働き続けていたとすると、消費や生産は、減少するのではなく、実際には伸び率の大幅低下という形で観察されるであろう。このように、時間選好率ショックの結果想定される変化の方向と、実際に観察された現象の最終的な方向性は一致する。このことは、時間選好率を上方にシフトさせるショックが、長期低迷と整合的であることを示唆している。

6. 長期低迷と時間選好率ショック

それでは、実際に日本人の時間選好率は、長期低迷に陥る直前に上方に大きくシフトしたのであろうか。その検証のためには、時系列の時間選好率のデータが必要となる。時間選好率は直接計測できないので、何らかのモデルを仮定し、そこから間接的に計算しなければならない。ここでは、最適成長モデルから得られるオイラー方程式を基に推計し、その推計値をもとに検証を試みてみることとする。[27]

（1） 推計モデル

推計には、以下のオイラー方程式を利用する。

$$\frac{\dot{c}_t}{c_t} = \frac{r_t - E(p_t) - n_t - \theta_t}{\varepsilon(c_t)}$$

$$\varepsilon(c_t) = \frac{u''(c_t) c_t}{u'(c_t)}$$

ここで、θ_t は t 期の時間選好率、c_t は t 期の一人当たり消費量、r_t は t 期の名目長期金利、n_t は t 期の人口増加率、$E(p_t)$ は t 期の期待インフレ率、$u(\cdot)$ は

効用関数である。このオイラー方程式を用いて、日本経済の代表的家計の時間選好率の時系列の推計値を計算できる。まず、相対的危険回避度（＝異時点間の消費の代替の弾力性の逆数）$\varepsilon(c_t)$は一定と仮定すると、上記の式から

$$\theta_t^* = \theta_t + e_t = r_t - E(p_t) - n_t - \frac{\dot{c}_t}{c_t}\varepsilon(c_t)$$

という推計式が得られる。ここで、θ_t^*は推計しようとする時系列の時間選好率、e_tはランダムなノイズである。推計される時間選好率θ_t^*は、ランダムなノイズe_tを含んでいるので、この推計値は全要素生産性の推計値と同じく「残差」として求められるものである。データは四半期データで、SNA統計の家計消費、GDPデフレーター、そして10年国債利回りを用いた。また、4四半期先のインフレ率を期待インフレ率の代理変数と考えた。さらに、ある時点で意思決定された家計の消費行動は、それから1年の間に実際に行動に移されると考えた。なお、一般的に広く仮定されている$\varepsilon(c_t)=1$を仮定した。こうした仮定に基づいて、残差として時系列の時間選好率を推計した。

（2） 推計結果

　推計された時間選好率の水準は、使用する長期金利のデータに依存するので、水準ではなくその変化幅に注目する必要がある。[28] 推計結果をみると、残差として計算されたのでノイズを含んでいるが、1980年代後半と1990年代を比較すると、明らかに後者の方が高くなっていることが分かる（図2-4-5）。両者の差は、2%ポイント強である。この推計結果が正しいとすると、1980年代末に、日本の家計の時間選好率は約2%ポイント強上方にシフトしたことになる。いうまでもなく、バブルはその直後1990年初めに崩壊した。したがって、1980年代末の2%ポイント強の上方シフトは、その直後のバブル崩壊と時間的に完全に整合的な結果といえる。

　なお、推計結果にはノイズが含まれていることから、このノイズについても若干説明することが必要かもしれない。まず、1980年代初頭に大きな変動がみられる。この時期は、第二次石油危機の直後であり、また世界中で金融政策手法が大きく変更された時期でもある。このため、この時期には、人々のイン

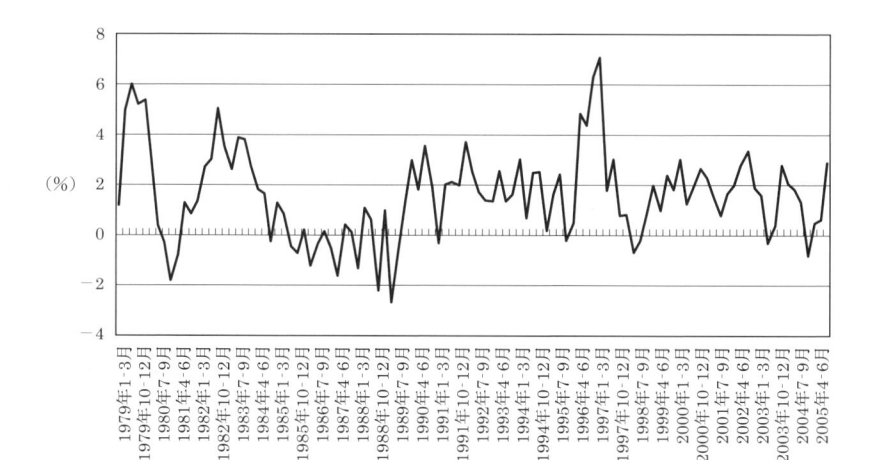

図 2-4-5　時間選好率の推計値

フレ期待の形成に大きな誤差が生じた可能性があり、それが大きなノイズとなって現れた可能性がある。また、1997年前後にも大きな変動がみられる。いうまでもなく消費税率引き上げを睨んだ耐久財の買いだめと、その後の買い控えが起きた時期である。このため、この時期には、オイラー方程式が想定する家計の行動とは一時的に乖離した可能性がある。ただし、幸いなことに、焦点となっている1980年代後半から1990年代前半の時期には、こうした大きなノイズは観察されておらず、推計された時間選好率も、2%強の上方シフトを除けば非常に安定的に推移している。こうしたことから、1980年代末に2%ポイント強の上方シフトが生じた可能性は、かなり高いのではないかと思われる。

　いずれにせよ、ノイズの少ない時系列の時間選好率を推計することは難しい。したがって、やはり、上記の結果だけからでは、断定的な解釈を示すことは避けるべきかもしれない。しかし、上記の推計結果は、明らかに、日本の家計の時間選好率は1980年代末に上方に大きくシフトしたという説明と整合的であり、少なくともその可能性を否定するものではないことはいえるであろう。

（3） 2%ポイント強上方シフトの影響

　時間選好率は通常4%程度と想定されていることを考えると、それが2%ポイント強も変化したことは、経済活動に相当大きな負の影響を及ぼしたことが想像される。そこで、その影響の程度を、単純なモデルを用いて試算してみることとする。生産関数をコブ・ダグラス型、効用関数を対数型と仮定した上で、オイラー方程式から得られる「定常状態において、時間選好率と限界生産力（＋減価償却率）は等しい」という条件を用いて、2%ポイント強上方シフトの前と後で定常状態がどう変化するか計算してみる。前提となるパラメーターの値は、労働投入比率を0.4、減価償却率を年0.05%とし、また、1990年の実質GDPを約440兆円、資本ストックを約720兆円と置いた。

　時間選好率ショックとしては、次の二つのパターンを想定した。パターン(i)は、時間選好率が3%から5.3%へシフト、もう一つのパターン(ii)は、時間選好率が5%から7.3%へシフト、である。シフトの前後で定常状態の生産量がどう変化するか静学的に比較してみると、パターン(i)の場合、シフトによって定常状態の生産量は約15.5%低下する。パターン(ii)の場合には、シフトによって定常状態の生産量は約11.2%低下する。

　さて、1990年から2000年までに、日本の実質GDPは約16%増加した。もし、この10年間に正の技術ショックが年2%成長の寄与をしていたとすると、この正の技術ショックだけで10年間に22%の成長が可能である。このことは、実績が16%成長なので、仮に正の技術ショックが存在しなかった場合には、実質GDPは10年間で逆に6%ポイント低下していたことを意味している。この成長率の低下を、時間選好率ショックにより低い定常状態にシフトした結果であると解釈することも可能である。こうした解釈に立つと、2000年の時点で、パターン(i)の場合、まだ9.5%さらに実質GDPが低下する余地が残っていた可能性があるといえる。パターン(ii)の場合には、5.2%さらに低下する余地が残っていた可能性がある。すなわち、2000年の時点では、まだかなりのバブルの後遺症が残っていたと解釈することができる。実際に、2000年代初頭の時点では経済の回復は明確なものとなっておらず、バブル後遺症がまだ残っていたものと考えられる。以上の計算は、もちろん単純なモデルによる

簡単な計算なので、この計算値だけから断定的なことをいうわけにはいかない。しかし、もし2%ポイント強の時間選好率の上方シフトが起きたとすると、この程度のマグニチュードの影響がマクロ経済に生じると考えることは誤りではないであろう。

以上の計算結果が示唆している重要なポイントは、次の二つの点である。一つは、2%ポイント強の時間選好率の上方シフトは、経済活動に非常に大きな負の影響を及ぼすことである。もう一つは、1990年代の現実の長期低迷の推移と計算の結果得られた値のマグニチュードが、かなり類似していることである。

【注】
1) 「長期低迷は需要不足の問題である」という見方に関しては、例えば、吉川（1999、2003）を参照のこと。
2) 本章第2節における理論の説明は、幅広い読者を念頭に、かなり初歩的なところから説明している。したがって、理論を既知である読者は、本章第2節は飛ばして本章第3節に進んでもらいたい。
3) 例えば、Chatterjee（2000）を参照のこと。
4) その他、例えば、McCandless and Weber（1995）を参照のこと。
5) 例えば、Chatterjee（2000）を参照のこと。
6) 例えば、Kydland and Prescott（1982, 1988）やCooley（1995）を参照のこと。
7) 例えば、King and Rebelo（2000）やHarashima（2005b）を参照のこと。
8) 例えば、King and Rebelo（2000）を参照のこと。
9) 例えば、Evans（1992）を参照のこと。
10) 例えば、Burnside, Eichenbaum and Rebelo（1996）を参照のこと。
11) RBC論には、このほかにも、Gali（1999）、Harashima（2005b）等の批判もある。
12) 例えば、Mankiw（2001）を参照のこと。
13) 企業部門が黒字主体となる現象は、2000年頃の世界同時景気後退の時期に、その程度は日本よりもかなり小さいものの、主要先進国でも広く観察された。International Monetary Fund（2006）を参照のこと。
14) 技術ショックに関しては、実質GDPの時系列データが定常なのか非定常なのかという議論もある。しかし、ここでは技術ショックの性質を分析することが主目的ではないので、単純に確定的トレンド付定常過程と考える。
15) 例えば、Friedman and Kuttner（1992）やMcCandless and Weber（1995）を参照のこと。

184　第2部　長期低迷とデフレの原因

16) なお、内生変数を起因として説明する研究もある。しかし、これらは、基本パラメーターを起因としていないため、必ずしもこれだけで十分な説明となっているとはいえない。例えば、Shiller, Kon-Ya and Tsutsui（1996）、Brunner and Kamin（1996）、Motonishi and Yoshikawa（1999）、Ramaswamy and Rendu（1999）、McKinnon and Ohno（2000）、Bayoumi（2001）、Horioka（2004）を参考のこと。
17) 例えば、Demirgüç-Kunt and Detragiache（1997）を参照のこと。
18) 定常状態であっても、外生的に技術進歩（正の技術ショック）が与えられれば、経済は成長し、消費も増加する。
19) なお、内生的経済成長モデルでは、危険回避度によって定常成長経路は変化する。したがって、内生的経済成長モデルをベースに経済変動を考えるとすると、危険回避度も考慮する必要がある。ただし、第2部では、内生的な経済成長のメカニズムではなく経済変動のメカニズムに焦点を当てていることから、最も広く用いられている技術進歩外生の最適成長モデルに基づいた枠組みで考えていくこととする。
20) Böhm-Bawerk（1889）、Fisher（1930）を参照のこと。
21) Parkin（1988）、Obstfeld（1990）、Becker and Mulligan（1997）等も参照のこと。
22) Samuelson（1937）。
23) 例えば、Epstein and Hynes（1983）やLucas and Stokey（1984）を参照のこと。
24) 例えば、Lawrance（1991）を参照のこと。
25) なお、Das（2003）やHarashima（2004a）で、時間選好率が内生的に変動するメカニズムに関する、Uzawa（1968）とは異なる仮説が提示されている。
26) この可能性については、Harashima（2004b）で詳しく説明されている。
27) この推計は、Harashima（2004a）を基にしている。
28) 推計に使用する名目長期金利の水準は、リスク、税、手数料等様々な要因を含んでいるので、結果として推計されてくる時間選好率の水準も、こうした要因によって影響を受けている。したがって、時間選好率推計値の水準自体は余り意味を持たない。例えば、この推計値の一部の時期のように、マイナスの時間選好率が推計されてくることも十分ありえる。しかし、一方で、ここで注目している推計値の時系列的な変化幅を見る場合には、リスク、税、手数料等の要因は除去されるので、変化幅は、非常に意味のある重要な情報を与えるものとなっている。

第5章
不確実性、金融システム不安と長期低迷

　最適成長モデルの枠組みで経済変動メカニズムを考えると、消去法により時間選好率ショックが長期低迷の原因となるショックとして残った。もちろん、このことは長期低迷の原因としての必要条件を満たしていることを示しているだけで、十分条件を満たしているわけではない。しかし、もし本当に時間選好率へのショックが主因だとすると、それは別の意味で大きな示唆を与えるものである。時間選好率は、人々の嗜好、すなわち感覚的、心理的な状態を示すパラメーターの一つである。この感覚的、心理的な要因という観点から考えると、長期低迷に関して一つ重要な要素を指摘することができる。長期低迷期における将来の不確実性、不安感の高まりである。心理的な問題であるため、ここまで詳しく論じてこなかったが、将来の不確実性、将来への不安感が長期低迷の時期に非常に強まったと多くの日本人が感じていたことは事実であろう。したがって、不確実性の高まりと長期低迷の間には、何らかの強い関連性が存在する可能性も考えられる。そこで、第2部の最後に、この問題にも踏み込んで検討してみることとする。

第1節　不確実性と経済変動

1. 不確実性と経済変動

（1）確実性等価

　現在の経済変動理論においては、将来の不確実性が果たす役割はほとんどない。その大きな理由は、確率的なマクロ経済モデルでは、確実性等価（certainty equivalence）が成立すると考えられているからである。確実性等価とは、ある事象が確率的に変動している場合の期待値と、それが確率的でない場合の値が等しいことを意味している。つまり、将来の不確実性が高かろうが低かろうが、結果は同じになるということである。仮にそうであるならば、将来の不確実性がどう変化しようと、結果として経済活動には基本的に影響を与えないことになる。現在の経済変動理論に基づくマクロ経済モデルおいては、確実性等価が成立していることが想定されており、こうしたモデルを用いた場合には、不確実性は経済変動に何等の影響力も持たないことを意味している。[1]

（2）実証されている関連性

　しかし、一方で、こうした理論とは別に、将来の不確実性、不安感の高まりが経済変動と密接に結びついているのではないかという認識は、昔から広く受け入れられてきた。そして、実証的にその存在を確認しようとする試みもなされてきた。例えば、将来の不確実性を反映していると考えられる株価は、経済変動に先行して変動しているという実証研究は数多い。[2] また、アメリカ等の消費者態度指数が経済変動を予測する力を持っていることが、実証的に示されている。[3] 消費者態度指数は、アンケート調査に基づき家計の主観的な認識を指数化したものである。消費者態度指数に基づく多くの実証分析では、家計の主観的な将来認識が、将来の経済変動に対する高い予測力を持っていると結論付けている。また、1930年代の大恐慌において、人々の不確実性認識が大き

な影響を及ぼしたという研究結果もある。[4] なぜ、こうした主観的な将来認識が経済変動を予測する力を持っているのか、理論的には必ずしも十分に分かっていない。しかし、こうした実証研究の結果は、人々の将来に関する直感、心理的な変化が、経済変動と密接な関連を持っている可能性を強く示唆している。

（3）　時間選好率ショックと不確実性

それでは、長期低迷の原因となる基本パラメーターとして消去法で残った時間選好率は、この不確実性と密接に関連しているであろうか。時間選好率がどのような要因で変化するか未だ十分に解明されているわけではないが、将来の不確実性の変化によって時間選好率も変化する可能性は否定できないであろう。[5] それは、時間選好率が人々の嗜好という心理的・感覚的な要因で決定されるパラメーターであるからである。例えば、時間選好率に関して包括的な分析を行っている有名な古典 Fisher（1930）においても、時間選好率は不確実性やリスクと非常に密接な関係を有していることが強調されている。さらに、Fisher（1930）では、不確実性が高まれば時間選好率は上昇することが指摘されている。なお、第2部補論においても、この問題を論じている。

もし Fisher（1930）の主張通り、不確実性が高まれば時間選好率が上昇するのであれば、それは非常に重要なことを意味している。将来の不確実性の高まりにより時間選好率が上昇することは、長期低迷の時期に不確実性が高まった事実と整合的であるからである。第4章で示したように、時間選好率が上方に大きくシフトとすると、定常状態は下方に大きくシフトし、長期低迷に類似した状況に陥ることになる。すなわち、時間選好率ショックの観点からみると、不確実性の高まりと長期低迷は整合的であるといえる。このことは、ある可能性を示唆するものである。すなわち、バブル崩壊の直前に、日本人の将来の不確実性が大きく高まり、結果として時間選好率が大きく上方にシフトした可能性である。こうしたシナリオは、長期低迷を説明する一つの重要な可能性を示唆するものであると思われる。

2. 不確実性と長期低迷

　長期低迷の時期に将来の不確実性、不安が高まったことは、直感的には正しいように思われるし、この当時の多くのアンケート調査においても、将来への不安の高まりを示す結果が出ている。しかし、実際に将来の不確実性が高まったのか、証券市場のデータを用いて検証してみることとする。

（1）　推計モデル

　証券市場の商品の価格、例えば株価は、将来生じる事象についての現時点で入手しうるあらゆる情報を用いて形成される。したがって、人々の将来に対する認識をかなり正確に反映していると考えられる。そうだとすれば、証券市場の商品の価格、例えば株価には、将来の不確実性に関する情報が十分に含まれているはずである。[6] こうした考え方に立つと、株価等の変動幅が大きくなることは、将来の不確実性認識が強まったことを示しており、逆に、変動幅が小さくなることは、将来の不確実性認識が低下したことを示していると考えることができる。この考え方に立って、多くの実証研究において、株価の変動が将来の不確実性を表す代理変数として用いられてきた。[7] そこで、本書でも、東京証券取引所の株価指数を用いて、1990年前後の日本人の将来の不確実性に対する認識を計測してみることとする。[8]

　推計式は、以下のような最もシンプルなタイプを用いる。

$$\frac{S_{t+1}}{S_t} = \varsigma + \varepsilon, \quad \varepsilon \sim (0, v^2) \tag{10}$$

ここで、S_tはt日の株価、そしてςはドリフト項である。この推計式を用いて、各月毎の分散vを、ςとvは同一月中において一定という仮定の下で推計する。株価のデータとしては、東証のTOPIXを用いる。

（2）　推計結果

　推計結果をみると、TOPIXの変動幅は、明らかに1990年代以降高まっている（図2-5-1）。月平均の分散は、1980年代には0.0063であったものが、

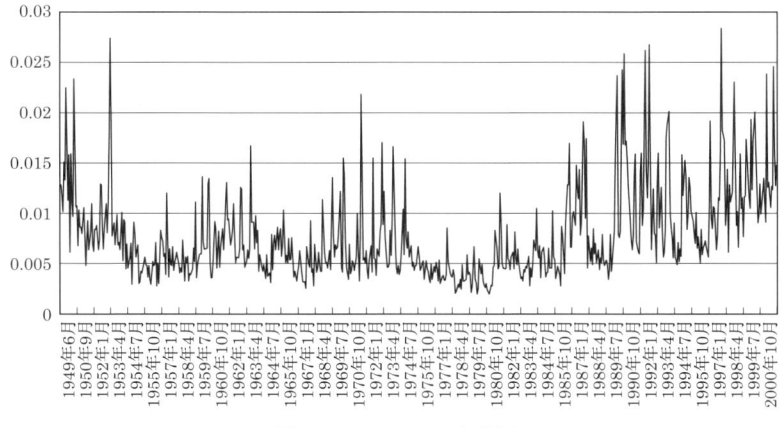

図 2-5-1　TOPIXの変動幅

1990年代には 0.0118 と倍になっている。このデータを基に、Perron（1997）のトレンド・ブレイク・テストを応用して何時トレンドが変化したのか計算すると、1989年12月という結果となった。[9] 1989年12月は、いうまでもなくバブル期に株価がピークとなった月である。1990年に入って、株価は一気に下落に転じた。このことは、不確実性の強まりと機を一にして、バブルの崩壊が始まったことを示しているといえる。つまり、この推計結果は、1980年代末に、日本人の多くの人の将来の不確実性認識が急激に高まり、それと時をまったく同じくして、大きな負のショックが日本経済を襲った可能性を示している。

第 2 節　不確実性の増大の原因

　このように長期低迷の時期に将来の不確実性が高まった原因としては、いろいろな要因が考えられよう。良く指摘されるものは、社会保障制度への不安、巨額な財政赤字に対する不安（将来の増税への不安）、収入低下への不安、リストラ・失業等雇用への不安等である。これらの要因は、確かに人々を不安にさせる要因であり、それが将来の不確実性を高める可能性は直感的には理解で

きる。そこで、これらの問題が1990年代に入って急激に悪化したのか、また、その結果、これらの要因が将来への不安感、不確実性の増大に大きく寄与しているのか、という点に関して検討してみることとする

1. 将来の不確実性をもたらす要因

　最初に、ここで用いる「将来の不確実性」の意味を明確にしておこう。一般によく用いられているように、「将来の不確実性」を「予測される将来の集計された消費量の分散」と考えることとする。[10] つまり、マクロの家計消費の将来予測値がどの程度の散らばりを持っていると認識するかということが、将来の不確実性認識を意味していると考える。予測される将来の消費の分散が大きくなれば、将来の不確実性が増したということになる。

(1) 不確実性はマクロ生産関数に帰着

　上記の定義に基づいて、不確実性を増大させる可能性のある要因を考えてみる。さて、消費は基本的に生産された財・サービスによって賄われることから、集計された将来の消費量の分散は、集計された将来の生産量の分散に規定され、それに比例して変化するであろう。したがって、将来の生産の不確実性が増大すれば、将来の消費の不確実性も増大するであろう。こうした観点から考えると、将来の不確実性をもたらしている要因は、根源的には、将来の生産に影響を及ぼす要因、つまりマクロの生産関数に影響を及ぼす要因に求めることができる。

(2) 不確実性は将来の技術パラメーターに帰着

　それでは、1990年代に入って急に将来の生産の不確実性を高めた生産関数に関する要因として、何が考えられるだろうか。生産関数に関する内生的な部分、つまり将来の投入資本の変動は、とりあえず考察の対象から外して構わないであろう。なぜなら、内生変数の変動は、本源的には外生変数の確率変動に起因するからである。また、労働投入量は長期的には人口に規定されることか

ら、その将来の予測値が大きく変化するとは思えない。したがって、残された「将来の技術パラメーター（全要素生産性）」が一番可能性の高い要因といえる。

なお、この「将来」の技術パラメーターの影響と、前章で考察した経済変動をもたらす要因としての「現在」の技術パラメーターの影響は、明確に区別して考える必要がある。現在の技術パラメーターの変化によって、現在の生産量は直ちに変化する。これは通常の技術ショックである。一方、将来の技術パラメーターの分散の予測の変化によって、現在の生産量は変化しないかもしれないが、将来の生産量に関する不確実性が変化する。さらに、現時点で技術パラメーターが変化しなくても、将来の技術パラメーターの分散についての予測が変化すれば、将来の不確実性は変化することになる。

（3） 将来の不確実性とは無関係な要因

将来の技術パラメーターが、将来の不確実性の本質的な規定要因であるとすると、将来の不確実性をもたらしていると一般に広く受け入れられている要因の多くは、実は将来の不確実性とは無関係ということになる。例えば、将来の社会保障制度への不安、財政（増税）への不安、雇用、収入への不安等は、将来の技術パラメーターに影響を及ぼすものではない。これらの問題は、生産されたものの分配の問題であり、将来の生産自体、つまり生産関数とは関係ないからである。

なお、こうした要因が一般に将来の不確実性に密接に関係あると考えられてきた理由は、ミクロ的な不確実性とマクロ的な不確実性が混同されたためと思われる。不確実性には、経済全体の先行きに関する不確実性と、個々人の人生設計におけるミクロ的（idiosyncratic）な不確実性がある。本書のマクロ経済分析で対象としているのは、経済全体の先行きに関するマクロ的な不確実性である。社会保障制度への不安、財政（増税）への不安、雇用、収入への不安等は、生産されたものの分配上の問題であり、基本的に個々人の人生設計におけるミクロ的な不確実性を対象としているものである。個人的、ミクロ的な不確実性を単純に集計しても、それはマクロ的な不確実性とはならない。例えば、

分配上の問題の場合、ある人への分配が減っても、それは同時に別の人への分配が増加することを意味しており、マクロ的に全体としてみれば総分配量に変化は生じないからである。仮にある人々にとって個人的・ミクロ的な不安が高まったとしても、将来の経済全体の生産関数に変化がなければ、経済全体としてマクロ的な不確実性は変化しないことになる。

2. 金融仲介技術

マクロ的な不確実性が、将来の技術パラメーター（全要素生産性）の予測の変化によって変化するものであるとすると、1980年代末の日本において将来の技術パラメーターの予測が大きく変化したことになる。そして、将来の技術パラメーターの分散の予測値が大きくなる方向へ変化したことになる。もしそうだとすると、こうした変化が、なぜ1980年代末に突如非連続的に生じたのであろうか。

(1) 科学技術水準の変化？

第4章でみたように、特許の観点からみた場合、日本の科学技術の進歩のトレンドに関して、現在あるいは将来大きな変化が生じるような兆候は見当たらない。少なくとも、日本の自然科学分野の進歩のトレンドが、1980年代末に急に非連続的にマイナス方向に変化すると予測されるようになったとは考えられない。このことは、生産現場での生産性に関しても同様である。つまり、1980年代と1990年代で、人々の間で、将来の日本の科学技術の進歩に対する認識、予測が大きく非連続的に変化したとは考えられない。したがって、自然科学分野の科学技術の観点からは、1980年代末に将来の技術パラメーターの予測が大きく変化したとは考えられない。

(2) 技術パラメーターの性質

それでは、将来の技術パラメーター（全要素生産性）の予測が大きく変化することはありえないのであろうか。ポイントは、全要素生産性が、必ずしも自

然科学分野の科学技術水準のみを意味していないことである。多くの場合、全要素生産性は自然科学分野の科学技術の水準を示していると解釈されるが、全要素生産性の定義からこうした解釈が出てくるわけではない。これは、あくまでも便宜的な理解に過ぎない。正確にいえば、自然科学分野の科学技術だけでなく、あらゆる生産効率に関わる要因が含まれている。

　会社組織を考えれば分かるように、生産物は、現場の直接的な生産活動以外に、資金調達、労務管理、営業、広告宣伝、官公庁との交渉等実に様々な活動の総合体として結実してくるものである。したがって、マクロ的な全要素生産性には、これらすべての活動のそれぞれの効率性も何らかの形で含まれている。現場の直接的な生産活動に関しては、自然科学分野の科学技術の水準が圧倒的な影響力を持つかもしれないが、それ以外の活動、例えば資金調達、営業、広告宣伝等においては、その他の様々な技術、ノウハウが、その効率性に大きな影響力を持つであろう。こうした観点から考えると、全要素生産性が変化する原因に関しては、自然科学分野の側面以外の幅広い企業、生産活動を検討する必要がある。

（3）　技術パラメーターの構成要素としての金融仲介技術

　自然科学分野以外で技術パラメーター（全要素生産性）に密接な関係があると考えられている要素に、金融仲介技術がある。金融仲介技術が全要素生産性の重要な構成要素であるという考え方は、かなり昔から存在している。昔から、金融システムの発展が、経済発展をもたらす有力な要因の一つとなっているという命題が主張されてきた。こうした見方は、近年、Levine を中心に再び活発に研究されるようになっている。[11] Levine 等の多くの実証研究では、金融セクター（銀行など）の発展と経済成長の間に、正の相関があることが示されている。もっとも、この相関の存在だけでは因果関係の方向性は定められない。金融セクターの発展が経済成長をもたらしたという因果関係と同時に、経済発展の結果として金融セクターも発展したという逆方向の因果関係もありうるからである。この因果関係の方向性に関し、Levine らは、様々な操作変数を使って推計することにより、因果は「金融セクターの発展が経済成長をも

たらした」という方向性を持っていることを示している。今後も、一層の研究が必要であるが、両方向の因果関係が同時に存在するのではないかという見方が有力である。両方向の因果関係が存在することは、逆にいえば、Levineらの主張するような「金融セクターの発展が経済成長をもたらした」という因果関係の方向性を否定できないということになる。

こうした実証研究の結果は、全要素生産性に金融セクターが大きな影響を与えていることを示唆している。金融セクターの発展が経済成長をもたらすということは、金融セクターが高度化すると、マクロ経済全体として効率性が高まる、すなわち全要素生産性の値も大きくなるということになる。つまり、金融仲介技術は、集計された生産関数の全要素生産性の構成要素の一部ということになる。

そうであるとすると、将来の金融仲介技術に関する不確実性が高まると、将来の生産関数の中の技術パラメーター（全要素生産性）に関する不確実性が高まり、ひいては、将来の生産に対する不確実性も高まることになる。つまり、人々の金融仲介技術への不信が高まると、その結果として将来のマクロ的な不確実性も高まることになる。

3. 長期低迷と金融仲介技術

（1） 日本の金融仲介技術への評価の逆転

金融仲介技術が注目されるのは、それが技術パラメーターの構成要素である可能性が高いだけではない。日本の金融機関の金融仲介技術に対する評価が、1980年代と1990年代で非連続的に大きく変化したこと、さらにいえば、1980年代に比較して1990年代に評価が著しく低下したことが非常に重要なポイントである。自然科学分野の科学技術の観点からは、マクロ的な技術パラメーターの不確実性の高まりを説明できないとされた主たる理由は、それが1980年代と1990年代で非連続的に大きく変化したということが考えられないことであった。その意味では、1980年代と1990年代で、その評価が非連続的に激しく変化した日本の金融機関の金融仲介技術は、1990年代に入ってマク

ロ的な技術パラメーターの不確実性を大きく高めた要因として、非常に有力な候補になりうるといえる。

　なお、注意すべきことは、このことは、日本の金融機関の金融仲介技術が1990年代に入って急激に非連続的に低下したと主張しているわけではないことである。もしそうした現象が生じていたのだとすれば、それは通常の意味での技術ショックが生じたということになる。しかし、他の技術パラメーターの構成要素と同様に、日本の金融機関の金融仲介技術が1990年代に入って突如急激に非連続的に低下したとは想定しがたい。1990年代に入って急激に低下したものは、日本の金融機関の金融仲介技術そのものではなく、それに対する人々の「評価」、「認識」である。この人々の評価、認識の変化は、通常の技術ショックとは全く異なるショックである。それは、将来の不確実性の増大というチャンネルを通ずる効果しか持たないものである。この重要な相違点については、よく認識しておく必要があろう。

　さて、バブル崩壊によって、日本の金融機関に対する人々の評価、認識が一変したことは、疑う余地はないであろう。バブルの時期、日本の銀行は、世界の銀行の中でも規模が大きく、さらに、その経営も優れていると認識されていた。この時期は、銀行経営にとどまらず、日本的な企業経営、ビジネス手法は全般的にアメリカ的な企業経営、ビジネス手法より優れており、Japan as No.1 であると盛んに喧伝された時期である。日本の銀行は、有り余る資金を世界に投資し、世界中で投資物件を買い漁っていた。しかし、バブル崩壊を境に、一転して、日本の金融機関は先進国の中でもかなり脆弱で、その経営手法もかなり遅れているという評価へと完全に逆転した。この金融機関に対する認識の急激な逆転により、将来の技術パラメーターの分散の予測値が高まったと考えることは可能であろう。

（2）　長期低迷への新たな説明

　金融仲介技術への評価の逆転が不確実性を高めたとすると、これと第4章で指摘した時間選好率ショック説を組み合わせれば、日本の金融仲介技術への評価の逆転が長期低迷のそもそもの起因という説明をすることも可能である。つ

まり、1980年代末に日本の金融機関の金融仲介技術への評価が逆転⇒将来の技術パラメーターの分散の予測値の高まり⇒将来の生産への不確実性の高まり⇒時間選好率の上方シフト⇒より低い定常状態へのシフト⇒長期低迷、という流れで説明をすることが可能となる。もちろん、この考え方は、あくまでも一つの仮説に過ぎず、まだまだ様々な角度からチェックを加える必要がある。しかし、一方で、この可能性を頭から否定することもできないであろう。[12] 第2章の不良債権問題説の説明において、金融セクターはバブルや長期低迷と密接に関連しているという状況証拠は十分に揃っていると述べた。しかし、既存の不良債権問題説では、それらを結びつけるメカニズムを明らかにできなかった。その意味で、この十分に状況証拠が揃っている「金融セクターに長期低迷の原因がある」という直感的な理解を、直感にとどまらず整合的に説明できる可能性を仮説として提示していることは、非常に重要な点であると思われる。

なお、上で触れたように、上記の金融機関の金融仲介技術への評価を起点とする長期低迷のメカニズムは、不良債権問題説とは、長期低迷の起因が金融セクターにあるという点では一致している。しかし、上記の説明と不良債権問題説では、そのメカニズムはまったく異なっていることを再確認する必要があろう。不良債権問題説では、金融機関の行動が変化したことが長期低迷の原因として強調される。一方、上記の説明は、金融機関の行動に対する人々の認識が変化したことが長期低迷の原因であると考えている。つまり、変化したのは、金融機関の行動ではなく、人々の行動ということになる。

実は、変化したのが金融機関ではなく人々の行動という点は、非常に重要な意味を持っている。このことは、第2章で明らかとなった、貸し渋りではなく借り渋りが起きていたという事実を矛盾なく説明するものであるからである。さらにいえば、上記の仮説の考え方に立てば、逆説的ながら、長期低迷となった理由の一つとして、金融機関の行動が「変化しなかった」ことを指摘することも可能である。つまり、日本の金融機関の金融仲介技術の水準が非常に低い、ということが明らかとなったにもかかわらず、日本の金融機関が従来からの行動を変えなかったため、人々の将来に対する不確実性が高止まりし、それが長期低迷を長引かせたのかもしれない。もし、日本の金融機関がその行動を

変化させ、急速にその金融仲介技術を向上させることができたならば、将来の不確実性は早期に低下し、新たな高い定常状態へのシフトが起きたかもしれない。この見方は、金融機関が巨額な不良債権を抱えていること自体に問題があったのではなく、金融機関が巨額の不良債権を発生させた行動を是正しなかったことに問題があった、ということを示唆している。[13]

第3節　金融機関への認識激変の理由

　しかし、もし、1990年代に入って、人々が日本の金融機関の脆弱性に気付いたことがそもそもの原因であるとすると、なぜ1990年代以前に、人々は日本の金融機関の脆弱性に気が付かなかったのであろうか。現在の経済学の基本的な考え方は、人々は入手しうるすべての情報を用いて合理的に行動するというものである。もし、日本人がすべての情報を用いて合理的に行動し、かつ日本の金融機関の脆弱性が以前から存在していたとすれば、なぜ1980年代末まで、日本人はこの脆弱性に気付かなかったのであろうか。バブルの時期、日本の銀行経営は優れているともてはやされたが、なぜこうした誤った幻影を抱いてしまったのであろうか。合理的な人間であれば、こうした誤った幻影は抱かなかったのではないかという疑問が当然浮かぶであろう。

　この問に対する鍵として、金融機関の健全性に関する情報の不完全性を指摘することができる。以下で、この点を中心に、なぜ、1980年末まで、日本人は日本の金融機関が世界でも優れた存在であるという誤った幻影を抱いたのか、詳しく検討してみたい。

1. 金融の特殊性

（1） 金融機関の特殊性

　金融機関には、製造業等の一般の企業とは性格が大きく異なっている点がある。その事業資金のほとんどを、家計から直接預金等の形で調達している点である。一般の企業の場合、その資金を供給している金融機関を中心に機関投資家等が、企業経営の健全性を直接念入りにチェックしている。しかし、金融機関の場合、相対的に少額しか預金していない一般の預金者には、その預金している金融機関の健全性を直接チェックすることができない。あくまでも、金融機関が自主的に公表したデータを信用するしかない。つまり、一般の預金者には、金融機関の真の情報を必ずしも十分に入手できない可能性が残る。このため、金融機関の経営の健全性をチェックする公的機関、金融監督当局の役割が非常に重要となってくる。一般の預金者に代わってこの公的機関が金融機関の健全性をチェックすることにより、一般の預金者が受けている情報の不完全性の制約を解消することができる。このことは、家計が合理的な行動を行う基となる情報を、金融監督当局に依存していることを示している。

　金融監督当局からの金融機関の健全性に関する情報が正確であれば、その情報を基に家計が合理的な行動を行うことにより、最適な選択を行うことができる。しかし、仮に金融監督当局からの金融機関の健全性に関する情報が不正確であれば、その情報を基に家計が合理的な行動を行ったとしても、その行動は結果として最適なものとはならなくなってしまう。市場では非合理な行動をとれば排除されるが、この市場と同じ役割を期待されているのが金融監督当局である。この観点から、金融監督当局が、念入り（prudential）かつ効果的（effective）な金融機関の監督を行いうるかが、家計の最適化行動にとって非常に重要なポイントの一つとなっていることが分かる。[14]

（2） 独占機関としての金融監督当局

　しかし、金融監督のシステムには、本源的に重大な問題が内包されている。金融監督当局が独占機関であることである。したがって、金融監督当局がどの

ような価格でどのような品質の「財・サービス」を提供しようが、それを市場メカニズムによって排除することはできない。その提供する「財・サービス」の需要者である預金者、家計は、それがどのような品質のものであれ、それを言い値で購入するしか方法がない。つまり、仮に金融監督行政が失敗したとしても、それを自動的に排除、修正する市場のようなメカニズムは存在しない。その排除、修正は、不十分ながら、市場以外の、例えば政治的なプロセスに任せるしかない。このため、独占機関である金融監督当局は、自らを厳しく律して、独占機関であることから生じる弊害を最小限に抑える努力を、徹底して行う義務があるといえる。

2. 戦後の金融機関と金融監督行政

こうした金融機関や金融監督の特殊性を念頭に置きながら、戦後の日本の金融機関の経営の健全性はどのようなものであったのか、さらにそれを金融監督当局は念入りかつ効果的に審査してきたのか考えてみることとする。

（1） 土地担保主義

戦後、日本の金融機関の融資は、担保主義、特に土地担保主義に基づいて行われてきた。しかし、本来融資は、企業の保有している土地の価値ではなく、個々の案件、プロジェクトの生み出す収益とリスクの予想によって行われるべきものである。金融仲介機能が果たすべき役割は、それぞれのプロジェクトの収益とリスクを的確に判断し、融資を適切に配分することである。こうすることによって、経済全体として最適なプロジェクトの配分が実現され、最も効率的な生産活動を行うことが可能になる。しかし、個々の案件の収益やリスクは、それを実施する企業の保有する土地の価値とは本来無関係である。土地の価値ではなく、将来の需要動向、ライバル企業の動向、生産コスト、人材、さらには将来の経済全体の動向等を総合的に判断して、収益やリスクは初めて正確に評価できる。こうした観点から考えると、担保、特に土地担保がないと融資できないという日本の金融機関の融資審査技術、ひいては金融仲介機能は、

極めて拙劣なものであったといえる。

　しかし、こうした拙劣な金融仲介機能にもかかわらず、戦後の日本経済は急速に成長し、日本の金融機関はほとんど破綻することなく順調に成長を続け、バブルの時期には世界で最も優れた金融機関とまでもてはやされるようになった。この理由は何であろうか。その理由としては、「右肩上がりのキャッチアップ過程」および「護送船団方式による保護」を指摘できる。

（2）　キャッチアップ過程

　まず右肩上がりのキャッチアップ過程について考えてみる。第1章でみたように、少なくとも1970年代まで、確実に日本は右肩上がりのキャッチアップ過程にあったと考えられる。キャッチアップ過程は、文字通り先進国のモデルにキャッチアップしていく過程であり、既に明らかになっている先進国のモデルをいかに効率的に模倣できるかが、その重要なポイントとなる。したがって、未知の領域に進出するという意味でのリスクは非常に小さく、多くの企業がキャッチアップ、すなわち模倣への参加を表明し、旺盛な資金需要を示した。こうした事情から、これらの企業の間やプロジェクトの間の収益やリスクには、それほど差がなかったといえる。また、資金需要が膨らむ中で、日本全体としての資本蓄積が十分でなく預金量が少ないことから、金融機関としては完全な貸し手市場であった。このため、金融機関にとっては、収益やリスクに差がない企業の中から土地担保を持っている順に融資することでも、それほど大きな弊害は生じなかったといえる。仮に万一融資が失敗しても、右肩上がりで上昇する地価により、土地担保さえあれば問題はほとんど表面化することはなかった。

　つまり、キャッチアップ過程という特殊な状況の中で、膨大な資金需要と少ない資金供給の間の大きなギャップが生まれ、一種信用割当が可能な状況となっていたといえる。この信用割当のルールとして、土地担保主義は有効に機能したともいえる。したがって、キャッチアップ過程においては、土地担保主義という拙劣な融資審査技術であっても、その非効率性は表面化しないで済んだといえる。

（3） 護送船団方式

　戦後の金融のもう一つの特徴は、金融監督当局である旧大蔵省が、護送船団方式によって金融業界の秩序を維持してきたことである。[15] 旧大蔵省は、護送船団方式による金融秩序維持のために、実質的に信用割当を管理下に置いていたともいえる。逆にいえば、護送船団方式が完璧に守られていたために、金融機関は安心して土地担保主義のまま放置しておくことができたという側面もあるかもしれない。結果として、金融機関の競争は、もっぱら信用割当の原資となる預金の獲得競争でのみ行われることとなった。本来金融機関の役割は効率的な資金供給であるべきなのに、そこには競争原理が働かず、預金獲得のみで競争するといういびつな構造となっていたといえる。

3. 改革の必要性

　しかし、やがて、このようないびつな構造も変化せざるをえない時が近づいてきた。一つは、過剰な資金需要を生み出してきたキャッチアップ過程の終息であり、もう一つは金融自由化である。この両者は基本的に独立した動きであるが、いびつな構造を破壊する力を持っていたという点では共通していた。そして、日本では、両者がほぼ同時期に生じたため、その効果が相乗効果を持って作用した可能性がある。

（1） キャッチアップ過程の終了

　第1章の分析から、1980年代にはキャッチアップは終了していた可能性が高い。少なくとも終了に近づいてきていたとはいえるであろう。それにより、資金需要が資金供給を上回る過剰資金需要という状況も終息していくことになった。大企業は社債を発行するなど資金調達方法を多様化させ、金融機関は次第に融資先に困るようになっていった。もはや、「貸し手市場における信用割当」という状況ではなく、いかに優良なプロジェクトに貸し出せるかが、金融機関にとって重要な経営要素になっていった。優良なプロジェクトの選択に、土地担保主義がほとんど役に立たないことは自明である。プロジェクトの

優良性と企業の土地保有には基本的に何の関連もないからである。しかし、長年土地担保主義にどっぷり漬かり、プロジェクトの発掘、審査能力を養ってこなかった日本の金融機関にとって、急激に土地担保主義から脱却することは困難であったといえる。

（2） 金融自由化

1980年代は、世界中で金融自由化が本格化した時代でもある。日本においても、英米の後を追って金融自由化が進められた。このことは、金融機関、金融監督行政ともに、従来のやり方を根本的に変える必要が生じたことを意味していた。まず、金融自由化により、金融機関は、従来からの預金獲得競争だけでなく、融資を含めた多くの分野で、新たに激しい競争を行うようになっていった。このことは、大蔵省による直接的な金融機関の管理である護送船団方式の修正を意味する。各金融機関の預金獲得以外の面での競争の自由化は、護送船団の維持を困難にさせるからである。金融自由化により、大蔵省は表面上護送船団方式をやめたとは表明しないものの、何らかのトラブルが発生した時に護送船団を維持させるだけの力を徐々に失っていった。

護送船団方式のような事前規制型監督方式が不可能になった場合、とりうる金融監督方法は事後チェック方式ということになる。事前に決められたルールの中で金融機関は自由に活動して良いが、仮にルールから外れたことを行った場合には、事後的に厳しく処罰する監督方式である。金融自由化は、金融監督の方法を、事前規制型から事後チェック型へ抜本的に改革することを求めるものであった。

4. 改革の立ち遅れ

（1） 金融機関の対応の遅れ

このように、同時に起きたキャッチアップの終息と金融自由化の中で、日本の金融機関は、土地担保主義に代わる十分な審査能力を持たないまま、融資面における競争に突入することとなった。十分な審査能力がなく、土地担保主義

に浸ったまま融資競争をすればどのような状況が生じるか自明である。金融機関は、土地を保有する企業に競って融資を殺到させることとなった。土地に融資が殺到する結果、地価は急上昇することになる。地価の急上昇により、不動産関連融資の表面的な収益性は非常に高まり、土地担保の表面的な優位性もさらに高まった。このため、融資競争をしている金融機関は、さらに競って土地を保有する企業への融資に突き進んでいった。これが、1980年代後半に出現したいわゆるバブル現象である。しかし、土地担保主義という稚拙な融資基準で融資されていたため、いずれそれらが不良債権となるのは当然の成り行きであった。こうして、1990年代に入って、バブル崩壊、そして長期低迷へと突き進むこととなった。

（2） 金融監督行政の対応の遅れ

それでは、キャッチアップの終息と金融自由化の中で、金融機関が土地担保主義という稚拙な融資手段しか持たなかったことが、長期低迷のそもそもの発端ということなのだろうか。地価の高騰と暴落という現象に限れば、金融機関の稚拙な融資が問題だったと考えることで十分かもしれない。しかし、マクロ経済全般への影響という観点から考えると、それだけでは十分な説明とはなっていないであろう。なぜなら、問題は将来の技術パラメーターの分散の予測値が、1980年代末に突如大きくなったことであるからである。つまり、将来の技術パラメーターの分散の変化ではなく、将来の技術パラメーターの分散の予測値の「評価」「認識」の変化が問題なのである。金融機関の能力が低かったことに問題があるのではなく、そのことに家計が1980年代末まで気付かなかったことが問題なのである。したがって、家計が1980年代末まで金融機関の稚拙さに気付かなかった理由を説明しないと、長期低迷の説明としては完結したことにならない。

家計が1980年代末まで金融機関の稚拙さに気付かなかったことの説明のポイントとなるのが、先に指摘した金融監督当局の役割の重要性である。金融機関の特殊性から、一般預金者・家計は、金融機関の真の健全性に関して十分な情報も審査能力も持っていない。それを代行する役割を期待されているのが金

融監督当局である。このことは、家計が1980年代末まで金融機関の稚拙さに気付かなかった原因が、金融監督行政の失敗にある可能性を強く示唆するものである。

　バブルからバブル崩壊後の長期低迷の時期に、日本の金融監督当局は念入りかつ効果的な審査を行ってきたといえるであろうか。これまでの議論から考えると、この時期に念入りかつ効果的な審査を行いうるためには、従来の金融監督方式を大改革することにより事後チェック型の金融監督方式を確立し、かつ独占機関であることから生じる弊害を最小限に抑える努力を徹底して行うことが必要である。果たして、当時の日本の金融監督行政は、こうした要件を満たしていたであろうか。バブル崩壊後金融機関に巨額な不良債権が発生したという結果からみれば、明らかに金融監督行政は失敗し、その当時の金融監督は念入りかつ効果的な審査ではなかったといえるであろう。失敗した大きな理由は、キャッチアップの終息や金融自由化という時代の流れに合わせて、事後チェック型の金融監督方式への改革・転換が十分に行われていなかったことを指摘できる。状況の変化に対し、金融監督行政が十分に適応できなかったことが、バブルとその崩壊という失敗を生んだ要因であったと思われる。このことは、金融監督当局が、独占機関としての自らを厳しく律することができなかったことをも意味しているといえる。

　水面下で進行している金融監督行政の失敗に対し、一般預金者、家計は何ら情報を得ることができなかった。繰り返しになるが、金融機関の真の情報は金融監督当局のみが把握でき、一般預金者や家計はそれを信用するしかない。そして、独占機関である金融監督当局の行動は、金融監督当局が自らを律するしか正す方法がない。水面下で金融監督行政に構造的な問題が生じているという情報を得られないでいた国民は、1980年代末まで、金融監督行政は念入りかつ効果的に行われていると信じていたとしても不思議ではない。

5. 1980年代末に生じたこと

　ここまでの議論全体のまとめとして、1980年代末に何が起きたのか考えてみることとする。第2章で述べたように、金融セクターにバブルと長期低迷の原因があるという状況証拠は十分に揃っていると思われる。この状況証拠と整合的な説明を理論的に行うことを念頭に置きながら、この時期に何が起きたのかということの説明として、以下のような一つのストーリーを提示してみたい。このストーリーは、あくまでも仮説に過ぎないが、ここまでの議論から考えると、かなり蓋然性は高いのではないかと思われる。

　長い間、独占機関である金融監督当局に情報が独占され、その情報を信じるしかなかった国民は、金融監督行政は十分に念入りかつ効果的に行われていると信じてきた。特に、キャッチアップ期の護送船団方式に慣れた国民は、そのことに何らの疑問も持たなかった。しかし、実際には、その間に、キャッチアップの終息と金融自由化という大きな変化が生じており、それに合わせて金融機関も金融監督当局も大きく変化しなければならなかったにもかかわらず、両者とも根本的な改革ができなかった。つまり、実際には、金融監督行政は十分に念入りかつ効果的に行われていなかったのである。しかし、その情報を持ちえない国民には、そのことに気付く由もなかった。

　1980年代も終わりに近づいた頃、持続不可能と思われる地価高騰が続く中で、多くの国民が、何か根本的におかしいと感じるようになった。そして、ついに1980年代末、日本の金融機関の行動はそもそも間違っており、金融監督行政は当初から念入りかつ効果的ではなかったという判断を下すに至った。[16]その直接的なきっかけとなったものは、日銀や政府が急激に地価高騰を抑制する政策に転換したこと、すなわち、実質的に過去の政策の誤りを認めたことにあったのかもしれない。この国民の判断の劇的な変更が、1980年代末に、将来の技術パラメーターの予測をも劇的に変更させたことは十分に考えられるであろう。

　金融機関の健全性に関する真の情報を、一般預金者や家計が直接得られないという金融機関そして金融監督行政の特殊性が、こうした認識の激変が起きる

ことを可能にさせた。時代の変化に金融機関も金融監督行政も適応できなかった状況の中で、金融機関や金融監督の持つ特殊性ゆえに、家計は十分かつ正確な情報を得ることができず、結果としてその行動が歪んでしまい、それがバブル景気、ひいてはバブル景気の崩壊という現象をもたらしたといえよう。そして、金融機関や金融監督当局が時代の変化になかなか適応できなかったために、金融機関への不信、将来への不確実性が続き、長期低迷が続いたといえるかもしれない。

金融機関への認識の激変は、家計が非合理であったことを示しているわけではない。独占機関である金融監督当局に情報を依存しなければならないという特殊な状況が生んだ事象であるといえる。市場メカニズムが十分に機能しない独占や情報の不完全性の問題が、金融自由化やキャッチアップの終息という大きな時代の変化の中で、非常に大きな影響力を持ってしまい、結果として、人々の合理的な行動が歪められてしまったといえる。つまり、バブルも長期低迷も、決して日本国民全体が非合理であったために生じたものとはいえないといえる。多くの日本人は十分に合理的であったにもかかわらず、大きな時代の変化に適応できなかったという政府部門の不手際が生じ、市場メカニズムに大きな歪みが生じてしまった結果、非常に稀なタイプの経済変動のメカニズムが作動することとなり、通常の景気変動とは質の異なる大きな経済変動の波を、日本経済は被ることになってしまったといえるかもしれない。

【注】
1) 確率的動学モデルの性質に関しては、例えば、Brock and Mirman（1972）を参照のこと。
2) 例えば、Schwert（1989a, 1989b）、Hamilton and Lin（1996）、Campbell and Lettau（1999）を参照のこと。
3) 例えば、Carroll, Fuhrer, and Wilcox（1994）、Acemoglu and Scott（1994）等を参照のこと。
4) Romer（1990）。
5) なお、Harashima（2004a）では、将来の不確実性の高まりにより時間選好率が上昇するメカニズムに関する仮説を提示している。本書補論も参照のこと。
6) 例えば、Schwert（1989a, b）を参照のこと。

7) 例えば、Romer（1990）を参照のこと。
8) この推計は、Harashima（2004a）を基にしている。
9) 詳しくは Harashima（2004a）を参照のこと。なお、Perron（1997）の方法に関しては、この他に、Vogelsang（1997）や Ben-David and Papell（1998）も参照のこと。
10) より正確には、「定常状態における集計された消費量の分散」を意味しているといえる。
11) Levine の研究としては、King and Levine（1993a, b）や Beck, Levine and Loayza（1999）等を参照のこと。この他にも、例えば、Greenwood and Jovanovic（1990）、Demetriades and Hussein（1996）、Greenwood and Smith（1997）、Demirgüç-Kunt and Maksimovic（1998）、Ben-David and Papell（1998）、Arestis, Demetriades and Luintel（2001）を参照のこと。
12) 過去、世界中で、金融機関の破綻、さらにいえば金融危機によって、大きなそして長期の経済危機が引き起こされた例は少なくない。金融危機に端を発した経済危機は、20世紀において50〜100の数の事例をカウントできるという研究もある（例えば Demirgüç-Kunt and Detragiache（1997）を参照のこと）。その最も代表的な例は、いうまでもなく1930年代の大恐慌である。戦後においても、南米等の途上国において発生している。金融機関の問題と経済危機の関係を研究した論文としては、例えば、Bernanke（1983）、Demirgüç-Kunt and Detragiache（1997）、Mishkin（2000）、Francis（2003）を参照のこと。
13) 金融機関の金融危機下での行動に関しては、例えば、Akerlof and Romer（1993）、Caprio and Klingebiel（1997）を参照のこと。
14) 念入り（prudential）かつ効果的（effective）な金融機関の監督の重要性に関しては、例えば Mishkin（2000）を参照のこと。
15) 例えば、岡崎 et al.（2002）を参照のこと。
16) バブル崩壊から長期低迷の時期の日本の金融機関や金融監督当局への評価に関しては、例えば、アトキンソン（1994）、吉田（1994）、Hutchison（1997）、Horiuchi（1998）、Hanazaki and Horiuchi（1998）、International Monetary Fund（1998）、堀内（1999）、Hutchison and McDill（1999）、木村（2000, 2003）、星・パトリック・筒井（2001）、深尾・日本経済研究センター（2003）を参照のこと。

補　論
時間選好率の内生的メカニズムに関する考察

　この補論は、第2部第4章第3節4.（2）で検討された、時間選好率が変動するメカニズム、および第2章第5章第1節1.（3）で検討された時間選好率ショックと不確実性の関連性に関するものである。

1. 効用の流列の規模

　Uzawa（1968）のモデルにおいて仮定「資産・所得や効用の増加とともに時間選好率は上昇する」が必要となる理由は、遠い将来の消費や効用に関する情報が、時間選好率の形成にほとんど影響を持たないためである。このようなモデルの定式化を行うと、足元の消費や効用の変化に従って、時間選好率は常時変化することになる。しかし、「遠い将来の経済活動に係る情報は、現在の経済活動に係る情報に比較して、時間選好率の決定に対してより少ない影響力しか持たない」という考え方を支持する先験的な理由は存在しない。時間選好率の決定に際しどのように情報が用いられるかは、「時間選好率の形成に関係する情報に対する人々の反応メカニズムが、どのようなものであるか」という点から考える必要がある。この反応メカニズムに関しては、時間選好率に関する古典的な文献である Fisher（1930）「第6章：規模の影響（Section 6: The influence of mere size）」では、「時間選好率に影響を与えている力は、所得や効用の流列全体の規模（The size of the entire income or utility stream）に対する認識への心理的な反応」であると指摘されている。Fisher（1930）の考え方に従えば、この反応メカニズムに関しては、「所得や効用の流列の規模への認識、すなわち、無限に続く所得や効用の様々な流列の大小を、人々は

どのように判断しているか」という点が重要なポイントとなる。

　通常、将来の期待効用は時間選好率で割り引かれる。しかし、その時間選好率自体を決定する将来の期待効用が、その期待効用によって決定される時間選好率で割り引かれていると考えるのは不自然であろう。定義の中に定義されるべきもの自身が現れる、すなわち、トートロジーになってしまう。したがって、通常の期待効用とは異なる独特な心理的反応のメカニズムが、時間選好率の決定には存在する可能性が高い。このため、心理学の分野からの考究が必要となるのであるが、Fisher（1930）の指摘した「効用の流列の規模」に関しては、心理学の分野においてほとんど研究されていない。したがって、現在でもなお、古典的な Fisher（1930）の洞察が非常に重要である。Fisher（1930）の主張の重要なポイントは、効用の流列の規模は、ある効用の流列が永久に高いか低いかという基準によって判断されるという点である。つまり、異なる効用の流列間の相違が永久に継続する場合、それは異なる流列として認識されることとなる。もしこのように認識されているのであれば、遠い将来の効用と現在の効用に関するそれぞれの情報を同等に扱わないと、異なる効用の流列を識別することはできなくなる。

　こうした観点から考えると、Uzawa（1968）のような、足元の効用の情報のみによって時間選好率が決定さるというモデルの定式化は、必ずしも適切ではないということとなる。むしろ、遠い将来から現在まで、効用の流列内のすべての情報を等しいウェイトをもって集計した結果得られる測度の方が、効用の流列の規模を示す測度としては適切であると考えることができる。こうした測度を基にモデル化すれば、時間選好率の決定のメカニズムをより適切にモデル化できるかもしれない。[1]

2. モデル

上記 1. の考察に基づいて、無限に続く効用の流列の規模を、次のように定義する。

定義：「効用の流列の規模」W を、以下のように定義する。

$$W = \lim_{T \to \infty} E_0 \int_0^T w(t) u(c_t) dt$$

ここで、もし $0 \leq t \leq T$ ならば $w(t) = \frac{1}{T}$、それ以外の場合には $w(t) = 0$。なお、$u(c_t) \in [0, \infty)$ は、t 期における消費 c_t に係る効用関数、E_t は、t 期の情報に基づく期待オペレーターである。また、本定義でも、以下の分析においても、すべて労働者一人当たりの値である。さて、$w(t)$ はウェイトを示しており、定義により、$0 \leq t \leq T$ ならば、どの期においても同じ値を持っていることになる。したがって、将来の効用の評価は現在の効用に対するものと同じ影響力を持っていることになる。

この効用の流列の規模 W と時間選好率の関係について、Fisher（1930）の洞察を基に以下のように仮定する。

仮定（A1） 時間選好率関数 $\theta(W)$（R→R$_+$）は連続で連続微分可能

仮定（A2） $\dfrac{d\theta(W)}{dW} < 0$

仮定（A3） 効用関数 $u(c_t)$（R$_+$→R）は $c_t \geq 0$ において連続で、$c_t > 0$ において2回連続微分可能

仮定（A4） $\dfrac{du(c_t)}{dc_t} > 0$

仮定（A5） 生産関数 $f(x, \varepsilon)$（R$_+$×S→R$_+$）は確率変数で、$x \geq 0$ において連続、かつ $x > 0$ において連続微分可能。また、$f(0, \varepsilon) = 0$。なお、S = $[\alpha, \beta]$（$0 < \alpha < \beta < 0$）で、x は要素投入、そして ε はランダムなショックである。

Uzawa（1968）の内生的時間選好率モデルとは異なり、$\dfrac{d\theta}{dW} < 0$ という、より自然で受け入れやすい性質が（A2）で仮定されている。しかし、この性質が

正当化されるためには、この仮定を含めても経済が安定的であることが必要である。Uzawa (1968) の内生的時間選好率モデルでは、(A2) のような仮定を導入すると経済が不安定になることが問題点であったからである。

この点を確認するために、まず、以下において、「時間選好率は定常状態の効用によって決まる」こと、および、「他の基本パラメーターへのショックがなければ、時間選好率は一定である」ことを示すこととする。

命題1：定常状態における消費 c^* に対し、もし $\lim_{t \to \infty} E_0[u(c_t)] = E_0[u(c^*)]$ ならば、

(i) $W = E_0[u(c^*)]$,

(ii) 定常状態の消費の分布を変化させるショックがない限り、時間選好率は一定

証明：(i)：$\lim_{t \to \infty} E_0[u(c_t)] = E_0[u(c^*)]$、および、もし $0 \leq t \leq T$ なら $w(t) = \frac{1}{T}$ でそれ以外の場合は $w(t) = 0$ であることから、

$$\lim_{T \to \infty} \int_0^T w(t) \{E_0[u(c^*)] - E_0[u(c_t)]\} dt = 0$$

となる。さらに、

$$\lim_{T \to \infty} \int_0^T w(t) \{E_0[u(c^*)] - E_0[u(c_t)]\} dt = E_0[u(c^*)] - W = 0$$

となる。したがって、$W = E_0[u(c^*)]$ である。

(ii)：(i)より自明である。定常状態の消費の分布を変化させるショックがない限り、c^* にのみ依存する W は一定であり、時間選好率も一定である。

基本的 (deep) なショックが生じた時以外は時間選好率は一定であることから、時間選好率の内生性は、基本的なショックが生じた時にのみ作用することになる。この時間選好率の一定性・固定性という性質は、重要な意味を持っている。時間選好率を一定と仮定する既存のモデルを、基本的にほとんどそのまま利用できる可能性があることを意味しているからである。結果として、時間選好率は内生的であるにもかかわらず、既存のモデルとほとんど同じような取

り扱いの容易さを有していることとなる。

命題1により、この時間選好率のモデルを、時間選好率関数 $\theta(W)$ に対する以下のようなモデルとして表現することができる。

$$W = E_0[u(c^*)], \quad \frac{d\theta(W)}{dW} < 0, \quad \frac{du(c_t)}{dc_t} > 0 \tag{1}$$

この表現でみると、このモデルが Uzawa (1968) のモデルと表面的には非常に類似していることが分かる。つまり、Uzawa (1968) のモデルの c_t を c^* に、$\theta' > 0$ を $\theta' < 0$ に入れ替えれば本書のモデルになる。しかし、この二つのモデルの性質はまったく異なっている。最も重要な点は、本書のモデルは、$\theta' < 0$ という性質を持っているにもかかわらず、それを最適成長モデルに適用しても、経済が安定的となりうることである。

3. 時間選好率の決定

上記2. のモデル（1）において、経済を不安定化させずにどのように時間選好率が決定されるのかみていくこととする。まず、代表的家計が、期待効用 $E\int_0^\infty (1+\theta)^{-t} u(c_t)\,dt$ を、予算制約 $f(x_t, \varepsilon) = c_t + \frac{dx_t}{dt}$ の下で最大化するものとする。さて、この最適成長モデルでは、一定不変の時間選好率が与えられると、資本の限界生産力、すなわち実質利子率は、時間選好率に収斂していく。したがって、ある時間選好率の値が与えられると、定常状態の消費や効用の期待値は一意に定まる。定常状態における効用の期待値は、時間選好率の一対一対応関数として表現できる。

ここで、c_x^* を、時間選好率の集合 θ_x および他の変数の（固定された）値が与えられた時の定常状態の消費の集合とする。すると、上記の時間選好率の一対一対応関数は、$g(\theta) = E_0[u(c^*)] : \mathrm{R}_+ \to \mathrm{R}$、$c^* \in c_x^*$ 及び $\theta \in \theta_x$ と表現することができる。一方、上記2. で示したように、本書の時間選好率モデル（1）では、時間選好率 θ は、定常状態の消費 c^* の連続関数である。すなわち、$\theta(W) = \theta\{E_0[u(c^*)]\} : \mathrm{R} \to \mathrm{R}_+$ である。さらに、その逆関数は、$h(\theta) = E_0[u(c^*)] : \mathrm{R}_+ \to \mathrm{R}$ と表現できる。

補　論　時間選好率の内生的メカニズムに関する考察　*213*

　したがって、均衡時間選好率は、この二つの関数、すなわち $g(\theta)=E_0[u(c^*)]$ 及び $h(\theta)=E_0[u(c^*)]$、で示される二つの曲線の交点で定まることになる。その関係は、図補-1 に示されている。関数 $h(\theta)=E_0[u(c^*)]=W$ は、仮定（A2）により時間選好率 θ の減少関数である。一方、関数 $g(\theta)=E_0[u(c^*)]=W$ も時間選好率 θ の減少関数である。なぜなら、高い時間選好率を与えられれば、定常状態の消費水準は低くなるからである。なお、一般に広く用いられている時間選好率 θ が W と無関係なモデルの場合、関数 h の曲線は、右下がりでなく垂直となる。図補-1(b) および (c) は、右下がりの両曲線が交差する二つのケー

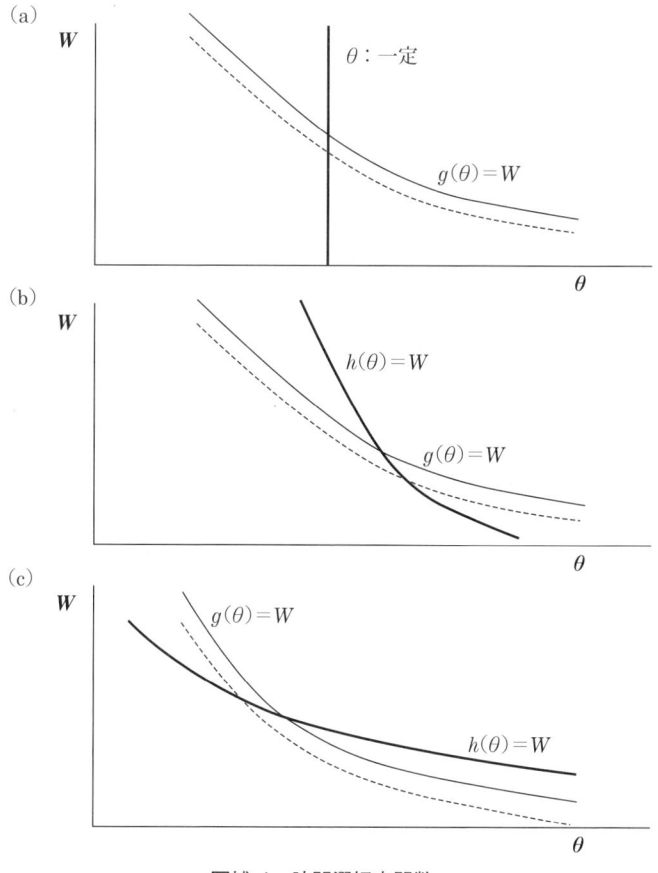

図補-1　時間選好率関数

スを示している。また、図補-1(a) は、関数 h の曲線が垂直となるケース（一般に広く用いられている永久に時間選好率一定のケース）を示している。時間選好率は、両関数を同時に満たしている必要があることから、両曲線の交点で決定されることになる。

さて、図補-1における交点の存在は、経済の安定性のための重要なポイントである。このような交点が存在すれば、経済は安定的であるからである。なぜなら、その交点で一定不変の時間選好率が決定されることから、後は標準的な最適成長モデルをそのまま無修正で適用できるからである。このような交点が存在する条件は、以下の通りである。

補題：関数 $g(\theta)$ は、$\theta > 0$ において連続である。

証明：x^* を定常状態における要素投入量とすれば、$c^*(\varepsilon) = f(x^*, \varepsilon)$ および $\theta = f'(x^*, \varepsilon)$ となる。仮定（A5）により $f(x^*, \varepsilon)$ および $f'(x^*, \varepsilon)$ はともに $x^* > 0$ において連続であることから、$c^*(\varepsilon)$ は、$\theta > 0$ において、θ の連続関数（$R_+ \to R_-$）である。ここで、仮定（A3）により効用関数 u は連続なので、関数 $E_0[u(c^*)] = g(\theta)$ は、$\theta > 0$ において連続である。

命題2：$D(\theta) = h(\theta) - g(\theta)$ と定義する。もし $\lim_{\theta \to \infty} D(\theta) < 0$ および $\lim_{\theta \to 0} D(\theta) > 0$ ならば、あるいは、もし $\lim_{\theta \to \infty} D(\theta) > 0$ および $\lim_{\theta \to 0} D(\theta) < 0$ ならば、$D(\theta) = 0$ となる均衡時選好率が存在する。

証明：仮定（A1）により $h(\theta)$ は連続であり、補題により $g(\theta)$ は $\theta > 0$ において連続である。したがって、$D(\theta) = h(\theta) - g(\theta)$ も $\theta > 0$ において連続である。ゆえに、中間値の定理により、$D(\theta) = 0$ となるある θ が存在する。

したがって、二つの関数 $g(\theta)$ と $h(\theta)$ の交点は存在しうる。したがって、仮定（A2）$\theta' < 0$ を導入した時間選好率モデル（1）において、経済は必ずしも不安定化しない。こうした結果が得られる根源的な理由は、Uzawa（1968）のモデルにおいて経済を不安定化させる要因であった「時間選好率の決定において、遠い将来の効用の情報をほとんど考慮しない」という仮定を取り除いたことにある。

4. 不確実性による時間選好率の変化

上記（1）のモデルの重要な特質として、技術ショックと同様に、将来の不確実性に対するショックが生じた場合にも、時間選好率が変化することを指摘できる。こうした性質は別段特殊なものではない。例えば、Fisher（1930）は、不確実性やリスクが時間選好率に影響を持つのは自然であり、不確実性が高まれば時間選好率は上昇すると指摘している。

不確実性が（1）のモデルに与える影響は以下のようなものである。一般に、定常状態の消費の不確実性は、二次（second order）またはロスチャイルド・スティグリッツ（Roschild-Stigliz）の意味での定常状態の消費の確率優位（stochastic dominance）で表すことができる。ここで、$c^*(0 \leq a < c^* < b)$ の主観的累積分布関数 $F(c^*)$ に対し、効用の流列の規模 W は、$W = E_0[u(c^*)] = \int_a^b u(c^*)dF(c^*)$ と表される。さて、定常状態の消費が二つ、すなわち c_1^* と c_2^* があるとする。$u(c^*)$ が c^* に関して凹増加関数である場合、もし $F(c_1^*)$ が $F(c_2^*)$ よりも二次の確率優位（厳格な不等号になる確率が正）であるすると、$E_0[u(c_2^*)] \leq E_0[u(c_1^*)]$ である。また、$F(c_1^*)$ が $F(c_2^*)$ よりもロスチャイルド・スティグリッツの意味で確率優位であるとすると、$E_0[u(c_2^*)] \leq E_0[u(c_1^*)]$ でかつ消費の平均値は保存される。したがって、定常状態の消費の不確実性が $F(c_1^*)$ から $F(c_2^*)$ へ二次あるいはロスチャイルド・スティグリッツの意味で高まった場合、効用の流列の規模 $W = E_0[u(c^*)]$ は基本的に減少する。[2]

不確実性の変化が時間選好率に及ぼす影響を、図補-1で考えることができる。すべての θ に対して不確実性が増大するような c^* の主観的累積分布へのショックが生じた時、効用関数が凹増加関数であるとすると、一般に、$g(\theta) = W$ 曲線は下方にシフトする。なぜなら $W = E_0[u(c^*)]$ の値は、すべての θ に対して小さくなるからである。図補-1(a)で示されるような、一般に広く用いられている永久に一定不変の時間選好率の場合には、W を小さくし $g(\theta) = W$ 曲線を下方シフトさせるような不確実性の増大が生じても、時間選好率に何等の影響も及ぼさない。しかし、（1）のモデルのように、時間選好率が W に対して感応的な場合には、$g(\theta) = W$ 曲線の下方シフトによって2つの可能性が

生じる。まず、図補-1(b) のように、$h(\theta)=W$ 曲線の傾きが $g(\theta)=W$ 曲線の傾きより急な場合には、均衡時間選好率は上昇する。一方、時間選好率がさらに一層 W に対して感応的で、$g(\theta)=W$ 曲線の傾きが $h(\theta)=W$ 曲線の傾きより急な場合には、均衡時間選好率は低下する。したがって、不確実性の増大が均衡時間選好率に及ぼす影響の方向性は、$g(\theta)=W$ 曲線と $h(\theta)=W$ 曲線の傾きの相対的な大きさに依存する。図補-1(b) のケースと図補-1(c) のケースのどちらがより一般的な現象であるかは、実証的に調べなければ分からない。しかし、図補-1(a) の垂直な $h(\theta)=W$ 曲線が近似的に成り立っていると長く信じられてきたことを考慮すると、図補-1(b) の相対的により傾きが急な $h(\theta)=W$ 曲線の方が、より一般的な存在であるかもしれない。そうだとすると、不確実性の増大は、一般に時間選好率を引き上げるということになる。そして、このことは、Fisher（1930）が指摘した「不確実性と時間選好率は正相関している」という見方と一致する。

【注】
1) Das（2003）は、この問題に関して別のアプローチから取り組んでいる。その結果、「資産・所得や効用の増加とともに時間選好率は低下する」と仮定しても安定的なモデルが存在することを発見した。そのモデルでは、時間選好率が消費の変化に十分に反応的でない時、すなわち、時間選好率は一定ではないものの、ほぼ一定に近い状態である時には、「資産・所得や効用の増加とともに時間選好率は低下する」場合でも経済は安定する。
2) 「不確実性」の概念は、「曖昧さ」や「リスク」の概念と密接に関連している。そして、厳密にいうと、これらは別の意味を持っていると定義することもできる。しかし、ここでは、「不確実性」の意味は、「リスク」と基本的に同じであるという扱いで考えている。

参考文献

Abegglen, J., and Stalk, G., Jr. (1985), *Kaisya, The Japanese corporation*, Basic Books, New York.

Acemoglu, Daron and Andrew Scott (1994) "Consumer Confidence and Rational Expectations: Are Agents' Beliefs Consistent with the Theory?" *The Economic Journal*, Vol. 104, No. 422, pp. 1-19.

Aghion, Philippe and Peter Howitt (1998). *Endogenous Growth Theory*, Cambridge, MA, MIT Press.

Ahearne, Alan G., Joseph E. Gagnon, Jane Haltmaier, and Steven B. Kamin (2002) "Preventing Deflation: Lessons From Japan's Experience in the 1990s," *Federal Reserve Board International Finance Discussion Papers* No. 729.

Akerlof, G. and P. Romer (1993) "Looting: the economic underworld of bankruptcy for profit," *Brookings Papers on Economic Activity*, pp. 1-73.

Arestis, Philip, Panicos O. Demetriades and Kul B. Luintel (2001) "Financial development and economic growth: The role of stock markets." *Journal of Money, Credit, and Banking*, Vol. 33, No. 1, 16-41.

Atkeson, Andrew and Patrick J. Kehoe (2004) "Deflation and Depression: Is There an Empirical Link?" *American Economic Review*, Vol. 94, No. 2, pp. 99-103.

Barro, Robert J. and David B. Gordon (1983) "A Positive Theory of Monetary Policy in a Natural Rate Model," *The Journal of Political Economy*, Vol. 91, No. 4. pp. 589-610.

Bayoumi, Tamim. (2001) "The morning after: explaining the slowdown in Japanese growth in the 1990s." *Journal of International Economics*, Vol. 53, No. 2, pp. 241-259.

Beck, Thorsten, Ross Levine and Norman Loayza (1999) "Finance and the sources of growth." *The World Bank Working Papers* No. 2057.

Becker, Gary S. and Casey B. Mulligan (1997) "The endogenous determination of time preference," *The Quarterly Journal of Economics*, Vol. 112, No. 3, pp. 729-758.

Ben-David, Dan and David H. Papell (1998) "Slowdowns and meltdowns: postwar growth evidence from 74 countries," *The Review of Economics and Statistics*, Vol. 80, pp. 561-571.

Bernanke, Ben S. (1983) "Nonmonetary effects of the financial crisis in the propagation of the Great Depression." *The American Economic Review*, Vol. 73, No. 3, 257-276.

Blanchard, Olivier Jean and Stanley Fischer (1989) "Lectures on Macroeconomics," MIT Press, Cambridge, MA.

Böhm-Bawerk, Eugen von (1889) *Capital and interest*. Reprinted by Libertarian Press, South Holland, IL, 1970.

Brock, William A. and Leonard J. Mirman (1972) "Optimal economic growth and uncertainty: the discounted case," *Journal of Economic Theory*, Vol. 4, pp. 479-513.

Brunner, Allan D. and Steven B. Kamin (1996) "Determinants of the 1991-1993 Japanese recession: Evidence from a structural model of the Japanese economy," *Japan and the World Economy*, Vol. 8, No. 4, pp. 363-399.

Burnside, A. Craig, Eichenbaum, Martin S. and Rebelo, Sergio T. (1996) "Sectoral Solow residuals," *European Economic Review*, Vol. 40, No. 3-5, pp. 861-869.

Campbell, John Y. and Martin Lettau (1999) "Dispersion and volatility in stock returns: an empirical investigation," *NBER Working Paper* 7144.

Caprio, Gerald Jr. and Daniela Klingebiel (1997) "Bank insolvency: bad luck, bad policy, or bad banking?" in *Annual World Bank Conference on Development Economics 1996*, Michael Bruno and Boris Pleskovic (eds.), the World Bank, Washington, D.C.,.

Carroll, Christopher D., Jeffrey C. Fuhrer, and David W. Wilcox (1994) "Does Consumer Sentiment Forecast Household Spending? If So, Why?" *The American Economic Review*, Vol. 84, No. 5, pp. 1397-1408.

Chari, V. V., Lawrence J. Christiano and Martin Eichenbaum (1998) "Expectation Traps and Discretion," *Journal of Economic Theory*, Vol. 81, No. 2, pp. 462-492.

Chatterjee, Satyajit (2000) "From cycles to shocks: progress in business-cycle theory," *Federal Reserve Bank of Philadelphia Business Review*, March, pp. 27-37.

Clarida, Richard, Jordi Gali and Mark Gertler (2000) "Monetary Policy Rules And Macroeconomic Stability: Evidence And Some Theory," *The Quarterly Journal of Economics*, Vol. 115, No. 1, pp. 147-180.

Coenen, Günter and Volker Wieland (2003) "The zero-interest-rate bound and the role of the exchange rate for monetary policy in Japan," *Journal of Monetary Economics*, Vol. 50, No. 5, pp. 1071-1101

Cooley, Thomas F. ed. (1995) *Frontiers of Business Cycle Research*, Princeton University Press, Princeton NJ.

Das, Mausumi (2003) "Optimal growth with decreasing marginal impatience," *Journal of Economic Dynamics & Control*, Vol. 27, pp. 1881-98.

Demetriades, Panicos O. and Khaled A. Hussein (1996) "Does financial development cause economic growth? Time-series evidence from 16 countries." *Journal of Development Economics*, Vol. 51, pp. 387-411.

Demirgüç-Kunt, Asli and Enrica Detragiache (1997) "The determinants of banking crises: evidence from developing and developed countries," *IMF Working Paper*

WP/97/106.

Demirgüç-Kunt, Asli and Vojislav Maksimovic (1998) "Law, finance, and firm growth." *The Journal of Finance*, Vol. 53, No. 6, pp. 2107-2137.

Dollar, David and Aart Kraay (2004) "Trade, Growth, and Poverty," *The Economic Journal*, Vol. 114, pp. F22-F49.

Dore, Ronald, William Lazonick and Mary O'Sullivan (1999) "Varieties of Capitalism in the Twentieth Century," *Oxford Review of Economic Policy*, Vol. 15, No. 4, pp. 102-20.

Dwyer, Gerald P. and R. W. Hafer (1988) "Is money irrelevant?" *Review, Federal Reserve Bank of St. Louis*, May, pp. 3-17.

Eicher, Theo S. and Stephen J. Turnovsky (1999) "Non-Scale Models of Economic Growth," *The Economic Journal*, Vol. 109, pp. 394-415.

Epstein, Larry G. and J. Allan Hynes (1983) "The rate of time preference and dynamic economic analysis," *Journal of Political Economy*, Vol. 91, No. 4, pp. 611-635.

Evans, Charles L. (1992) "Productivity shocks and real business cycles," *Journal of Monetary Economics*, Vol. 29, No. 2, pp. 191-208.

Fisher, Irving (1930) *The theory of interest*, Macmillan, New York.

Fisher, Irving (1933) "The debt-deflation theory of great depressions," *Econometrica*, Vol. 1, No. 4, pp. 337-357.

Fitzgerald, Terry J. (1999) "Money Growth and Inflation: How Long is the Long-Run?" *Federal Reserve Bank of Cleveland Economic Commentary*, August.

Francis, Michael (2003) "Governance and financial fragility: evidence from a cross-section of countries," *Bank of Canada Working Paper* 2003-34.

Friedman, Benjamin M. (1983) "The Substitutability of Debt and Equity Securities" *NBER Working Paper* No. 1130.

Friedman, Benjamin M. and Kenneth N. Kuttner (1992) "Money, Income, Prices and Interest Rates," *American Economic Review*, Vol. 82, No. 3, pp. 472-492.

Friedman, Benjamin M. and Roley, V. Vance (1979) "A Note on The Derivation of Linear Homogeneous Asset Demand Functions," *NBER Working Paper* No. 345.

Friedman, Milton and Anna J. Schwartz (1963) *A Monetary History of the United States, 1867-1960*, Princeton University Press, Princeton NJ.

Fukao, Kyoji, Tomohiko Inui, Hiroki Kawai, and Tsutomu Miyagawa (2003) "Sectoral Productivity and Economic Growth in Japan, 1970-98: An Empirical Analysis Based on the JIP Database," *ESRI Discussion Paper Series* No. 67

Gali, Jordi (1999) "Technology, employment, and the business cycle: do technology shocks explain aggregate fluctuations?" *The American Economic Review*, Vol. 89, No. 1, pp. 249-271.

Greenwood, Jeremy and Boyan Jovanovic (1990) "Financial development, growth, and the distribution of income." *Journal of Political Economy*, Vol. 98, No. 5, pp. 1076-1107.

Greenwood, Jeremy and Bruce D. Smith (1997) "Financial markets in development, and the development of financial markets," *Journal of Economic Dynamics and Control*, Vol. 21, No. 1, pp. 145-181.

Grossman, Gene M. and Elhanan Helpman (1991) *Innovation and Growth in the Global Economy*, Cambridge, MA, MIT Press.

Hall, Peter A. and David Soskice (ed.) (2001) *Varieties of Capitalism - The Institutional Foundations of Comparative Advantage*, Oxford, Oxford University Press.

Hall, Robert E. (1997) "Macroeconomic fluctuations and the allocation of time," *Journal of Labor Economics*, Vol. 15, No. 1, pp. S223-50.

Hamada, Koichi and Asahi Noguchi (2005) "The Role of Preconceived Ideas in Macroeconomic Policy: Japan's Experiences in the Two Deflationary Periods," *Economic Growth Center, Yale University, Center Discussion Paper* No. 908.

Hamilton, James D. and Lin Gang (1996) "Stock Market Volatility and the Business Cycle," *Journal of Applied Econometrics*, Vol. 11, No. 5, pp. 573-93.

Hanazaki, Masaharu and Akiyoshi Horiuchi (1998) "A vacuum of governance in the Japanese bank management." *University of Tokyo, Discussion papers* CIRJE-F-29.

Harashima, Taiji (2004a) "A More Realistic Endogenous Time Preference Model and the Slump in Japan," *EconWPA Working Papers*, ewp-mac0402015.

Harashima, Taiji (2004b) "A Possibility of Protracted Output Gaps in an Economy without Any Rigidity," *EconWPA Working Papers*, ewp-mic/ 0404007.

Harashima, Taiji (2004c) "The Ultimate Source of Inflation: A Microfoundation of the Fiscal Theory of the Price Level," *EconWPA Working Papers*, ewp-mac/ 0409018.

Harashima, Taiji (2004d) "A New Asymptotically Non-Scale Endogenous Growth Model," *EconWPA Working Papers*, ewp-dev/0412009.

Harashima, Taiji (2005a) "Endogenous Growth Models in Open Economies: A Possibility of Permanent Current Account Deficits," *EconWPA Working Papers*, ewp-it/0502001.

Harashima, Taiji (2005b) "The Pro-cyclical R&D Puzzle: Technology Shocks and Pro-cyclical R&D Expenditure," *EconWPA Working Papers*, ewp-mac/0507012.

Harashima, Taiji (2005c) "The Cause of the Great Inflation: Interactions between the Government and the Monetary Policymakers," *EconWPA Working Papers*, ewp-mac/ 0510026.

Harashima, Taiji. (2006) "The Sustainability of Budget Deficits in an Inflationary Economy," *MPRA (The Munich Personal RePEc Archive) Paper* No. 1088.

Harashima, Taiji. (2007a) "Why should central banks be independent?" *MPRA (The Munich Personal RePEc Archive) Paper* No. 1838.

Harashima, Taiji. (2007b) "The Optimal Quantity of Money Consistent with Positive Nominal Interest Rates," *MPRA (The Munich Personal RePEc Archive) Paper* No. 1839.

Harrigan, James and Kenneth Kuttner (2004) "Lost Decade in Translation: Did the US Learn from Japan's Post-Bubble Mistakes?" *NBER Working Papers* No. 10938.

Hayashi, Fumio and Edward C. Prescott (2002) "The 1990s in Japan: a lost decade," *Review of Economic dynamics*, Vol. 5, No. 1, pp. 206-235.

Hofstede, G. (1980). *Culture's consequences: International differences in work-related values*, Beverly Hills, CA: Sage.

Horioka, Charles Yuji (2004) "The Stagnation of Household Consumption in Japan," *CESifo Working Paper Series* No. 1133.

Horiuchi, Akiyoshi (1998) "Financial fragility in Japan: A governance issue," *University of Tokyo, Discussion papers* CIRJE-F-5.

Hutchison, Michael (1997) "Financial crises and bank supervision: new directions for Japan?" *Federal Reserve Bank of San Francisco, Economic Letter*, 97-37; December 13.

Hutchison, Michael and Kathleen McDill (1999) "Are All Banking Crises Alike? The Japanese Experience In International Comparison," *Journal of the Japanese and International Economies*, Vo. 13, No. 3, pp. 155-180.

International Monetary Fund (1998) "Japan - Selected issues," *IMF Staff Country Reports*, No. 98/113.

International Monetary Fund (2006) *World Economic Outlook*, Spring.

Jones, Charles I. (1995) "R&D-Based Models of Economic Growth," *Journal of Political Economy*, Vol. 103, No. 4, pp. 759-784.

Jones, Charles I. (1999) "Growth: With or Without Scale Effects?" *American Economic Review Papers and Proceedings*, Vol. 89, No. 2, pp. 139-44.

Jones, Charles I. (2003) "Population and Ideas: A Theory of Endogenous Growth," in P. Aghion, R. Frydman, J. Stiglitz and M. Woodford, eds., *Knowledge, Information, and Expectations in Modern Macroeconomics: In honor of Edmund S. Phelps*, Princeton University Press.

Jorgenson, D.W. and K. Motohashi (2003) "Economic Growth of Japan and the United States in the Information Age," *RIETI Discussion Paper Series* 03-E-015.

King, Robert G. and Ross Levine (1993a) "Finance and growth: Schumpeter might be right." *The Quarterly Journal of Economics*, Vol. 108, No. 3, pp. 717-737.

King, Robert G. and Ross Levine (1993b) "Finance, entrepreneurship, and growth.

Theory and evidence." *Journal of Monetary Economics*, Vol. 32, No. 3, pp. 513-542.

King, Robert G. and Sergio T. Rebelo (2000) "Resuscitating real business cycles," *NBER Working Paper* No. 7534.

Kydland, Finn E. and Edward C. Prescott (1977) "Rules Rather than Discretion: The Inconsistency of Optimal Plans," *The Journal of Political Economy*, Vol. 85, No. 3, pp. 473-492.

Kydland, Finn E. and Edward C. Prescott (1982) "Time to build and aggregate fluctuations," *Econometrica*, Vol. 50, No. 6, pp. 1345-70.

Kydland, Finn E. and Edward C. Prescott (1988) "The workweek of capital and its cyclical implications," *Journal of Monetary Economics*, Vol. 21, No. 2-3, pp. 343-60.

Lawrance, Emily C. (1991) "Poverty and the rate of time preference: evidence from panel data," *Journal of Political Economy*, Vol. 99, No. 1, pp. 54-77.

Lucas, Robert E., Jr. and Nancy L. Stokey (1984) "Optimal growth with many consumers," *Journal of Economic Theory*, Vol.32, pp. 139-171.

Mankiw, N. Gregory (2001) "The Inexorable and mysterious tradeoff between inflation and unemployment," *Economic Journal*, Vol. 111, pp. C45-61.

McCandless, George T, Jr. and Warren E. Weber (1995) "Some monetary facts," *Federal Reserve Bank of Minneapolis Quarterly Review*, Summer, pp. 2-11.

McKinnon, Ronald and Kenichi Ohno (2000) "The foreign exchange origins of Japan's economic slump and low interest liquidity trap," *Stanford University Working Papers* No. 00-010.

Mehl, Arnaud (2000) "Unit root tests with double trend breaks and the 1990s recession in Japan," *Japan and the World Economy*, Vol. 12, No. 4, pp. 363-379.

Meltzer, Allan H. (2005) "Origins of the Great Inflation," *Federal Reserve Bank of St. Louis Review*, March, pp. 145-176.

Mishkin, Frederic S. (2000) "Prudential Supervision: Why Is It Important and What are the Issues?" *NBER Working Papers* No. 7926.

Morgan, James C. and J. Jeffrey Morgan (1991) *Cracking the Japanese Market: Strategies for Success in the New Global Economy*, Free Press.

Motonishi, Taizo and Hiroshi Yoshikawa (1999) "Causes of the long stagnation of Japan during the 1990s: financial or real?" *Journal of the Japanese and International Economics*, Vo. 13, No. 3, pp. 181-200.

Nakagawa, Shinobu and Tomoko Shimizu (2000). "Portfolio Selection of Financial Assets by Japan's Households- Why Are Japan's Households Reluctant to Invest in Risky Assets?" *Bank of Japan Research Papers*, August 2000.

Nakamura T, Muramatsu T, Ono Y, Matsushita S, Higuchi S, Mizushima H, Yoshimura

K, Kanba S, Asai M. (1997). "Serotonin transporter gene regulatory region polymorphism and anxiety-related traits in the Japanese," *American Journal of Medical Genetic*, Vol. 74, No. 5, pp. 544-545.

Obstfeld, Maurice (1990) "Intertemporal dependence, impatience, and dynamics," *Journal of Monetary Economics*, Vol. 26, No. 1, pp. 45-75.

Ono Y, Manki H, Yoshimura K, Muramatsu T, Mizushima H, Higuchi S, Yagi G, Kanba S, Asai M. (1997) "Association between dopamine D4 receptor (D4DR) exon III polymorphism and novelty seeking in Japanese subjects," *American Journal of Medical Genetics*, Vol. 74, No. 5, pp. 501-503.

Orphanides, Athanasios. (2002). "Monetary-Policy Rules and the Great Inflation," American Economic Review, Vol. 92, No. 2, pp. 115-120.

Orphanides, Athanasios. (2003) "The quest for prosperity without inflation," *Journal of Monetary Economics*, Vol. 50, No. 3, pp. 633-663.

Orphanides, Athanasios (2004) "Monetary policy in deflation: the liquidity trap in history and practice," *The North American Journal of Economics and Finance*, Vol. 15, No. 1, pp. 101-124.

Orphanides, Athanasios and Volker Wieland (2004) "Price Stability and Monetary Policy Effectiveness when Nominal Interest Rates are Bounded at Zero," *Advances in Macroeconomics*, Vol. 4, No. 1.

Parkin, Michael (1988) "A method for determining whether parameters in aggregative models are structural." *Carnegie-Rochester Conference Series on Public Policy*, Vol. 29, pp. 215-252.

Perron, Pierre (1997) "Further evidence on breaking trend functions in macroeconomic variables," *Journal of Econometrics*, Vol. 80, No. 2, pp. 355-385.

Posen, Adam S. (2003) "It Takes More Than a Bubble to Become Japan," in Anthony Richards & Tim Robinson (ed.), *Asset Prices and Monetary Policy*, Reserve Bank of Australia.

Ramaswamy, Ramana and Christel Rendu (1999) "Japan's stagnant nineties: a vector autoregression retrospective," *IMF Working Paper* No. 99/45.

Romer, Christina D. (1990) "The Great Crash and the onset of the Great Depression," *The Quarterly Journal of Economics*, Vol. 105, No. 3, pp. 597-624.

Romer, Paul M. (1986) "Increasing Returns and Long-Run Growth," *The Journal of Political Economy*, Vol. 94, No. 5, pp. 1002-37.

Romer, Paul. M. (1987) "Growth Based on Increasing Returns Due to Specialization," *American Economic Review Papers and Proceedings*, Vol. 77, No. 2, pp. 56-62.

Romer, Paul. M. (1990) "Endogenous Technological Change," *Journal of Political*

Economy, Vol. 98, No. 5, pp. S71-S102.
Samuelson, Paul (1937) "A note on measurement of utility," *Review of Economic Studies*, Vol. 4, No. 2, pp. 155-61.
Schwert, G. William (1989a) "Why does stock market volatility change over time?" *Journal of Finance*, Vol. 44, No. 5, pp. 1115-1153.
Schwert, G. William (1989b) "Business cycles, financial crises, and stock volatility," *Carnegie-Rochester Conference Series on Public Policy*, Vol. 31, pp. 83-125.
Shiller, Robert J., Fumiko Kon-Ya and Yoshiro Tsutsui (1996) "Why did the NIKKEI crash? Expanding the scope of expectations data collection." *The Review of Economic and Statistics*, Vol. 78, No. 1, pp. 156-164.
Sims, Christopher A. (1994) "A Simple Model for Study of the Determination of the Price Level and the Interaction of Monetary and Fiscal Policy," *Economic Theory*, Vol.4, No. 3, pp.381-99.
Svensson, Lars E. O. (2001) "The zero bound in an open economy: a foolproof way of escaping from a liquidity trap," *Bank of Japan Monetary and Economic Studies* (Special Edition), Vo. 19, pp. 277-312.
Svensson, Lars E. O. (2003) "What Is Wrong with Taylor Rules? Using Judgment in Monetary Policy through Targeting Rules," *Journal of Economic Literature*, Vol. 41, No. 2, pp. 426-477.
Szpiro, George G. (1986) "Relative risk aversion around the world," *Economic letters*, Vol. 20, No.1, 19-21.
Uzawa, Hirofumi (1968) "Time preference, the consumption function, and optimal asset holdings," J. N. Wolfe, ed., *Value, Capital, and Growth: Papers in Honour of Sir John Hicks*, Edinburgh, Scotland: University of Edinburgh Press.
Vogelsang, Timothy J. (1997) "Wald-type tests for detecting breaks in the trend function of a dynamic time series," *Econometric Theory*, Vol. 13, No. 6, pp. 818-849.
Winters, L Alan. (2004) "Trade Liberalisation and Economic Performance: An Overview," *The Economic Journal*, Vol. 114, pp. F4-F21.

青木昌彦（1989）『日本企業の組織と情報』東洋経済新報社
青木昌彦（1992）『日本経済の制度分析―情報・インセンティブ・交渉ゲーム』筑摩書房
青木昌彦（1995）『経済システムの進化と多元性―比較制度分析序説』東洋経済新報社
青木昌彦（2001）『現代の企業―ゲームの理論から見た法と経済』岩波書店
青木昌彦・奥野正寛（1996）『経済システムの比較制度分析』東京大学出版会
青木昌彦・小池和男・中谷巌（1986）『日本企業の経済学』TBSブリタニカ
アトキンソン、デービッド（1994）『銀行―不良債権からの脱脚』日本経済新聞社

参考文献

飯田史彦（1998）『日本的経営の論点―名著から探る成功原則』PHP新書
伊藤隆敏（2005）『デフレから復活へ―「出口」は近いのか』東洋経済新報社
伊藤隆敏（2002）「日本における物価安定数値目標政策の可能性」財務総合政策研究所『フィナンシャル・レビュー』第64号
乾友彦・權赫旭（2004）「展望：日本のTFP上昇率は1990年代においてどれだけ低下したか」内閣府経済社会総合研究所 ESRI Discussion Paper Series No.115
今井賢一・小宮隆太郎（編）（1989）『日本の企業』東京大学出版会
岩田規久男（2000）『ゼロ金利の経済学』ダイヤモンド社
岩田規久男（2001）『デフレの経済学』東洋経済新報社
岩田規久男（2003）『まずデフレをとめよ』日本経済新聞社
岩田規久男・宮川努（編）（2003）『失われた10年の真因は何か』東洋経済新報社
岩田龍子（1977）『日本的経営の編成原理』文真堂
植田和男（2005）『ゼロ金利との闘い―日銀の金融政策を総括する』日本経済新聞社
岡崎哲二・植田和男・堀 宣昭・奥野正寛・石井 晋（2002）『戦後日本の資金配分 産業政策と民間銀行』東京大学出版会
岡崎哲二・奥野正寛（編）（1993）『現代日本経済システムの源流』日本経済新聞社
小川一夫（2003）『大不況の経済分析―日本経済長期低迷の解明』日本経済新聞社
小川一夫・竹中平蔵（2001）『政策危機と日本経済―90年代の経済低迷の原因を探る』日本評論社
翁邦雄・田口博雄・白塚重典・日本銀行金融研究所（2001）『ポスト・バブルの金融政策―1990年代調整期の政策対応とその検証』ダイヤモンド社
奥村洋彦（1999）『現代日本経済論―「バブル経済」の発生と崩壊』東洋経済新報社
小野五郎（1999）『現代日本の産業政策―段階別政策決定のメカニズム』日本経済新聞社
勝又寿良（2004）『メインバンク制の歴史的生成過程と戦後日本の企業成長』東海大学出版会
軽部謙介（1999）『検証経済失政―誰が、何を、なぜ間違えたか』岩波書店
川本卓司（2004）「日本経済の技術進歩率計測の試み：「修正ソロー残差」は失われた10年について何を語るか？」日本銀行ディスカッション・ペーパー・シリーズ 2004-J-26
木村剛（2000）『新しい金融検査の影響と対策―変貌する銀行経営と企業財務の革新』TKC出版
木村剛（2002）『粉飾答弁（上、下）』アスキーコミュニケーションズ
木村剛（2003）『竹中プランのすべて―金融再生プログラムの真実』アスキーコミュニケーションズ
小池和男（1991）『仕事の経済学』東洋経済新報社
小池和男（1994）『日本の雇用システム―その普遍性と強み』東洋経済新報社
香西泰・翁邦雄・白川方明（2001）『バブルと金融政策―日本の経験と教訓』日本経済新聞社
小林慶一郎・加藤創太（2001）『日本経済の罠―なぜ日本は長期低迷を抜け出せないのか』日

本経済新聞社
小宮隆太郎・日本経済研究センター（2002）『金融政策論議の争点―日銀批判とその反論』日本経済新聞社
清家彰敏（1995）『日本型組織間関係のマネジメント』白桃書房
中原伸之（2002）『デフレ下の日本経済と金融政策―中原伸之・日銀審議委員講演録』東洋経済新報社
西野智彦（2001）『検証　経済迷走―なぜ危機が続くのか』岩波書店
西野智彦（2003）『検証　経済暗雲―なぜ先送りするのか』岩波書店
野口悠紀雄（1992）『バブルの経済学―日本経済に何が起こったのか』日本経済新聞社
野口悠紀雄（1995）『1940年体制―さらば戦時経済』東洋経済新報社版
花岡正夫（1983）『日本の労務管理』白桃書房
浜口恵俊・公文俊平（編）（1982）『日本的集団主義』有斐閣
浜田宏一・堀内昭義・内閣府経済社会総合研究所（2004）『論争　日本の経済危機―長期停滞の真因を解明する』日本経済新聞社
原嶋耐治（1997）「日本型経済システムの成立理由とその問題点」『ESP』1997年10月号　経済企画協会
原嶋耐治（1998）「日本型経済システムが発生するプロセス」、『大阪大学経済学』第48巻第2号、106～122頁
原田泰（2003）『日本の「大停滞」が終わる日』日本評論社
原田泰（2004）『「大停滞」脱却の経済学―デフレに勝つことが構造改革だ！』PHP研究所
原田泰・岩田規久男（2002）『デフレ不況の実証分析―日本経済の停滞と再生』東洋経済新報社
深尾光洋（2002）「デフレ、不良債権問題と金融政策」財務総合政策研究所『フィナンシャル・レビュー』第64号
深尾光洋・伊藤隆敏・翁邦雄・白塚重典・吉川洋・大守隆・小林慶一郎（2000）『ゼロ金利と日本経済』日本経済新聞社
深尾光洋・小林慶一郎・寺沢達也（2001）『バランスシート再建の経済学』東洋経済新報社
深尾光洋・日本経済研究センター（2003）『検証　銀行危機―数値が示す経営実態』日本経済新聞社
藤井良広（2004）『縛られた金融政策―検証　日本銀行―』日本経済新聞社
舟橋尚道（1983）『日本的雇用と賃金』法政大学出版局
星岳雄・パトリック、ヒュー・筒井義郎（2001）『日本金融システムの危機と変貌』日本経済新聞社
堀内昭義（1999）『日本経済と金融危機』岩波書店
三木谷良一・ボーゼン，アダムS.・清水啓典（2001）『日本の金融危機―米国の経験と日本への教訓』東洋経済新報社

三戸公（1991）『家の論理（1）、（2）』文真堂
村松岐夫・奥野正寛（編）(2002a)『平成バブルの研究〈上〉形成編―バブルの発生とその背景構造』東洋経済新報社
村松岐夫・奥野正寛（編）(2002b)『平成バブルの研究〈下〉崩壊編―崩壊後の不況と不良債権処理』東洋経済新報社
森嶋通夫（1984）『なぜ日本は成功したか』TBSブリタニカ
森嶋通夫（2004）『なぜ日本は行き詰まったか』岩波書店
山崎正和（1990）『日本文化と個人主義』中央公論社
吉川洋（1999）『転換期の日本経済』岩波書店
吉川洋（2003）『構造改革と日本経済』岩波書店
吉田和男（1994）『日本型銀行経営の罪―金融危機の本質は何か』東洋経済新報社
吉田和男（1996）『解明日本型経営システム―日本経済を分析する新しい経済学への挑戦』東洋経済新報社
連合総合生活開発研究所（2000）『2000～2001年度経済情勢報告』第一書林
連合総合生活開発研究所（2001）『2001～2002年度経済情勢報告』第一書林
渡辺孝（2001）『不良債権はなぜ消えない』日経BP社
渡辺利夫（2004）『東アジア市場統合への道―FTAへの課題と挑戦』勁草書房

■著者紹介

原嶋　耐治　（はらしま　たいじ）
　　　　　　　1959年生まれ
最終学歴：慶應義塾大学経済学部卒業
職　　歴：経済企画庁内国調査第一課、計画課補佐、内閣府政策統括官（経済財政運営）付企画官、等
現　　職：筑波大学システム情報工学研究科准教授
専門分野：日本経済論
主な著書：『日本の所得分配と格差』（共著）東洋経済新報社、『日本経済の流れを読む』（共著）東洋経済新報社

日本経済の深層メカニズム
― 日本固有の経済現象の源泉 ―

2007年7月1日　初版第1刷発行

■著　　者──原嶋耐治
■発 行 者──佐藤　守
■発 行 所──株式会社 大学教育出版
　　　　　　〒700-0953 岡山市西市855-4
　　　　　　電話（086）244-1268　FAX（086）246-0294
■印刷製本──サンコー印刷㈱
■装　　丁──原　美穂

Ⓒ Taiji Harashima 2007, Printed in Japan
検印省略　　落丁・乱丁本はお取り替えいたします。
無断で本書の一部または全部を複写・複製することは禁じられています。
ISBN978-4-88730-776-6